언어학과 문법 교육

언어학과 문법 교육

이석주/이주행/박경현/민현식
윤희원/고창수/이은희/오현아

도서출판 역락

　문법적인 지식은 인간이 새로운 언어를 생성하고, 의사소통 능력을 신장시키는 데 매우 많이 기여한다. 일정한 언어의 문법을 학습하게 되면 언어 생성 능력, 의사소통 능력, 사고력 등을 지니게 된다. 그런데 오늘날 우리나라의 교육 현장에서는 한국어 문법 교육이 경시되고 있다. 그 원인 중 하나는 학교에서 한국어 문법을 별도로 공부하지 않아도 한국어로 의사소통을 하는 데 별로 어려움을 겪지 않는 것이다. 또한 학교 문법의 내용 중에는 한국어의 현실성과 괴리가 있어 의사소통을 효과적으로 하는 데 기여하는 바가 없고, 원활한 의사소통을 하는 데 필요한 지식을 습득하여 활용할 수 있도록 문법 교육을 하지 않고 문법 지식을 위한 문법 지식을 억지로 주입시키는 데 역점을 두어 문법 교육을 하며, 공적인 상황에서 비문법적인 문장을 구사하여도 불이익을 받지 않는 데 있다.

　학교 문법 교과서는 일반 국민이 의사소통을 할 적에 그 실용성과 효용성을 중시하여 문법을 기술하여야 한다. 현행 한국의 학교 문법 교과서는 많은 개선에도 불구하고 아직도 미흡하다. 그 요인은 학교 문법 교육과정이 학습자의 의사소통 능력 향상에 초점을 맞추어 제정하지 않은 데 있다. 이로 말미암아 학교에서 학습한 문법 지식은 일상 언어생활을 하는 데 별로 도움을 주지 않기 때문에 학습자들이 학교 문법을 경시하고 학습하기를 기피하는 것이다. 일반 국민이 학교에서 학습한 국어 문법에 관한 지식을 의사소통을 할 적에 효과적으로 활용할 수 있도록 하려면 사회언어학·심리언어학·텍스트언어학·말뭉치언어학(corpus linguistics)·전산언어학·

커뮤니케이션학·문화인류언어학 등과 관련지어 한국어의 전통성·현실성·실용성·효용성 등을 고려하여 학교 문법 과목의 교육과정을 제정하고 이에 따라 교과서를 집필하여야 한다.

우리나라에서 문법 교육에 관해서 연구하기 시작한 것은 1990년대 초이다. 그동안 여러 문법 교육학자가 효과적인 문법 교육 방안을 연구하여 최근에는 이전보다 교육 현장에서 문법 교육이 효율적으로 이루어지고 있다. 그런데 아직도 문법 교수-학습이 경시되고 있는 실정이다. 이것은 문법 교육학자들이 문법 교육에 관한 연구를 다각도로 하여 재미있고 효과적으로 문법을 교수-학습할 수 있는 여러 방안을 제시할 필요가 있음을 보이는 현상이다. 그리하여 우리는 이러한 교육 현실을 감안하여 '언어학과 문법 교육'을 발간하기로 하였다.

이 책의 '제1장 국어교육학과 문법 교육'은 서울대학교 민현식 교수가 집필하였고, '제2장 문법 교육 연구 방법론'은 서울대학교 윤희원 교수가 집필하였다. 제1장에서는 국어교육학과 문법 교육론의 관계, 교육 현장에서 문법 교육을 어떻게 하는 것이 효율적인지에 대해서 논의하고 있다. 제2장에서는 여러 문법 교육 연구 방법론에 대해서 기술하고 있다. '제3장 국어학과 문법 교육'은 한성대학교 이석주 교수가 집필하였고, '제4장 사회언어학과 문법 교육'은 중앙대학교 이주행 교수가 집필하였다. 제3장에서는 국어 문법 교육 내용 요소에 대해서 고찰하고, 제4장에서는 사회언어학을 고려한 문법 교육 방안을 제시하고 있다. '제5장 심리언어학과 문법 교육'은 서울대학교 국어교육연구소 오현아 연구원이 집필하고, '제6장 전산언어학과 문법 교육'은 한성대학교 고창수 교수가 집필하였다. 제5장에서는 심리언어학이란 무엇이며, 심리언어학의 주요 영역과 심리언어학을 고려한 문법 교육의 방안에 대해서 고찰하고, 제6장에서는 전산언어학을 문법 교육에 적용하는 방안을 제시하고 있다. '제7장 텍스트언어학과 문법 교육'은 한성대학교 이은희 교수가 집필하고, '제8장 국어 생활과 문법 교육'은 경찰대 박경현 교수가 집필하였다. 제7장은 텍스트언어학이 우리나라의 실제 문법 교육의 장에서 어떻게 수용되어 왔는지에 관해서 문법 교육과정과 문법 교재 두 측면에서 고찰하고 있다. 제8장은 실제 국어 생활에 필요한 문법 요소들을 간추리고, 이것들을 어떻게 교육할 것인가를 고찰하고 있다. 특히 공무를 수행하면서 국민 생활에 큰 영향을 끼치는 공직자들에게 문법 교육이 왜 필요한가, 어떤 내용을 가르칠 것인가, 효율적인 교육 방안을 어떻게 마련할 것인가 등을 살피고 있다.

이 책을 집필할 적에 여러 학자의 논저를 참고하였다. 그분들께 심심한 사의를 표한다.

이 책이 문법 교육에 관한 연구와 우리나라의 문법 교육에 이바지하길 간절히 바란다. 탈고를 하고 책을 발간하려니 아쉬운 점이 많다. 독자들의 질정이 있기를 바란다. 앞으로 부족한 점을 수정하고 보완할 것이다.

이 책은 집필자들 중 한 분인 한성대학교 이석주 교수님께서 정년을 맞아 그동안의 학문적 업적을 기리는 뜻에서 기획하였다. 이 교수님은 고매한 학(學)과 덕(德)을 겸비한 대단히 훌륭한 학자이시다. 앞으로 더욱 건강하시고, 학덕이 더욱 빛나시길 간절히 기원한다.

이 책을 흔쾌히 발간하여 주신 역락출판사 이대현 사장님과 무더위 속에서 이 책을 편집하느라 고생한 편집부 이태곤 편집장님께 심심한 감사의 마음을 표한다.

2007년 8월 25일
이주행 씀

차 례

머리말 _ 5

언어학과 문법 교육

제 1 장

국어 교육학과 문법 교육

> ✔ 이 장에서는 '국어 교육학' 안에서 '문법 교육학'이 학문적으로 어떤 위상을 가지는지 국어 교육학과 문법 교육학의 관계를 다루도록 한다. 이에 따라 '문법 교육학'이 가지는 학문적 의의와 역할을 논하며 '문법 교육'의 필요성과 근거를 밝히고자 한 그것과 아울러 이런 논의 가운데 구체적으로 국어 교육학의 하위 영역으로서 '문법 교육'이 어떤 교과 구성을 가져야 하며 이론적, 실제적으로 학교 교육의 국어과 교수-학습 현장에서 '문법 교육'이 어떤 방향으로 개선, 적용, 실천되어야 하는지에 대해서 논의하고자 한다.

1.1 문제 제기

역사적으로 교사를 양성하는 사범계 대학 즉 교육대학 및 사범대학은 계몽기 한성사범학교, 일제하 사범학교, 광복 후 현재의 교육대학 및 사범대학들의 경우에서 보듯이 민족 계몽기와 근대화 시기에 인재를 모아 배출하는 배움터로 출범하였다. 그러나 산업화 시대를 거치면서 교직의 매력도가 낮아지자 사범계 대학의 위상도 많이 낮아졌다. 최근에 취업난, 퇴직 후 노후 문제의 대두 속에 안정된 교직의 인기가 오르고 있지만, 진정한 인기는 이런 외적 환경에서 일희일비(一喜一悲)로 올 것이 아니라 사범계 대학이 국제화 시대에 국가와 인류의 미래를 선도 개척하는 모습을 보여 주어 젊은이들이 진정 오고 싶어 하는 대학이 될 때 가능한 것이므로 사범계 대학은 스스로 시대정신과 목표를 창출하여야 할 책임이 있다.

이렇게 사범계 대학의 위상과 목표를 적극적으로 창출하여야 할 학문적 책임이 있다는 점에서 국어 교육 전공 역시 이러한 시대적 소명을 깨닫고 교사 양성과정으로서의 국어과 교육과정 개선 노력을 게을리 할 수 없다. 전국 11개 교육대학과 40개 사범대학에 있는 학과 중에 국어교육과의 학부, 대학원, 교육대학원의 교육과정도 이러한 개선 노력을 기울이며 각 대학마다 개성 있는 교육과정을 운영하고 있다. 그러나 이들 교육과정마다 여러 문제점을 안고 있으니 그 문제 유형은 다음으로 정리할 수 있다.

(1) 국어 교육학의 정체성: 국어국문학 전공과 국어 교육 전공의 공통성과 차별성 문제
(2) 내용학의 세부 영역(문법, 기능, 문학 영역 간 상호 역할) 구성 문제
(3) 내용학과 교과학의 조화 문제
(4) 사회와 학습자의 요구에 맞는 교과목 개설의 문제

이러한 대학 각과별로 구조적으로 공동 개선을 하여야 할 측면이 있고 각 대학마다 자율로 개선해야 할 측면도 있다. 이 장에서는 국어 교

육학에서 문법 교육에 초점을 맞추어 국어과 교육과정에서 문법 교육과
정의 위상을 재정립하고, 퇴출 위기에 직면한 문법 교육 전반에 걸친 개
선 방안을 제시하고자 한다. 이를 위해 위 (1)～(4)와 같은 국어 교육학
전공 과정의 구조 문제를 다루면서 국어 교육학의 영역별 전공 구성 방
안과 동시에 문법 전공 교육과정의 위상과 구성 방안을 제시하고, 다음
으로는 학교 문법 교육의 개선 방안을 제시하여 사범대학 문법 교육과
정도 이를 반영할 수 있도록 제안하고자 한다.

1.2 국어 교육학의 정체성
: 국어국문학 전공과 국어 교육 전공의 공통성과 차별성 문제

국어 교육학의 정체성 논의는 두 가지 과제를 안고 있다. 하나는 국
어국문학 전공과 국어 교육 전공의 정체성 변별 문제이며 다른 하나는
국어 교육 영역 내부의 하위 영역인 문법, 기능(독서, 화법, 작문), 문학 영
역간의 상호 관계의 정립에 따른 정체성 문제이다. 전자는 전국의 국어
국문학과와 국어 교육학과 간에 학문적, 묵시적 동의가 존재하여야 하는
데 아직 이 점이 정립되었다고 보기 어렵다. 그동안 국어국문학의 틀 안
에서 국어 교육학의 내용과 방법론이 구성되어 왔던 전통 때문에 더욱
그러하고 최근에는 학문 영역 이기주의로 속칭되는 경향이 있다는 점에
서 두 학문의 경계를 나누기가 쉽지 않다. 그러나 이 문제는 국어국문학
이 속한 기초과학과 국어 교육학이 속한 응용과학이 안고 있는 구조적,
근본적 문제에 기인하는 것으로 봄이 더 정확할 것이다.

다음으로 국어 교육학 내부 영역인 문법, 독서, 화법, 작문, 문학 간의 위계 정립 문제는 매번 국어과 교육과정을 개정하면서 제기되는 문제로 2005년의 교육과정 개정 논의에서 종래의 6 영역 체제인 '말하기, 듣기, 읽기, 쓰기, 문학, 문법(국어지식)'의 6 영역 방식을 줄여 '말하기, 듣기, 읽기, 쓰기'의 기능 영역 중심의 4영역으로 축소 조정하자는 의견이 대두되었으나 워낙 논란이 거세어져 기존 6영역을 유지하고 내용상의 수정만 하는 방향으로 7차 교육과정의 개정안이 2007년 2월에 고시되었다. 따라서 이 영역 구분 문제는 국어 교육 전공자들 간에 아직 완전한 합일점을 찾지는 못한 상황이다. 문법, 문학, 기능 영역이 서로 어떤 관계인지에 대한 정립이 국어 교육 전공자 상호간에 국어 교육과의 교사 교육과정을 구성할 때 합의되지 않을 때 영역 갈등을 유발하기 쉬워 이에 대한 논의는 학문 영역상 반드시 요구된다. 특히 내부 영역 간 위상의 합일도 못하면서 국어국문학과의 정체성 구별이 이루어지기는 어렵다.

이제 우리는 이러한 문제의 해결을 위해 먼저 국어 교육학이 타 전공인 국어국문학 전공과 어떤 공통성과 차별성을 가져야 하는지 검토할 필요가 있다. 현재 전국 국어국문학과의 전공과정을 보면 주로 국어학과 국문학이라는 어문학 강좌 중심으로 구성되어 있고 독서, 작문, 화법 관련 기능학이나 타 학문과의 학제 간 신흥 분야는 거의 미개설 상황이다. 일부 대학에서 실용주의를 표방해 '고급 작문, 실용 화법, 출판 실무, 국어정보학' 등을 기능학이나 학제 간 분야로 개설되는 경우가 있으나 미미하다. 반면, 국어 교육학 전공은 교육과정의 구성이 문법, 독서, 화법, 작문, 문학이라는 영역으로 분할되어 어문학은 물론 문법 교육이나 문학

교육과 같은 어문교육학을 하여야 하고, 모어 습득과 모어 발달에 관한 과목도 필요하며, 기능 영역도 일정한 비중을 두어야 하며 또한 교육과 정론, 교재론, 교수학습론, 평가론, 국어 교육사, 국어 교육 국제 비교 등과 같은 교과학의 개설도 요구받는데 국제 한국어 교육, 이중 언어 교육, 법률 국어 교육, 경제 국어 교육, 매체 국어 교육, 과학 국어 교육, 군사 국어 교육 등의 학제 간 응용 분야는[1] 엄두를 내기도 어렵다. 이처럼 국어교육학과는 여러 영역을 제공해야 하므로 전통적인 어문학 이외의 개설 과목이 많아질수록 어문학 지식 교육의 부족이 나타나는 문제점도 있다. 이를 정리하면 다음 쪽의 [표 1]과 같다.

[표 1]에서 보다시피 국어국문학과 국어 교육학 전공은 내용학적 측면에서 공통성을 지니며 내용 교육학과 교과학적 측면에서는 차별성이 존재한다. 국어 교육학은 내용학과 내용 교육론을 같이 고려하여야 하는 부담이 있으나 이들을 구별하여 별개 과목으로 개설하여 가르칠 여유가 없다는 점이 현실 상황이다. 즉 사범대학 학부에서는 문학론을 가르치고 문학교육론을 별도 강좌로 가르칠 학점 부여의 여유가 없다. 그러나 문학론과 문학교육론이 상당한 차별성을 띨 만큼 발전하고 있다면 이들 분야는 장기적으로 독립 제공하여야 한다. 문법 분야도 문법론과 문법교육론은 차별성을 띨 수 있지만 학부 차원에서는 따로 가르칠 여유가 없는 것이 현실이다.

---

[1] 국제 한국어 교육은 외국어로서의 한국어 교육을 말한다. 최근 이 부분을 독립 전공으로 개설하는 대학도 나타나고 기존 국어국문학과나 국어교육학과에 이 과목만 개설하는 경우도 나타난다. 그 밖에 법조인, 경제인, 과학자, 예술가, 군인, 체육인, 종교인 등과 해당 전공 학생들에게 해당 전공 관련 국어 교육을 어떻게 할 것인가의 연구가 국어 교육 전공자와 해당 전공자들 간의 학제 간 연구로 필요한데 이들 과목은 국어교육학과에 개설되기보다는 해당 전공학과에서 필요에 따라 개설할 수밖에 없을 것이다.

[표 1] 국어국문학 전공과 국어 교육 전공의 전공 영역 대비표

| | 국어국문학 전공 | 국어 교육학 전공 | | |
	내용학	내용학	내용 교육학	교과학
언어 영역	국어학(문법)	국어학(문법)	⇒ 문법 교육학	
문학 영역	국문학(문학)	국문학(문학)	⇒ 문학 교육학	
기능 영역	국어 기능학 (화법학, 독서학, 작문학) 거의 미개설	국어 기능학 (화법학, 독서학, 작문학) 국어 습득론 국어 발달론	국어 기능 교육학 (작문 교육학, 화법 교육학, 독서 교육학)	
교과 영역				[총론]: 국어교육개론 [각론]: 국어 교육과정론 국어 교재론 국어 교수학습론 국어 교육 평가론 국어 교육사 국어교육학사 국어 교육 국제 비교론
학제간 응용 영역	응용 국어학 (국어 문화학 국어 정보학 국어 사회학 국어 심리학...) 거의 미개설	응용 국어학 (국어 문화학 국어 정보학 국어 사회학 국어 심리학...) 거의 미개설	국제 한국어 교육, 이중 언어 교육, 매체 국어교육, 법률 국어교육, 경제 국어교육, 과학 국어교육, 군사 국어교육, 체육 국어교육, 가정 국어교육, 신학 국어교육, 예술 국어교육 등... 거의 미개설	

학부 과정에서 내용학과 내용 교육학을 따로 부과할 여유가 없다는 점과 내용학을 알고 나서 내용 교육학을 다루어야 한다는 관점에 선다면 서구식의 교사 양성 체제가 설득력을 갖게 된다. 대체로 구미 국가들은 학부에서 내용학을 배우고 교사가 될 사람은 교육 전문 대학원으로 가서 양성되는 경우가 일반적이므로 이는 우리에게도 6년제 교사 양성

체제가 거론되는 근거가 된다. 이 경우도 학년 제도는 2+4, 2+2+2, 4+2 방식 등으로 다양한 논의가 가능하다.

그러나 사범대학의 존립은 근대 계몽기 이래로 교사 양성을 통해 인재 육성을 시급히 하다 보니 기초 학문(인문, 사회, 자연과학)과 사범교육이 통합된 속에서 나타난 역사적 산물임을 주목하여야 한다. 우리나라에서도 지방 국립대에서 사범대학이 먼저 생겨나고 기초대학으로서의 국어국문학과, 영어영문학과가 후발 대학으로 나타난 경우가 많은 것도 그런 역사적 배경 때문이다. 많은 지방대학들은 오히려 사범대학에서 인문학이 분화된 형국을 보이므로 기초대학과 사범대학의 학문적 관계를 반드시 기초 학문이 우선되어야 한다는 논리만 옳다고 할 수 없다. 우리는 일단 현행 국어국문학과, 국어 교육과의 병존 체제에서의 방안을 모색하는 방향으로 논의를 제한한다.

사범대학에서 내용학과 내용 교육학과 교과학을 병존하여야 하는 현행 4년제 사범대학 체제 속에서는 개설 강좌의 명칭을 국어국문학과와 차별성을 띠어야 한다는 점도 필요하거니와 내용학과 내용 교육학을 단일 강좌로 묶어 가르칠 때 내용 교육학의 명칭으로 개설될 수밖에 없는 것이 현실이다. 즉 '국어 문법론'이 아니라 '국어 문법 교육론'이 되어야 하며 '국문학사'가 아니라 '국문학사 교육론'이 될 수밖에 없다. 이때 학점수의 제한으로 내용학을 독립 부과할 수 없다면 내용 교육학 강좌 속에서 내용학을 다루어 줄 수밖에 없으며 실제로 많은 사범대학이 이렇게 운영하고 있는데 이 경우 내용학과 내용 교육학의 비중을 8:2, 7:3, 6:4, 5:5 등의 비중에서 어느 비중으로 분배하여 가르쳐야 할지에 대해서는 통일된 것도 없고 그런 제한 자체가 불가능하다. 특히 교수에 따라서는 한 학기 전체 주별(週別) 안배 차원에서 내용학 : 내용 교육학을 7:3이나 5:5로 나누어 가르치는 교수도 있겠고, 아니면 매 강의 시간마다 7:3이든 5:5의 비중으로 교과 교육을 고려하며 가르치는 교수도 있어서 교수마다 다를 수밖에 없다.

한편, 작문, 독서, 화법 분야, 즉 기능학 분야는 국어 교육과만의 고유 영역인가의 문제도 검증되어야 한다. 근자에 국어 교육과 박사과정에서 기능 분야 논문을 주로 써서 이 분야에 기여해 온 것은 1986년 이후 우리나라에 국어 교육 박사 전공이 생겨난 이래 큰 기여라 할 수 있다. 그러나 앞으로 국어국문학과들에서 독서, 화법, 작문 연구를 하지 말라는 법이 없고 박사 논문을 쓰지 말라는 법도 없다. 이미 많은 대학이 국어국문학과에서 논술교육, 화법교육으로 박사 학위를 주어 왔고 최근에는 국문과의 실용 강좌 개설 추세로 독서, 화법, 작문 분야 강좌도 늘어나고 있다. 만일 그렇다면 앞으로 독서, 화법, 작문 분야 강좌가 일반 국어국문학과에서 개설되고 박사과정들에서 학위 취득자들이 나올 때 기능 영역에 대한 사범대학 국어 교육과들의 박사 논문 선점 현상도 위축될 가능성이 있다. 그럴 경우 사범대학에서는 '독서론, 작문론, 화법론' 연구를 국어국문학과에 넘기고 '독서 교육론, 작문 교육론, 화법 교육론'만으로 학과 정체성을 지향해야 할지도 모른다. 이상과 같은 논의는 앞으로 독서, 화법, 작문 영역의 학문적 연고권을 국어 교육학에서만 주장할 근거가 없다는 점을 보여 준다.

위 [표 1]이 시사하는 중요한 점은 국어 교육을 하는 전공자나 교사는 국어국문학의 지식 내용을 기본적으로 갖추어야 할 뿐만 아니라 국어 교육학적 지식 내용도 더 알아야 하는 책무가 따른다는 점이다. 그러나 현실적으로 국어국문학의 모든 지식 내용과 교육학적 내용을 모두 포괄하여 겸비한 전공자나 교사가 되는 것은 쉬운 일이 아니라 궁극적으로 그 방향을 지향할 뿐이다. 특히 초·중·고교용 교수 학습용 지식은 대학 국문과나 국어 교육과에서 가르치는 대학 수준의 지식보다 차원이 낮고 지식 항목의 종류도 적기에 교사가 고도의 어문학적 최신 지식을 가지고 있을 필요는 없다고 할 수도 있다. 매우 한정된 일정한 어문학 지식만으로도 학생들에게 효과적으로 전달하고 자율적으로 국어 능력을 함양하도록 학습할 수 있게 하느냐가 더 중요하기 때문이다.

이상에서 보듯이 국어국문학 전공과 국어 교육학 전공의 정체성 논의는 학문의 기본 절차이면서도 간단치 않음을 보여 준다. 특히 두 전공 간의 관계는 양 영역에서 서로를 바라보는 관점이 주관적이고 상대적이라 끝없는 평행선을 그을 수밖에 없는 점이 있다. 가령 양 영역에 대한 다음 두 가설을 보자.

(가) 국어국문학 = 국어학 + 국문학 + 국어 교육학
(나) 국어 교육학 = 국어국문학 + 교과 교육[문법 교육 + 문학 교육
　　　　　　　　　 + 기능 교육(독서, 화법, 작문 교육)]

이 두 구조는 (가)처럼 국어국문학 관점에서 국어 교육학을 포함하느냐 반대로 (나)처럼 국어 교육학 관점에서 국어국문학을 포함하느냐에 따라 정반대의 태도를 보이는데 이의 공정성과 진실성은 학문 시장에서 판가름 날 수밖에 없다. 그야말로 자기식대로 해석할 수밖에 없는 상황인데 이를 학문 이기주의라고만 볼 수 없으며 실사구시의 효용성과 당대의 시대정신에 따라 학문 수요자인 대중이 판정을 할 수밖에 없다고 하겠다.

1.3 내용학(문법, 기능, 문학)의 세부 영역 구성 문제

1.3.1 국어 교육 하위 영역의 상호 관계

2005년도에 교육과정을 개정하는 과정에서 문법 영역의 존재 이유에 대한 논란이 있었는데 이는 문법, 문학, 말하기, 듣기, 읽기, 쓰기에 관한 상호 관계에 대한 공통의 공감대가 형성되어 있지 못한 때문이었고 이 때문에 교육과정 개정 논의에서 문법, 문학 영역의 배제 논의가 나온 바 있다. 우리는 이들 영역의 교과 가치와 대상 언어, 목표 특성, 목표 능력에 대해 민현식(2005ㄴ)에서 제시한 바 있는데 이를 일부 보충하면 다음과 같다.[2]

[표 2]

	하위 영역 이름	교과 가치	대상 언어	목표 특성	목표 능력
기초 영역	문법 영역(말소리, 단어, 문장, 담화)	국어과 내부의 도구 및 지식 교과적 가치	일상 언어 예술 언어	정확성/ 적절성	[1차 능력] 문법 능력: ① 발음 능력 ② 단어 능력: 어휘력 + 표기력 ③ 문장 능력 ④ 담화 능력
중핵 영역	① 이해 영역 (듣기, 읽기, 보기) ② 표현 영역 (말하기, 쓰기, 보이기)	범 도구 교과가치	일상 언어	유창성/ 효율성	[2차 능력] ① 표현력: 말하기, 쓰기, 보여주기 능력 ② 이해력: 듣기, 읽기, 보기 능력
종합 영역	문학 영역	종합언어 예술교과적 가치	예술 언어	창의성	[3차 능력] ① 문예(문학) 능력: 문예 감상 능력 + 문예 창작 능력 ② 문화 능력: 문화 이해력 + 비판력 + 창의력

---

2) 민현식(2005ㄴ)에서 문법에는 정확성(accuracy, correctness), 기능에는 유창성(fluency), 문학에는 창의성(creativity)을 제시하였는데 본고에서는 표현의 적절성(appropriateness) 문제를 문법 영역에서 함양하여야 하므로 적절성을 추가하고, 기능 영역에는 유창성 외에 효율의 측면을 고려한 효율성(efficiency)을 추가한다.

(1) 문법: 국어과 고유 지식 영역이며 국어교과 내부 영역의 기초 지식을 제 공하는 도구 영역으로 언어 표현 능력의 '정확성'과 '적절성'을 추구한다.
  ① 언어 단위(음운, 어휘, 문장, 담화)의 구조와 기능 이해
  ② 현대사회의 언어 문제 이해와 언어 규범 및 오용 예방 지식의 습득

(2) 기능: 국어과의 도구적 성격을 대표하며, 언어 표현 능력의 '효율성'과 '유창성'을 추구한다. 기능 영역에서도 활동에만 머물지 않고 전 략, 원리로서의 지식 교육을 제공하여야 한다.
  ① 이해: 듣기, 읽기, 보기 ⇒ 잘 듣고, 잘 읽고, 잘 보는 능력을 기른다.
  ② 표현: 말하기, 쓰기, 보여주기 ⇒ 잘 말하고, 잘 쓰고, 잘 보여주는 능 력을 기른다.

(3) 문학: 국어과 고유의 도구 및 지식 복합 영역으로 언어 표현 능력의 '창 의성'을 추구한다. 국어과 학습의 모든 요소가 종합되어 고급 언 어예술로 창출되는 영역이므로 종합적 성격을 띤다.
  ① 도구적 관점에서는 예술언어의 수행 능력을 이해(독서)와 표현(창작)의 관점에서 실천하는 영역
  ② 지식적 관점에서는 문학이 생성되는 사회사적 맥락, 문학 창작을 수행 하는 작가적 맥락, 생성된 작품에 내재하는 작품 구조적 맥락을 지식 적으로 제공하는 영역

위에서 '문법 → 기능 → 문학'으로 이어지는 3단계는 국어 교육이 국어과 고유 지식 체계인 문법을 기초로 표현과 이해 기능을 함양하며 궁극적으로 국어과 고유 체계인 문학 능력을 함양하는 것을 목표로 함 을 의미한다. 만일 국어과를 말하기, 듣기, 읽기, 쓰기의 '기능' 함양만

을 추구하는 교과로 정의한다면 국어과의 고유 영역인 문법과 문학은 사라지고 만다.

기능 영역을 아무리 잘 함양한다고 해도 인문, 사회, 과학, 예술 분야의 다양한 언어 자료를 대상으로 '말하고 듣고 읽고 쓰는' 능력의 시종을 국어 교육이 보장할 수는 없다. 그런 전문 분야별 자료를 '말하고 듣고 읽고 쓰는' 능력의 기초적, 공통적, 언어적 원리와 방법만을 제공할 수 있을 뿐이며 전문적 기능은 해당 영역에 맡길 수밖에 없다. 오늘날 대학에서 교양국어가 위축된 원인도 해당 영역의 자료를 읽고 쓰는 능력을 함양하는 데는 교양국어 운영의 주체였던 국문과나 국어 교육과의 기여가 한계에 도달하였기 때문이다. 따라서 국어과를 도구 교과라고 하여 기능 중심 교과로만 간주하면 국어과는 다른 모든 교과의 기초적 표현과 이해 기능 제공으로 임무가 끝나는 것이 되어 문학과 문법이라는 국어과 고유 영역을 포기하는 결과를 초래한다.

전통적으로 국어학과 국문학이 생산하는 지식들은 국어 교과에서 지식 교육의 핵심을 이룬다. 국어학의 경우 문법 영역에 주로 기여하지만 화법, 작문을 비롯하여 독서, 문학 등의 영역에도 일정한 기여를 하고, 국문학의 경우도 주 관련 영역은 문학이지만 그 밖에 독서, 작문 등에도 관련된다. 역사적으로도 기능 교과인 독서, 화법, 작문론은 언어학, 문법학, 문학의 발전과 토대 위에서 발전해 왔음을 부인할 수 없다. 이상에서 우리는 국어과 하위 영역의 위계 관계를 '문법 → 기능 → 문학'의 3단계로 정립하도록 한다.

1.3.2 다른 나라 언어 교육과정의 영역 구성과의 비교

국어과의 하위 영역에 대해서는 제7차 교육과정처럼 6영역으로 보고 제시한 지금까지의 교육과정과 달리 서구에서처럼 기능 영역 중심으로 제시한 것을 반영하자는 주장이 평가원의 개정 작업에서 나타난 바 있다(이인제 외, 2005 참고). 이런 주장에서는 기능 영역 중심 구성이 세계적 동향이라며 영국, 미국, 호주, 캐나다, 뉴질랜드 교육과정을 많이 인용한다.3)

우선, 영국은 기능 중심 교육과정을 보여 준다. 영국은 3-5세를 기초교육기(Foundation), 5-7세를 Key Stage-1로, 7-11세를 Key Stage-2로, 11-14세를 Key Stage-3으로, 14-16세를 Key Stage-4로 나누어 국민 공통 교육을 마무리하는데 영어 교육과정은 말하기와 듣기를 하나로 묶어 ‘말하기·듣기 / 읽기 / 쓰기’의 3영역으로 공시하고 있다.4) 그런데 이들 기능 영역 속에는 상당한 수준의 문법 교육을 통합하여 말하기·듣기 영역에는 ‘표준 영어, 언어 변이’를 다루고, 읽기 영역에서는 ‘언어 구조, 언어 변이’를 다루며, 쓰기 영역에서는 ‘구두점, 철자법, 육필 쓰기, 표준 영어, 언어 구조’를 다룬다. 이 과정에서 ‘표준 영어’ 문제는 말하기와 듣기, 쓰기 영역에 중복되고, ‘언어 구조’는 읽기와 쓰기 영역에 중복되며, 방언과 역사적 언어 변화를 다루는 ‘언어 변이’는 말하기, 듣기와 읽기 영역에 중복된다. 따라서 이들 문법 영역을 중복적으로 기

---

3) 서구의 언어 교육과정에 대해 외국어 교육으로서의 영어 교육과정 일반은 James D. Brown(1994)을 참조하고 모어 영어 교육과정 일반은 Jack C. Richards(2001)이 도움된다.

4) 영국의 교육과정은 http://www.nc.uk.net/nc_resources/ 참고. 임지룡(2003)에서도 소개한 논의가 있었다.

능 영역에서 다루는 것이 효율적인지 문법 영역에서 별도로 종합하여 다루는 것이 나은지는 교육과정의 역사와 전통을 통해 국가별로 판단할 문제로 영국이 하니 우리도 하자는 태도는 곤란하다. 더욱이 영국도 기능 영역 중심 체제가 성공적이라고 평가할 수 없으니 여전히 아동들의 낮은 문식성 때문에 많은 노력을 투자하고 있다(민현식, 2005ㄱ 참고).

이들 K-1부터 K-4 단계는 우리의 중학교까지에 해당하여 이들은 이미 중학 단계의 기능 영역 속에서 문법 교육을 마무리하고 있는 것이 특징이며, 영국은 국가 우선 전략(The Primary National Strategy: PNS)으로 국가 문식성(National Literacy)과 수리 문식성(Numeracy) 향상 전략을 세우는 것을 국가 목표로 삼고5), 언어 교육에서는 ①고도의 구두 언어 능력(high-quality oral work), ②안내된 읽기와 쓰기 교육(guided reading and writing), ③구조화된 발음, 표기, 문법 교육(structured teaching of phonics, spelling and grammar), ④공유된 읽기와 쓰기 교육(shared reading and writing)을 국가적 전략으로 세워 ③처럼 문법 교육을 중시하고 있고, 구체적 교수요목에서도 문법 관련 사항으로는 다음 사항을 제시하고 있다.

(1) 육필 쓰기와 보여주기(Handwriting & Presentation)
(2) 언어 구조(Language structure): 알파벳과 단어와 문장의 통사 형태론적 지식
(3) 표기 교육 전략(Spelling Strategies): 표기 원리와 교열 교육

---

5) 그 밖에 영국은 창의성(creativity) 교육을 강조하여 창의성 교육의 원리로 ①상상적으로 생각하고 행동하기(thinking or behaving imaginatively), ②유목적적일 것(purposeful), ③독창적인 것을 생산할 것(generate something original), ④결과가 가치적일 것(the outcome must be of value in relation to the objective)을 제시하여 창의성 교육의 4요소로 상상(imagination), 목적(purpose), 독창성(originality), 가치성(value)의 네 요소를 들고 있다.

(4) 표준 영어 교육과 언어 변이(Standard English & Language Variation): 표
준 영어와 방언 문제의 이해

(5) 구두점(Punctuation): 문장부호와 대문자 쓰기 등

(6) 문법 기술(Skills): 어휘력 향상 및 말하기·읽기·쓰기 능력의 향상 기
술, 초점화·요약화, 논증과 설득, 사실과 의견 구분하기 등의 이해

미국도 주별로 교육과정이 다르지만 전체적인 큰 틀은 기능 중심의
4 영역을 토대로 하고 있는데 하위 내용 속에는 영국과 같은 방식의 문
법 문제를 다루고 미디어를 중심으로 시각 언어 문제를 강화하여 보기
(viewing)와 보여주기(presentation) 영역을 반영하고 있다.6) 특히 미국은
'Language Arts'와 같은 과목을 통해 기능과 문법 지식을 통합한 기능-
문법 교육을 하여 문법 지식과 훈련을 일정하게 부과하고 있다. 뉴질랜
드도 교육과정을 다음과 같이 3 대영역과 6 소영역으로 나누고 있다.7)

(1) 문어(written language): 읽기 영역과 쓰기 영역

(2) 구어(oral language): 말하기 영역과 듣기 영역

(3) 시각언어(visual language): 보기(viewing) 영역과 보여주기(presentation)
영역

그런데 우리의 기능 중심론에서는 4 영역론의 근거를 한국적 상황과
경험적 실증 연구에서 도출하지 않고 외국의 사례 그것도 미국, 영국,
캐나다, 호주, 뉴질랜드 등 다민족, 다인종 영어권의 사례를 따르려고
한다. 이들 나라가 말하기, 듣기, 읽기, 쓰기의 4영역으로 설정하는 것이

---

6) 미국의 교육과정은 http://www.ed.gov/ 참고.
7) 뉴질랜드의 교육과정은 http://www.minedu.govt.nz/ 참고.

사실이나 이들 나라가 4영역으로 하여 문식성(literacy)이 뛰어나다는 증거는 없으니 여전히 그들은 국민의 낮은 문식성 때문에 고민하고 있어 2005년도에 한국교육과정평가원 연구에서 제안된 4 기능론은 서구 모방 교육과정으로 비칠 수 있다.

이들 나라들은 미국, 캐나다, 호주처럼 100~300년에 불과한 다민족 이민국가이거나 영국처럼 근대 시민국가로서 모어가 형성된 역사가 중세 라틴어에서 해방된 후 400여 년밖에 안 되어 통일 국어 형성의 역사가 우리보다 짧은 나라들이다. 따라서 이들 다민족 근대시민국가인 서구 국가들은 '통일 국어'의 역사가 매우 짧아 '통일 문법' 형성의 역사가 짧고 '국민 문학'의 전통이나 역사도 짧아 통일 국민국가 형성을 위해 기초적인 기능 중심의 모어 교육을 지향할 수밖에 없었다.

그러나 우리나라는 삼국통일 이래 단일 민족국가를 형성해 왔고 대륙과의 줄기찬 전쟁 속에서 한자 문화를 사용하면서도 민족 고유의 정신을 담은 숭문주의(崇文主義) 전통 위에 독자적 '민족 문학의 전통'을 형성해 와 단일 민족국가의 정체성 수립에 문학이 크게 기여하였으므로 문학 영역의 독립 설정은 충분한 가치가 있는 것이라 다민족사회인 구미(歐美) 국가들의 4영역 기능 중심 국어 교육과정을 추종할 필요가 없는 것이다.

또한 한글 창제 이래 한글 문화가 형성되어 왔고 개화기 주시경 선생 등의 국문법 연구의 전통은 일본제국주의의 국어 탄압의 역사 속에서도 문맹 퇴치 운동과 조선어학회의 '조선말 사전' 편찬, '한글 맞춤법 통일안' 제정 등을 통해 '어문민족주의의 전통'을 형성하여 와 오늘날 국어 교육의 학문적 기초를 형성해 왔다. 더욱이 일제 말에 많은 지식인들이 변절하던 시기에 조선어학회원들은 조선어학회 사건(1942)으로 옥고를 치르고 한징(韓澄), 이윤재(李允宰) 선생은 옥사하기까지 순국하여 어문민족주의의 전통을 지켰고 광복 후 조선어학회의 전국적 한글 강습 운동으로 건국기에 국어 교육의 기초가 형성되어 국문법의 중요성을 공감하여 왔던 것이다. 그러므로 단일 민족국가인 우리는 다민족사회인 구미 국가들이 국민 통합을 위해 기능 중심의 언어 교육을 하려는 교육과정을 따를 필요가 없다. 오히려 우리는 단일 민족국가라서 교육과정에서는 4기능 중심 교육보다도 차원 높은 문학 교육이나 문법을 응용한 응용 국어학적 교육을 강화하여 국어 교육의 차원을 높여야 하는데 구미 국가를 모방하는 수준에 머무는 것은 바람직한 태도가 아니다.

아시아에서는 일본이 4기능 외에 '언어 사항'을 별도로 세워 문법 영역을 중시하고 있음을 참고할 수 있다. 중국도 "식자 글쓰기(識字與寫字)", "열독(閱讀)", "사작(寫作)"8), "입말교제(口語交際)", "종합성학습(綜合性學習)" 등 5대 영역으로 나누면서 특히 열독(閱讀)과 종합성 교육을 통해 문학 교육을 강조하는 것이 특징인데 문법 영역은 각 학년별로 기술하지는 않았지만 교육과정 끝에 독립항으로 "어법수사지식요점(語法修辭智識要點)"를 제시하여 간결한 지침을 보이고 있어 그 나름대로 문법 지식의 독립적 의의를 살리고 있다. 그 전문을 옮기면 다음과 같다.9)

1) 품사 분류: 명사, 동사, 형용사, 수사, 양사(量詞), 대명사, 부사, 개사(介詞), 접속사(連詞), 조사(助詞), 어조사(語氣詞), 감탄사.

2) 구의 구조(短語結構): 병렬식(並列式), 규정식(偏正式), 주술식(主謂式),

---

8) 쓰기 영역의 이름이 단계에 따라 서로 다른데 1~2학년은 말쓰기(寫話), 3~6학년은 습작(習作), 7~9학년은 사작(寫作)으로 되어 있다.

9) 중국의 교육과정은 http://www.ncct.gov.cn/index.htm 참고.

動賓式, 보충식.

  3) 문장 성분: 주어, 술어, 목적어, 규정어, 상황어, 보어.

  4) 복문의 유형: 병렬 복문, 점진 복문, 선택 복문, 전환 복문, 인과 복문, 가설 복문, 조건 복문.

  5) 상용 수사격: 비유, 의인, 과장, 열거, 대구, 반복, 설문, 반문.

따라서 최근의 국어과 교육과정 논의에 나타난 4 영역론은 한국문학의 전통과 학교 문법의 전통에 따른 단일 민족국가적 특성을 몰각한 채 이루어지는 서구 추종의 교육과정안이라는 비판을 받을 가능성이 매우 높다. 그런 점에서 현행 교육과정의 6영역은 우리나라만의 국어 특성을 잘 반영한 구성이다. 흔히 기능 영역과 문법 영역이 병존하여 교육과정 기술에 애로가 많다는 비판이 있지만 이들은 결코 중복 기술하지 않고도 기술할 수 있다. 가령, 다음은 현행 제7차 교육과정에서 각 영역에 나타난 문법 부분을 모아 놓은 것이다. 이 기술을 보면 문법(국어지식) 부분과 다른 기능 영역 부분의 기술이 중복되지 않도록 변별적 기술을 보이고 있다. 즉, 3학년에서 국어 어순, 높임법, 이어 주는 말, 바른말 태도 등 본질적 지식에 관한 것을 제시하고 4학년에서도 용언 활용형, 문장의 종류, 어휘 개념, 의미 관계 등 본질적 지식에 관한 학습 사항을 제시하면서, 다른 기능 영역에 제시한 문법 지식에는 '문법 지식(을 파악하며) + ……말한다', '문법 지식(을 파악하며) + ……글을 쓴다', '문법 지식(을 파악하며) + ……읽는다' 식으로 문법 지식과 기능 활동을 배합하고 있고, 문법 지식 영역은 '…을 안다' 식으로 차별하여 기술하고 있다.

[3학년] 인과 구문, 동음이의어, 어순, 높임법, 접속부사, 문장부호 학습이

특징이다.

-듣- (3) 내용의 연결과 관계를 파악하며 듣는다.

-말- (3) 원인과 결과가 잘 드러나게 내용을 전개하여 말한다.

　　　(5) 어법에 맞게 말한다.

-읽- (2) 소리와 모양이 같은 낱말이 어떤 의미로 쓰였는지 글을 읽는다.

　　　(4) 내용의 연결 관계를 파악하며 글을 읽는다.

-쓰- (2) 문장 부호의 종류와 쓰임을 알고 바르게 사용한다.

　　　(4) 원인과 결과가 드러나게 글을 쓴다.

-지- (1) 우리말에는 어순이 있음을 안다.

　　　(2) 우리말에는 높임법이 있음을 안다.

　　　(3) 이어 주는 말의 기능을 안다.

　　　(4) 바른말을 사용하려는 태도를 가진다.

[4학년] 사전 학습, 시공간적 구성, 언어 예절, 문단, 기본형, 문장 종류, 어휘
　　　　개념, 유의어, 반의어, 하의어 학습을 한다.

-듣- (2) 낱말의 의미를 알아보며 듣는다.

-말- (3) 시간이나 공간 순서에 따라 내용을 전개하여 말한다.

　　　(5) 예절 바르게 말하는 태도를 지닌다.

-읽- (2) 국어 사전에서 낱말의 뜻을 찾는다.

-쓰- (3) 시간이나 공간 순서에 따라 내용을 전개하여 글을 쓴다.

　　　(5) 문단을 짜임새 있게 쓴다.

-지- (1) 용언의 기본형을 안다.

　　　(2) 문장의 종류를 안다.

　　　(3) 어휘의 개념을 안다.

　　　(4) 낱말과 낱말 사이의 유의 관계, 반의 관계, 하의 관계를 안다.

　　　(5) 문화 유산인 우리말과 우리 글을 소중히 여기는 태도를 지닌다.

이러한 태도는 문법 지식을 발음, 어휘, 문장, 담화 영역별로 본질적인 '구조 지식'과 이들이 4대 기능과 문학 영역에 기여하는 '응용 지식'으로 나눌 수 있음을 보여 준다. 전자를 '문법 구조 지식'(또는 1차 문법 지식)이라 하고 후자를 '문법 응용 지식'(또는 2차 문법 지식)이라 부를 수 있다. 현행 7차 교육과정에서 위 문법 지식 기술의 실제 모습은 이러한 문법 지식의 1차, 2차 지식을 구별할 필요성과 결코 이들을 중복하지 않고도 기술할 수 있음을 보여 준다.

1.3.3 국어과의 지식 특성으로 본 전공 구조

국어과의 성격 규정은 간단하지 않다. 도구 교과의 관점에서부터 지식 교과의 관점, 최근에 활발한 문화 교과의 관점에 이르기까지 다양한 교과관을 가진다. 국어과는 이러한 관점을 풍성히 수용하면서 교육과정을 풍요하게 할 수 있다. 사범대학의 교사 양성 과정은 이러한 다양한 관점을 반영하여야 한다. 국어과의 성격이 다양하듯이 문법 영역도 그 영역 구조는 다음과 같이 가치 교과, 지식 교과, 수행 교과, 문화 교과의 측면을 가지는 것으로 다양하게 볼 수 있다. 그런데 많은 사람들은 국어 교육 전공자들조차 문법 교과의 역할을 다음의 도표에 나온 '지식성'이 전부인 양 오해하고 있으니 과거 구조주의 문법 교육의 구습 탓이라고 하겠다. 또한 이 지식 영역조차 국어 능력에 무슨 도움이 되느냐면서 문법 교육 무용론을 펼치는 경우도 있다. 그러나 문법 영역은 다음의 도표에 제시한 내용처럼 언어 일반과 모어 전반에 걸친 폭넓은 지식과 교양과 능력을 갖추는 것으로 구성되어 그 영향은 매우 다면적이다.

이들 문법 영역의 하위 영역별로 학문적 존재 근거를 예시하도록 한다. 아울러 이를 근거로 사범대학 교사 양성과정에서 개설될 수 있는 강좌가 무엇인지 국어 교육과 한국어 교육에 따라 구별하여 제시하여 본다(민현식, 2005ㄱ 참고).

[표 3] 국어과의 지식 특성으로 본 전공 구조

교과 특성		(1) 교육 내용 (국어 문법 교육)	(2) 교육 내용 (한국어 문법 교육)	학문 근거	문법 관련 개설 권장 강좌	
					(학부 개설)	(대학원 개설)
가치 교과	정체성	국어위상(언어대국, 이민대국), 국어와 민족, 언어와 민족, 표준어와 방언, 국어의 계통(기원), 북한어, 국제한국어(재외동포어)	세계 속의 한국어 (위상)	국어위상론, 일반언어학, 국어계통론, 국어방언학	일반언어학 방언교육론	국어위상론 계통교육론
	가치성	언어 예절(표준화법), 국어순화, 언어윤리 (매체언어윤리)	한국어의 언어 예절(표준화법)	표준화법론, 국어철학, 언어윤리학, 국어태도론, 국어순화론	표준화법론	국어태도론 국어순화론
지식 교과	지식성	구조	(ㄱ) 공시구조: 4대 언어 단위(말소리, 단어, 문장, 담화) 구조의 이해 (ㄴ) 통시 구조: 국어 변천(발달)의 이해(국어사, 국어생활사)	공시구조: 4대 언어 단위(말소리, 단어, 문장, 담화) 구조의 이해 (통시 구조는 임의적: 어원적 어휘 학습에 필요)	·공시국어학 (음운론, 형태론, 품사론, 통사론, 담화 텍스트언어학) ·통시국어학(국어사, 국어생활사) 대비언어학(대조, 비교언어학)	발음교육론 어휘교육론 문장교육론 담화교육론	국어음운론 국어어휘론 국어문장론 국어담화론 대비언어학 국어생활사 국어문화사
		규범	5대 규범(발음, 표기, 어휘, 문장, 담화 규범)의 이해	5대 규범(발음, 표기, 어휘, 문장, 담화 규범)의 이해	국어 규범론, 오용언어론	규범교육론	국어오용론
수행 교과	사고성	·합리성, 논리성, 창의성 ⇒ 합리적, 논리적, 창의적 언어 능력 지향 ·언어와 세계관, 언어심리, 언어치료	한국인의 언어적 사고방식	언어논리학, 언어심리학, 상담치료, 언어치료학, 인류언어학	언어논리 교육론	국어심리론 언어논리교육론

	소통성	·간결성, 효율성, 정확성, 적절성 ·한자 문식성 ·매체문식성 ·비언어적의사소통	·간결성, 효율성, 정확성, 적절성 ·한자 문식성 ·매체 문식성 ·비언어적의사소통	소통론(커뮤니케이션론) 언어평가론 문식성 이론 문자론 매체언어론	매체언어 교육론	국어소통론 국어평가론 문식성론 문자교육론 매체언어 교육론
	직업성	표준어, 성별어, 계층어, 세대어, 지역어, 직업어, 특수어(집단어) 이해	(중, 고급 과정에서 필요) 표준어, 성별어, 계층어, 세대어, 지역어, 직업어, 특수어(집단어) 이해	사회언어학 표준어론	국어사회학	사회언어학 표준어론
문화교과	문화성	·언어와 문화, 예술, 문학 ·관용 표현: 인간관계어 긍정 표현(인사어, 칭찬, 사과) 부정 표현(욕설, 비방) ·속담, 수수께끼, 언어유희 ·이름 문화(성명, 지명 문화), 매체문화 ·국어 인물사(설총, 세종, 주시경 등) 국어사건사(정음 창제, 조선어학회 사건 등)	·언어와 문화, 예술, 문학 ·관용 표현: 인간관계어 긍정 표현(인사어, 칭찬, 사과) 부정 표현(욕설, 비방) ·속담, 수수께끼, 언어유희 ·이름 문화(성명, 지명 문화), 매체문화	국어문화론 인류언어학 인지언어학 의미론 화용론 화행론 민족지학 구비문학 국어학사	국어문화 교육론	국어문화 교육론 의미화용 교육론 국어교육사 국어교육학사 이중다중 언어론 국어인물사 국어사건사

문법 교육 무용론을 주장하는 사람들은 문법 지식의 무용성을 주장하는데 이는 지나친 문법 지식 중심의 접근법에 대한 반성으로는 적절한 지적이지만 문법 지식 그 자체를 언어 교육에서 무조건 부정하는 것에는 동의할 수 없다. 재미없고 무미건조하게 비치는 문법 지식이라도 자기의 언어를 분석적으로 보고 진단하며 어휘나 문장의 오류를 반성하고 교정하여 고쳐 나가는 능력은 문법 지식만이 제공할 수 있기 때문이다. 의학도가 시신 해부를 싫어하여 시신 해부 경험이 없다면 의사가 될 수 없듯이, 문법에 따라 자기 말과 글을 분석해 본 경험이 없다면 자기

의 말과 글을 반성하거나 인간 사회 언어 문제의 심오함을 이해하기도 어렵다. 따라서 문법학이 문법 연구의 전통 위에서 축적하여 온 문법의 구조적 지식은 시신 해부 지식과 같은 의의를 가진 것으로 그 자체만으로도 존재 의의가 있다. 흔히 '문법 지식이 국어 문법 지식 발달을 보장할 수 있는가'라고 다음 (ㄱ)처럼 질문하며 증명되지 않은 것이라 문법 무용론을 주장하지만 (ㄴ)(ㄷ)도 같은 성격의 질문이라 지식이 능력 발달을 모두 보장할 수는 없는 것이다.

(ㄱ) 문법 지식이 국어 능력 발달을 보장할 수 있는가?
(ㄴ) 말하기, 듣기, 쓰기, 읽기 영역이 제공하는 전략이 말하기, 듣기, 읽기, 쓰기 능력의 발달을 보장할 수 있는가?
(ㄷ) 문학 지식이 그 자체만으로 문학적 감상과 창작 능력을 보장할 수 있는가?

이런 질문들은 실험 조건에 따라 긍정론과 부정론이 다 나올 수 있고 각 주장자들이 아전인수 격의 논의를 몰아갈 수 있어 완벽한 합의를 얻어내기 어렵다. 문법 교육의 유용론이나 무용론도 일면적 진실을 담고 논쟁만 벌일 뿐 합의를 보기 어려운 것과 마찬가지이다. 우리는 기능 영역이나 문학 영역이나 문법 영역의 지식들이 국어 능력 발달을 100% 보장한다고 볼 수 없지만 상당한 기여를 한다고 볼 수 있기 때문에 교과 영역으로서의 존재 가치가 충분하다고 보는 것이다.

어느 분야이든지 지식 그 자체가 능력을 보장하지는 않는다. 지식을 적절히 학습 활동으로 연계한 프로그램이나 연습 활동을 어떻게 학습자에게 재미있고 유익하게 구성해 제공하고 교수 학습 활동이 뒤따르느냐에 따라 능력이 함양되는 것이기 때문이다. 그런 점에서 그동안의 문법 교육이 문법 지식 그 자체를 강제로 학습케 하고 학습자에게 문법 지식을 죄수복처럼 입도록 강요한 측면이 있었다면 반성하여야 할 것이다. 아울러 우리는 국어과에서 '지식'을 보는 태도도 넓게 열어놓고 보아야 한다.

사회는 신지식(新知識)을 강조하고 지식 경영을 강조하며 지식 추구의 독서를 하는데 국어 교육의 현장은 기능 중심 교육에 치우쳐 학생들에게 지식 경시의 태도를 조장한 측면은 없는지 반성을 요한다. 검증도 없이 '어떤 지식'(Know what) 문제를 경시하고 '어떻게 지식을, 어디에 있는 지식을'(Know how, Know where)만 강조하는 유행에 치우친 교육을 하다 보니 지식 경시의 교육으로 흘러 독서는 빈약하고 학생들의 글쓰기, 말하기도 내용이 없이 빈약한 상태이다. 초등, 중등교육에서 지식과 기능이 균형을 갖춘 국어 교육을 하지 않아 작문 능력, 독서 능력의 저하는 학력 저하로 이어지고 있다. 따라서 1993년 이래 대학수학능력시험에서 평가 방식이 사고력 중심의 반지식(反知識) 교육을 표방함으로써 발생한 사회적 몰역사성, 반지식성에 대한 반성 차원에서 국어 교양인으로서 알아야 할 중고교 수준의 지식 예컨대 작품(作品), 인물(人物), 사건(事件), 용어(用語) 등에 대한 기본적이고 보편적인 국어문화적 지식을 가르치고 배우며 평가할 필요가 있다.

한편으로 수능 시험과 관련한 오해는 시험에 지식을 직접 측정하는 문제가 나오지 않으므로 지식 교육을 하지 않아도 된다는 식의 잘못된 선입견이 학습자는 물론 교사들에게까지 퍼져 있다. 시험은 지식 측정을 일일이 못할지라도 평소의 학과 수업들에서는 품사 관련 지식, 문장 성분 관련 지식도 학습하여야 하는데 이런 지식은 필요 없다는 식의 오해가 문법 교육을 더욱 위축시키고 있다.

전반적으로 '열린 교육, 실기 적성 교육, 인성 교육, 수행 평가'를 구호로 한 미국 공교육의 방법들은 기능 교육을 강화하여 왔음에도 불구하고 학생들의 독서, 작문 능력을 더욱 저하시켰다는 것이 미국의 실태이고 미국은 이 때문에 문식성(literacy) 향상에 엄청난 교육 예산을 투자하는데 공교육을 받은 학생들의 독해력과 작문력과 계산력은 좀처럼 향상되지 않고 있다. 이런 미국식 기능주의적 공교육을 받은 서민층 자녀들의 학력은 더 떨어지고 빈곤층은 더욱 빈곤해지는 악순환에 빠져 있다. 미국 학부형들도 이런 교육이 자녀들을 바보로 만드는 교육이라는 사실을 알고 아예 공립학교를 안 보내고 몇 가정이 연합하여 운영하는 가정학교(home school)가 늘고 있으며 정부도 이를 인정하여 지원한다(황용길, 2001).

이제 우리는 미국 영어 교육의 장단점을 취하여 단점의 전철을 밟지 않도록 주의하며 국어과에서도 '지식'을 문법이나 문학 지식으로 보는 제한적 시야를 버리고 의사소통능력, 소양(literacy)의 개념을 포함하면서 국어 교과에서 다룰 수 있는 지식 전체를 '국어지식'이라고 새롭게 포괄적으로 정의할 필요가 있다. 이에 따라 다음과 같이 국어지식을 (1)화법, 작문, 독서, 문학, 문법 영역에서 존재하는 원리, 전략으로서의 국어 관련 지식, (2)언어 윤리적 관점에서 인간 교육으로서의 국어 교육을 위한 도덕적 가치, 태도로서의 지식, (3)전통적 역사 내용으로서의 사실적 지식으로 구별하고 이들 지식을 두루 국어 교육과정에 반영하는 지식 교육이 되어야 진정한 국어능력을 갖출 수 있을 것이고 이런 길이 국어 교육의 실용성을 도모하는 길이라 생각한다(민현식, 2005ㄱ).

[국어과에서의 지식의 개념과 범위]

(1) 원리, 전략으로서의 지식

　① 기능 교과(화법, 독서, 작문): 언어 기능의 원리와 소통 전략

　② 문학 교과: 문학의 본질, 특성, 창작, 감상의 원리와 전략

　③ 문법 교과: 언어의 본질, 특성, 구조, 규범의 원리와 전략

(2) 가치, 태도로서의 지식

　① 기능 교과: 독서, 화법, 작문의 가치 관련 내용 지식(화법, 독서, 작문 윤리와 철학 등)

　② 문학 교과: 문학 장르별 가치 관련 내용 지식(문학 윤리, 환경 문학 등)

　③ 문법 교과: 언어 가치 관련 내용 지식(언어 윤리와 철학 등)

(3) 사실로서의 지식

　① 기능 교과(화법, 독서, 작문): 현재의 현상적 지식, 역사적 사실로서의 지식(작문사, 화법사, 독서사 등)

　② 문학 교과: 문학의 현대와 역사적 사실로서의 지식(문학사, 작가 변천사 등)

　③ 문법 교과: 언어의 현대와 역사적 사실로서의 지식(국어학사, 국어 사건사, 국어 운동사, 국어 규범 변천사 등)

　특기할 사항은 사범대학의 학생들도 근본적으로 '정확한 지식'을 추구하고 배울 수 있도록 하여야 한다는 점이다. 춘향전을 내용적으로 충실히 깊이 이해하지 않고 춘향전에 대한 교육과정상의 설계, 교재(단원 및

보조교재) 편성 및 개발, 교수 학습 지도, 평가가 온전히 이루어질 수 없듯이, 내용학과 교과학의 균형은 매우 중요하다. 그런데 근래에는 사범대학이 복수전공, 부전공 제도의 가산점 임용고시 혜택으로 주전공 과목 이수 학점이 대폭 줄어들고 학생들의 이수 지식이란 것이 많이 축소되어 배우는 지식의 양도 적고 정확한 지식을 추구하는 노력도 약화되었다. 사범대학은 기초대학(인문, 사회, 자연대)과 다르다는 논리에 함몰되어 '정확한 지식 연구'는 본령이 아닌 것으로 오도되거나 교수 학습의 대상인 지식의 발굴과 교육적 가공에 소홀한 경향을 보인다.

교육과정이란 정확한 지식을 선정 배열하는 일이고, 교재는 그런 지식을 재미있게 배열한 자료집이며, 교수학습법은 정확한 지식에 이르는 길과 삶에 적용하는 길을 알려주는 것이고, 평가는 그런 학생의 능력을 평가하는 것이다. 그러나 오늘날 '지식'과 '기법'의 비중이 뒤바뀌어져 지식 연구는 포기하거나 빈약하고 그 빈약한 지식을 가지고 기법을 연구하는 경우가 많다.

근본적으로 정확한 지식을 정확히, 쉽게, 재미있게 전달하기 위한 것이 교육 기법의 영역이다. 이 기법은 지식 연구보다 결코 앞설 수 없다. "진리는 수사와 꾸밈을 필요로 하지 않듯이 정확한 지식은 기법이 불필요하다"고까지 말할 수 있다. 아니 오히려 과잉된 기법이 정확한 지식을 방해할 수조차 있다.

요즈음 학교는 30~40명 규모의 교실에서 온갖 멀티미디어로 학생들을 사로잡으려고 한다. 이벤트 교육이 많고 현란한 매체 조작 능력이나 이벤트 능력이 있는 교사는 인기가 있는 것처럼 보인다. 영상 세대에게는 멀티미디어로 하는 학습활동이 재미있기도 하고 성공적인 측면도 있다. 그러나 1시간 수업 속에 온갖 현란한 활동 후 머릿속에 남는 지식과 원리가 얼마나 있는지 되돌아볼 일이다. '활동은 있되 생각과 지식과 원리가 남아 있지 않는 교육'으로 비쳐지지는 않는지, 학생들은 수업을 통하여 참 지식을 만나는지 아니면 매체와 매체가 만들어내는 영상과 매체 자체만을 만나는 것은 아닌지 생각할 일이다. 미국이나 유럽 사립학교들이 여전히 교복을 입히고 암기 등의 전통적 교육을 상당 부분 유지하고 이력서나 응모용 작문을 제출할 때 육필로 쓴 것을 요구하는 모습들도 전통 교육의 가치를 존중하는 결과로 볼 수 있다. 요즈음 우리 교육은 자필이 사라지고 기계필로 모든 것을 대신하려고 한다.

의사가 환자를 가장 치료하는 방법은 환부를 찾아 정확히 시술하는 것이듯, 교사 또한 학생에게 필요한 지식과 실천 방법을 정확히 전달하는 일이다. 지식에 무지한 교사는 무지한 학생들을 올바르게 깨닫게 하고 인도할 수 없다. 새로운 프로그램, 교수학습법을 추구하고 아이들의 이목을 잡을 이벤트 교수법의 개발도 필요하며, 사범대학의 존재는 교과학적 영역을 독자적으로 추구하는 것이 중요한 목표이지만 학생에게 필요한 참 지식을 생산, 구축, 선정, 배열하는 일에서부터 이 모든 출발이 이루어져야 한다는 것임을 명심하여야 할 것이다. '정확한 지식'은 광범위한 지식 섭렵과 깊은 사고와 발로 뛰는 데서 육필로 원고를 쓰듯이 이루어져야 한다. 따라서 우리는 '지식'과 '기법' 영역의 균형과 상호작용을 통해 지식을 재생산하는 것이 사범대학 학문의 본령임을 재확인할 필요가 있다.

1.4 내용학과 교과학의 조화 문제

국어 교육학은 정확한 세부 전공 영역 명칭조차 확립되어 있지 못하니 이는 학문 의식의 분화가 아직 미비한 때문이다.[10] 먼저 내용학(문법, 기능, 문학 영역)과 교과학(국어 교육과정론, 국어 교재론, 국어 교수학습론, 국어 평가론, 국어 교육사 등)의 영역을 어떻게 조화롭게 구성하고 운영하느냐가 중요한 과제의 하나이다. 대부분 학부에서는 내용학이 개설되고 있으나 교과학은 '국어 교수학습론, 국어 교재 및 평가론' 정도가 학부에 개설되고 대학원에서도 교과 영역은 국어 교육과정론, 국어 교재론, 국어 평가론이 개설되는 경우도 흔하지 않다. 이런 상황을 고려할 때, 앞 2장에서 전술한 바와 같이 국어 교육학의 영역을 (1)내용학, (2)내용 교육학, (3)교과학으로 나누는 방식이 가능할 것이다.

    (1) 내용학
      ① 문법:
          ㄱ) 이론 국어학: 국어학 개론, 음성학, 음운론, 형태론/어휘론, 문장론, 의미 화용론, 담화 텍스트론, 국어(생활)사
          ㄴ) 응용 국어학: 국어 규범론, 국어 사회론, 국어 심리론, 국어 정보론, 국어 매체론, 국어 문화론
      ② 기능: 화법학, 독서학, 작문학
      ③ 문학: 문학학(문학 개론, 시론, 소설론, 희곡론, 수필론, 문학사, 국한 문학 등)

---

10) 국어 교육학의 학문 영역의 구조에 대한 연구는 김대행(1995)에서 '국어 교과학'이란 명칭으로 구체적으로 제시된 바 있다.

(2) 내용 교육학

　① 문법(언어) 교육: 문법 교육학

　② 기능 교육: 화법 교육학, 독서 교육학, 작문 교육학 ⇒ 이해 교육학, 표현 교육학

　③ 문학 교육: 문학 교육학

(3) 교과학

　① 기본 교과학: 국어 교과학 개론, 국어 교육과정론, 국어 교재론, 국어 교수학습론, 국어 평가론

　② 응용 교과학: 국어 교육 정책론, 국어 교육사, 국어 교육 국제 비교론

그런데 (2)내용 교육학의 영역별로 (3)도 세분될 수 있어 가령, 문법 교육학은 (3)의 교과학적 적용을 받으면 '문법 교육과정론, 문법 교재론, 문법 교수학습론, 문법 교육 평가론, 문법 교육사, 문법 교육 정책론, 문법 교육 국제 비교론' 등으로 세분될 수 있다.

(1)은 국어국문학의 고유 영역 명칭으로 볼 수 있다는 점에서 사범대학의 학문 정체성을 살리는 전공 영역은 (1)의 '내용학'의 지식 내용을 (2)의 '내용 교육학'에 통합하는 방식으로 재구조화하여 [A] 내용 교육학, [B] 교과 교육학으로 명명하는 방식이 가능할 것이며 사범대학 교과목 개설시에는 이러한 방식이 현실적이다.

[A. 내용 교육학 전공](18 대영역)

(A-1) 문법 교육 전공(11 소영역):

　① 이론 국어학 교육 전공(6영역): 발음 교육 전공, 형태 어휘 교육 전공, 문장 교육 전공, 의미 화용 교육 전공, 담화 교육 전공, 국어(생활)사

교육 전공

② 응용 국어학 교육 전공(5영역): 국어 규범 교육 전공, 국어 사회 교육
전공, 국어 심리 교육 전공, 국어 정보 교육 전공, 국어 문화 교육 전
공, 국어 매체 교육 전공

(A-2) 기능 교육 전공(3 소영역): 독서 교육 전공, 화법 교육 전공, 작문 교육
전공11)

(A-3) 문학 교육 전공(4 소영역): 시 교육 전공, 산문(소설, 수필) 교육 전공,
극예술 교육 전공, 한문 교육 전공

[B. 교과 교육학 전공](7영역)

(B-1) 기본 교과 교육 전공(4 영역): 국어 교육과정론 전공, 국어 교재론 전
공, 국어 교수학습론 전공, 국어 평가론 전공

(B-2) 응용 교과 교육 전공(3영역): 국어 교육 정책 전공, 국어 교육사, 국어
교육 국제 비교론 전공

따라서 국어 교육학은 위 (A)내용 교육학과 (B)교과 교육학의 교집
합으로만 보면 18*7=126가지의 세부 학문 주제가 가능하다. 이는 국어
교육학의 주제가 적어도 126가지 나올 수 있음을 뜻한다. 특히 문법 교
육의 경우 A-1의 11영역과 B-1의 4영역은 문법 교육에서 시급한 연구
과제들이다.

---

11) 이러한 분류에 대한 문제점의 지적이 독서, 화법, 작문 교육 전공자들 중에서 나올
수 있다. 위 분류에 따르면 문법 교육과 독서, 화법, 작문 교육이 대등한 것이 아
니라 발음 교육, 어휘 교육, 문장 교육 전공 등이 독서, 작문, 화법 전공과 대등한
차원으로 되어 있기 때문이다. 사실 독서, 작문, 화법 영역에도 발음 교육, 어휘
교육 등의 차원과 같은 하위 세부 전공이 나뉘어질 수 있어야 할 것이다.

[표 4]

내용 교육학(18영역)	교과 교육학(7영역)	종합(실제: 126영역)
(A-1)문법 교육 전공(11영역): ·이론 국어학교육 전공(6영역): 　발음 교육 전공 　형태 어휘 교육 전공 　문장 교육 전공 　의미 화용 교육 전공 　담화 교육 전공 　국어(생활)사 교육 전공 ·응용 국어학교육 전공(5영역): 　국어 규범 교육 전공 　국어 사회 교육 전공 　국어 심리 교육 전공 　국어 정보 교육 전공 　국어 문화 교육 전공 (A-2) 기능 교육 전공(3영역): 　독서 교육 전공 　화법 교육 전공 　작문 교육 전공 (A-3) 문학 교육 전공(4영역): 　시교육 전공 　산문(소설, 수필) 교육 전공 　극예술 교육 전공 　한문 교육 전공	(B-1) 기본 교과 교육 전공(4영역): 국어 교육과정론 전공 국어 교재론 전공 국어 교수학습론 전공 국어 평가론 전공 (B-2) 응용 교과 교육 전공(3영역): 국어 교육 정책 전공 국어 교육사 전공 국어 교육 국제 비교론 전공	[내용 교육 전공 세부사례] 1. 발음 교육론 　1.1 발음 교육과정론 　1.2 발음 교재론 　1.3 발음 교수학습론 　1.4 발음 평가론 　1.5 발음 교육사 　1.6 발음 교육 정책론 　1.7 발음 교육국제비교론 2. 어휘 교육론 　2.1 어휘 교육과정론 　2.2 어휘 교재론 　2.3 어휘 교수학습론 　2.4 어휘 평가론 　2.5 어휘 교육사 　2.6 어휘 교육 정책론 　2.7 어휘 교육 국제 비교론 …… (이하 생략)

　이상의 분류에 따라 모어 교육인 국어 교육학과 외국어로서의 한국어교육학의 학문 구조를 조직하면 다음과 같다.

1.4.1 국어 교육학의 세부 영역과 교과 내용

　국어 교육학이라는 학문을 이루려면 기본 학문인 국어국문학이라는 내용학의 지식 학습을 기초로, 그 다음 단계에서는 인접 학문을 이해하

고, 다시 그 토대 위에서 교과 교육을 이해하여 교과 교육에 응용하며,
마지막으로 국어 교육학의 지식으로 국어국문학, 언어학 등에 역으로 새
로운 신지식을 공급할 수 있어야 한다. 이러한 단계를 정리하면 다음과
같다.

    (1) 1단계: 기본 학문 이해

        국어 교육학은 기본 학문 분야인 언어학, 국어학, 국문학에 대한 지속적
        이해와 탐구가 요구된다.

    (2) 2단계: 인접 학문 이해

        국어 교육학은 교육학에 대한 이해와 언어학, 국어학, 국문학의 관련 인
        접 학문(일반 언어학, 사회언어학, 심리 언어학, 전산 언어학, 통계 언어
        학, 언어 습득론, 언어 정책론, 국어 문화론, 담화 텍스트학, 화용론, 문
        체론, 기호학, 민속학, 인류학 등)에 대한 지속적 이해와 탐구가 요구된
        다.

    (3) 3단계: 교과 교육학의 이해와 응용

        국어 교육학은 언어학, 국어학, 국문학, 언어 교육학과 이들의 인접 학문
        들을 국어 교육에 응용할 방법론을 찾고 국어 교육적으로 변용, 응용하
        여 국어교육학계에 기여해야 한다.

    (4) 4단계: 국어국문학, 국어 교육학, 언어학, 언어 교육의 신지식 창출

        국어 교육학은 언어학, 국어학, 국문학, 언어 교육학의 교육적 응용의 통
        찰력과 경험을 바탕으로 언어학, 국어학, 국문학, 언어 교육학의 신지식
        을 새로 창출하여 언어학계, 국어학계, 국문학계, 언어 교육학계에 기여
        할 수 있어야 한다.

이제 이들 학문 발전 단계에 따라 국어 교육학의 학문 영역을 세분하면 다음과 같은 영역들이 성립할 수 있다.

[국어 교육학의 학문 영역과 세부 교과 분류]

국어 교육학의 영역은 제1 영역 - 제4 영역으로 나눈다. 이 영역의 배치는 국어의 총론 영역 ⇒ 기초 영역(국어 문법 단위의 이해) ⇒ 응용 영역(언어 기능의 표현과 이해) ⇒ 종합 영역(문학의 표현 및 이해)이라는 영역 위계 관점에서 배열한다.

[1] 제1 영역: 국어 교육 일반론(총론)

(1) 국어교육학(국어 교과학) 개론, 국어 교육 연구 방법론

(2) 국어 교육과정론, 국어 교재론, 국어 교수학습론, 국어 평가론

(3) 국어 교육사(국어 교육 정책사, 국어교육학사 포함), 국어 정책론, 국어 교육 국제 비교론

(4) 국어 교육 학제론: 사고론(비판적 사고론), 소통론(커뮤니케이션론), 문화론...

[2] 제2 영역: 국어 문법 교육론

(1) 내용론

① 언어학: 일반 언어학

② 응용 언어학 : 사회언어학, 심리 언어학, 전산 언어학, 언어 철학, 인류 언어학, 매체 언어학, 생태 언어학, 언어 생물학, 언어 정책론, 언어 습득과 발달론...

③ 국어학: 음운론, 형태론, 통사론, 의미론, 화용론, 텍스트론, 규범론, 문자론, 국어사, 국어학사, 국어학 연구 방법론...

④ 응용 국어학: 국어 사회학, 국어 심리학, 국어 정보학, 국어 철학, 국
  어 매체학, 국어 정책론, 국어 습득과 발달론, 국어 문화론(1)...
⑤ 언어 인접학(언어 관련학): 논리학, 기호학, 문화(인류)학...

(2) 내용 교육론: 이들은 각각 초등, 중등(중학, 고교), 대학, 성인과정별로
세분화 가능
  ① 문법 교육 개론, 표준(규범, 학교)문법론, 문법 교육 연구 방법론
  ② 문법 교육 각론:
    ㄱ) 이론 문법 교육론: 발음 교육론, 형태 어휘 교육론, 문장 교육론,
      의미 화용 교육론, 담화 교육론, 국어(생활)사 교육론
    ㄴ) 응용 문법 교육론: 국어 규범 교육론, 국어 사회 교육론, 국어 심
      리 교육론, 국어 정보 교육론, 국어문화 교육론

(3) 교과 교육론: 이들은 각각 초등, 중등(중학, 고교), 대학, 성인과정별로 세
분화 가능
  ① 문법 교육과정론: 발음(음운) 교육과정론, 어휘(단어) 교육과정론, 문
    장 교육과정론, 의미 교육과정론, 국어사 교육과정론, 규범교육과정
    론...
  ② 문법 교재론: 발음 교재론, 어휘 교재론, 문장 교재론, 의미 교재론,
    국어사 교재론, 규범 교재론...
  ③ 문법 교수학습론: 발음 교수학습론, 어휘 교수학습론, 문장 교수학습
    론, 의미 교수학습론, 국어사 교수학습론, 규범 교수학습론...
  ④ 문법 평가론: 발음 평가론, 어휘 평가론, 문장 평가론, 의미 평가론
    국어사 평가론, 규범 평가론
  ⑤ 문법 교육사(문법 교육 정책사, 문법 교육학사 포함), 문법 교육 정책
    론, 문법 교육 국제 비교론

[3] 제3 영역: 국어 기능 교육론

[3-1] 화법 교육론

(1) 내용론

　① 화법론: 화법 방법론, 발음론, 청취론, 사고론(비판적, 창의적, 논리적 사고론), 텍스트론(내용 조직론), 문체론(표현론), 언어적·비언어적 소통론(신체 언어론, 전달 이론), 표준 화법론(규범 언어론, 언어 예절론), 명연설론, 화법 연구 방법론...

　② 화법 학제론: 논리학, 언론학(커뮤니케이션론), 인류 언어학, 매체 언어론...

(2) 내용 교육론: 이들은 각각 초등, 중등(중학, 고교), 대학, 성인과정별로 세분화 가능

　① 화법 교육 개론, 화법 교육 연구 방법론...

　② 발음 청취 교육론, 사고 교육론, 문체 교육론(표현 교육론), 언어적·비언어적 소통 교육론, 표준 화법 교육론, 연설 교육론, 논리 교육론, 매체 언어 교육론...

(3) 교과 교육론: 이들은 각각 초등, 중등(중학, 고교), 대학, 성인과정별로 세분화 가능

　① 화법 교육과정론, 화법 교재론, 화법 교수학습론, 화법 평가론

　② 화법 교육사(화법 교육 정책사, 화법 교육학사 포함), 화법 교육 정책론, 화법 교육 국제 비교론

[3-2] 작문 교육론

(1) 내용론

　① 작문론: 작문 방법론, 사고론(비판적, 창의적, 논리적 사고론), 텍스트론(내용 조직론), 문체론(표현론), 표기 규범론, 명문론, 작문 연구 방

법론...

　　② 작문 학제론: 논리학, 언론학(커뮤니케이션론), 매체 언어론...

(2) 내용 교육론: 이들은 각각 초등, 중등(중학, 고교), 대학, 성인과정별로 세
　　분화 가능
　　　① 작문 교육 개론, 작문 교육 연구 방법론...
　　　② 사고 교육론, 문체 교육론(표현 교육론), 명문 교육론, 논리 교육론,
　　　　매체 언어 교육론...

(3) 교과 교육론: 이들은 각각 초등, 중등(중학, 고교), 대학, 성인과정별로 세
　　분화 가능
　　　② 작문 교육과정론, 작문 교재론, 작문 교수학습론, 작문 평가론
　　　③ 작문 교육사(작문 교육 정책사, 작문 교육학사 포함), 작문 교육 정책
　　　　론, 작문 교육 국제 비교론

[3-3] 독서 교육론
(1) 내용론
　　　① 독서론: 독서 방법론(낭독론...), 텍스트론, 문체론(표현론), 독서 발달
　　　　론, 독서 정보론, 명작론, 독서 연구 방법론...
　　　② 독서 학제론: 문헌 정보학, 언론학(커뮤니케이션론), 인류언어학, 매체
　　　　언어론...

(2) 내용 교육론: 이들은 각각 초등, 중등(중학, 고교), 대학, 성인과정별로 세
　　분화 가능
　　　① 독서 교육 개론, 독서 교육 연구 방법론
　　　② 낭독 교육론, 문체 교육론(표현 교육론), 명작 교육론, 매체 언어 교
　　　　육론...

(3) 교과 교육론: 이들은 각각 초등, 중등(중학, 고교), 대학, 성인과정별로 세
분화 가능

① 독서 교육과정론, 독서 교재론, 독서 교수학습론, 독서 평가론

② 독서 교육사(독서 교육 정책사, 독서 교육학사 포함), 독서 교육 정책론,
독서 교육 국제 비교론

[3-4] 매체 언어 교육론

오늘날 보기(viewing)와 보여주기(presentation) 활동이 언어생활(텔레비전, 영
화, 비디오, 동영상, 광고 등 각종 시각적 상징물의 비판적 이해 감상과 제작 시
연 발표... 등)에서 다중적으로 나타난다. 서구의 교육과정에서는 보기와 보여주
기에 대한 고려를 하고 있다. 영상 텍스트를 바르게 비판적, 객관적으로 보거나
제시할 수 있는 능력을 기르게 해 주어야 한다. 그러나 국어 교육 영역에서 '매
체언어교육론'을 독립 영역으로 설정할 필요가 있는지에 대해서는 찬반 논란이
많다. 여기서는 설정을 가능할 때의 가능 교과들을 제시해 본 것이다.

(1) 내용론

① 매체론, 영상 매체론, 소통론(커뮤니케이션론), 영화 예술론, 영화 비
평론, 방송 비평론 등

② 매체 학제론: 매체 국어 교육론, 영상 국어 교육론, 영상 언어론...

(2) 내용 교육론: 이들은 각각 초등, 중등(중학, 고교), 대학, 성인과정별로 세
분화 가능

① 매체 교육론, 영상 언어 교육론, 영상 언어 교육 연구 방법론...

② 영상 매체 교육론, 소통 교육론, 영화 예술 교육론, 영화 비평 교육
론, 방송 비평 교육론...

(3) 교과 교육론: 이들은 각각 초등, 중등(중학, 고교), 대학, 성인과정별로 세

분화 가능

① 매체 교육과정론, 매체 교재론, 매체 교수학습론, 매체 교육평가론

② 매체 교육사(매체 교육 정책사, 매체 교육학사 포함), 매체 교육 정책
론, 매체 교육 국제 비교론

[4] 제4 영역: 국어 문학 교육론

(1) 내용론

① 문학 일반론: 문학 개론, 장르론, 문학 비평론, 국문학사, 문학 연구
방법론

② 고전 문학론: 고전 시가론, 고전 소설론, 고전 수필론, 한문학론, 구비
문학론, 교술 문학론, 민속학…

③ 현대 문학론: 현대 시론, 현대 소설론, 서사론, 현대 수필론, 희곡·
시나리오론…

④ 학제 문학론(문학 학제론): 국어 문화론(2), 문학 언어론, 생태 문학,
종교 문학, 법률 문학, 의료 문학, 산업 문학…

⑤ 문학 인접학(문학 관련학): 기호학, 문화(인류)학…

(2) 내용 교육론: 이들은 각각 초등, 중등(중학, 고교), 대학, 성인과정별로 세
분화 가능

① 문학 교육 개론, 문학 교육 연구 방법론

② 고전 문학 교육론(고전 시가 교육론…), 현대 문학 교육론(현대 시가
교육론…), 문학 인접학 교육론(종교 문학 교육론, 법률 문학 교육론…)

(3) 교과 교육론: 이들은 각각 초등, 중등(중학, 고교), 대학, 성인과정별로 세
분화 가능

① 문학 교육과정론: 고전 시가 교육과정론, 고전 소설 교육과정론, 구비
문학 교육과정론…

② 문학 교재론: 고전 시가 교재론, 고전 소설 교재론, 구비 문학 교재
론…
③ 문학 교수학습론: 고전 시가 교수학습론, 고전 소설 교수학습론, 구비
문학 교수학습론…
④ 문학 평가론: 고전 시가 평가론, 고전 소설 평가론, 구비 문학 평가
론…
⑤ 문학 교육사(문학 교육 정책사 포함), 문학 교육학사, 문학 교육 정책
론, 문학 교육 국제 비교론

1.4.2 한국어교육학의 세부 영역과 교과 내용

한국어교육학은 국어 교육과 상당 부분 유사하지만 달리 강조되어야
할 부분이 있으니 대비(대조 비교)언어학과 비교 문학 부분이 그것이다.
또한 한국어 교육은 언어 습득 측면을 강조하여야 하기에 1단계에 한국
어학 분야만을 설정하여 세우며 한국문학은 그 다음 단계로 설정하는
것이 다르다.

(1) 1단계: 언어 과학 이해
한국어교육학은 기본 지식 분야인 언어과학을 중심으로 언어학(대비언
어학), 한국어학, 언어 교육학에 대한 지속적 이해와 탐구가 요구된다.
(2) 2단계: 한국 문학 이해
한국어교육학은 고급 한국어 교육과 한국의 언어 문화 이해 교육을
위해 한국문학(특히 비교 문학적 관점)에 대한 지속적 이해와 탐구가 요
구된다.

(3) 3단계: 인접 학문 이해

한국어교육학은 교육학에 대한 이해와 언어학, 국어학, 국문학의 관
련 인접 학문(일반 언어학, 사회언어학, 심리 언어학, 전산 언어학, 통계 언어학,
언어 습득론, 언어 정책론, 국어 문화론, 텍스트학, 화용론, 문체론, 기호학, 민속학,
인류학 등)에 대한 지속적 이해와 탐구가 요구된다.

(4) 4단계: 한국어교육학에의 응용

한국어교육학은 언어학, 한국어학, 한국문학, 언어 교육학과 이들의
인접 학문들의 지식을 한국어 교육에 응용할 방법론을 찾고 한국어
교육적으로 변용, 응용하여 한국어교육학계에 기여해야 한다.

(5) 5단계: 한국 어문학, 한국어교육학, 외국어 교육의 신지식 창출

한국어교육학은 언어학, 한국어학, 한국문학, 언어 교육학의 교육적
응용의 통찰력과 경험을 바탕으로 언어학, 국어학, 국문학, 언어 교
육(외국어 교육)의 기초 지식을 새로 창출하여 언어학계, 국어학계, 국
문학계, 언어 교육학계(외국어교육학계)에 기여할 수 있어야 한다.

[한국어교육학의 학문 영역 분류]

제1 영역 – 제4 영역으로 나눈다. 이 영역의 배치는 국어의 총론 영
역 ⇒ 기초 영역(국어 단위의 이해) ⇒ 응용 영역(언어기능의 표현과 이해) ⇒
종합 영역(문학과 문화의 표현 및 이해)이라는 영역 위계 관점에서 배열한다.
국어 교육학에서 독서, 화법, 작문이라고 한 것을 한국어교육학에서는
읽기, 말하기 · 듣기(회화), 쓰기 영역으로 쓰는 편이라 읽기, 회화, 쓰기
영역으로 표시한다. 이들의 구성은 대체로 전술한 국어 교육학의 학문
영역 분류와 대동소이하므로 [1]~[4] 영역은 생략하고, 단지 외국인을

위한 한국어 교육에서는 문화교육을 강조하므로 한국어문화교육론 영역을 추가하여 다음 [5]에 예시하도록 한다.

[1] 제1 영역: 한국어 교육 일반론(총론)

[2] 제2 영역: 한국어 문법 교육론

[3] 제3 영역: 한국어 기능 교육론

    [3-1] 회화 교육론

    [3-2] 쓰기 교육론

    [3-3] 읽기 교육론

    [3-4] 매체 언어 교육론

[4] 제4 영역: 한국어 문학 교육론

[5] 제5 영역: 한국어 문화 교육론

(1) 내용론

① 한국어 문화론: 한국어 문화 내용론, 한국어 문화 분류론, 언어 문화 능력 발달론, 속담론, 한국어 문화 연구 방법론...

② 한국어 문화 학제론: 문화 인류학, 이중/다중 언어 문화론, 민족지학, 비교 민속학...

(2) 내용 교육론: 이들은 각각 학습자 등급별로 세분화 가능

① 한국어 문화 교육론, 한국어 문화 교육 연구 방법론

② 속담 교육론, 언어 문화 능력 발달 교육론, 이중/다중 언어 문화 교육론...

(3) 교과 교육론: 이들은 각각 학습자 등급별로 세분화 가능

① 한국어 문화 교육과정론, 한국어 문화 교재론, 한국어 문화 교수학습론, 한국어 문화 교육 평가론

② 한국어 문화 교육사(한국어 문화 교육 정책사, 한국어 문화 교육학사 포함), 한국어 문화 교육 정책론, 한국어 문화 교육 국제 비교론

1.5 사회와 학습자의 요구에 맞는 교과 개설의 문제

학교는 사회와 학습자가 요구하는 교육을 하여야 함은 당연한 사실이다. 오늘날 사회는 청소년 세대의 국어 능력을 강화할 것을 주문하고 있다. 학생의 요구는 사범대학 학생의 요구에 따른 과목을 개설하는 측면과 아울러 일반 초중고교 성인 학습자들이 국어 수업에 기대하는 필요성을 분석하여 그에 맞는 지도를 할 수 있는 과목을 개설할 수 있어야 한다.

한국교육과정평가원(2005)에 따르면 국어과 교육과정 개정을 준비하면서 초·중·고 국어 교사, 국어 교육 전문가, 학생, 학부모, 사회 인사 등을 상대로 교육과정 개선에 대한 설문과 인터뷰 조사를 하였는데 흥미로운 사실이 드러난다. 초·중·고 교원들은 대체로 5 영역안(약 50%)과 6 영역안(약30%)을 지지하여 도합 80%에 달하고 3 영역안, 4 영역안은 도합 20% 수준이다. 이는 80%가 문학이나 문법 영역의 존재를 긍정하고 있음을 뜻한다.

또한 평가원의 교육과정 개정 연구 중간보고서에는 학생 설문조사 결과도 나오는데 다음 '바' 항에서 밝혔듯이 <u>학생들은 국어지식(문법)의 중요성을 제1 순위로 꼽고 있다고 밝히고 있다.</u> 문법 지식을 얼마나 가르치지 않았으면 학생들이 국어지식을 1순위로 절실히 요구한단 말인가? 그런데도 2005년도에 평가원에서 문법을 격하시키는 교육과정안을

만들려고 한 발상은 자가당착의 모순이 아닐 수 없다.

　"바. 국어에서 부족한 능력

　국어에서 가장 부족한 능력에 대하여 학생들은 **'국어 지식(문법) 능력'이라는 의견이 40.2%**, '쓰기 능력'이라는 의견이 19.4%로, 국어 지식과 쓰기 관련 능력이라고 응답한 경우가 과반수를 넘었다. 그리고 뒤를 이어 문학 작품 감상 능력이 17.8%의 응답 결과를 보였다.

　이러한 경향은 지역별, 성별 반응 비율도 일관성 있게 나타났는데, 학교급별로는 약간의 차이를 보인다. 중학교는 위와 유사한 분포 순을 보였지만, **고등학교는 국어 지식 능력** 40.3%, 문학 작품 감상 능력 21.0%, 쓰기 능력 18.9%, 그리고 **초등학교는 국어 지식 능력** 29.0%, 문학 작품 감상 능력 23.3%. 쓰기 능력 20.3%로 학교급별로 부족한 영역에 대하여 차이가 있었다(이인제 외, 2005: 39).

[표 5] 국어에서 부족한 능력

구　분		듣기 능력	말하기 능력	읽기 능력	쓰기 능력	국어지식 (문법) 능력	문학 작품 감상 능력	전 체	χ^2 검정
학교급	초등학교	12	78	15	78	112	88	383	χ^2=63.886 *** df=10 p=.000
		3.1	20.4	3.9	20.4	29.2	23.0	100.0	
	중학교	20	75	28	105	271	63	562	
		3.6	13.3	5.0	18.7	48.2	11.2	100.0	
	고등학교	6	56	33	92	195	99	481	
		1.2	11.6	6.9	19.1	40.5	20.6	100.0	
소재지	대도시	23	101	28	125	265	90	632	χ^2=18.650 * df=10 p=.045
		3.6	16.0	4.4	19.8	41.9	14.2	100.0	
	중소도시	11	62	29	86	184	83	455	
		2.4	13.6	6.4	18.9	40.4	18.2	100.0	
	읍면지역	4	46	19	64	129	77	339	
		1.2	13.6	5.6	18.9	38.1	22.7	100.0	
전체		38	209	76	275	578	250	1,426	
		2.7	14.7	5.3	19.3	40.5	17.5	100.0	

$* \, p < .05 \, , \, *** \, p < .001$

이 설문에 대한 분석 결과로 알 수 있는 것은, 전반적으로 국어 교육에서 '국어 지식 능력'에 대하여 학생들 스스로가 매우 부족하다고 인식하고 있음을 알 수 있다. 그 외 '쓰기 능력'과 '문학 작품 감상 능력'에도 자신감이 다소 떨어지는 것으로 볼 수 있다. 이에 대하여 국어 교육에서 학생들의 부족한 국어 지식 능력 등의 신장에 좀 더 비중을 두어야 할 것이라고 본다."

다음 '자' 항도 기능 영역인 발표 토론 능력과 내용 영역인 문법이나 문학 능력을 비슷하게 중시하여 학생들이 기능과 내용의 중요성을 균형 있게 자연스레 인지하고 있음을 보여 준다(이인제 외, 2005: 40).

> "자. 학교 국어 교육에서 강조해야 할 점
> 학교 국어 교육에서 강조해야 할 점에 대해 '발표하거나 토의·토론을 하는 것'이라는 의견이 22.0%, 그리고 '문학 작품을 읽고 내용을 감상하는 것'과 '맞춤법, 표준발음 등 우리말에 대한 지식을 아는 것'이라는 의견이 각각 17.7%와 17.5%로 그 뒤를 이었다. 이러한 경향은 지역별, 성별, 학교급별 반응 비율도 일관성 있게 나타났는데, 이러한 점을 볼 때 학생들은 스스로 발표하고 토의 및 토론을 하거나 문학 작품을 감상하는 것, 그리고 우리말 지식과 같은 실제적인 국어 지식을 아는 것 등에 대한 요구가 있음을 시사한다."(이인제, 2005: 40)

위 내용은 발표 토의 토론과 같은 기능 영역과 문학 감상과 같은 문학 영역 그리고 우리말 지식이라는 문법 영역의 균형 있는 학습을 학생들이 균형 있게 요구하고 있음을 뜻하므로 교육과정 역시 이들을 조화롭게 병치하여 국어능력 함양을 도달하도록 해야 하는 것은 당연한 이치이다. 최근에 교육과정을 개선하면서 위와 같은 학생들의 의견을 무시하고 일방적으로 문법이나 문학을 기능 영역의 하위에 예속시키는 발상을 하는 것은 공연한 영역 논쟁을 불러일으키는 소모적 발상에 불과하다. 이상의 학습자 요구에서 드러나는 것은 학생의 국어 문법 능력, 문학 감상 능력, 토론 능력, 작문 능력을 향상하는 교육과정의 개발이 필요함을 알 수 있다.

1.6 문법 교육의 과제 · 개념 · 영역

1.6.1 문법 교육의 과제

지금까지 국어 교육학 전반에 걸쳐 교사 양성과정으로서의 사범대학 국어 교육과의 전공 교육과정 구성에 관한 논의를 하였고 특히 사회적 요구가 문법 교육의 필요성을 제기하고 있다는 사실을 확인할 수 있었다. 이에 우리는 구체적 하위 전공 영역 사례로 문법 영역을 중심으로 문법 교육 부실의 원인을 진단하고, 학교 문법 교육이 어떻게 개선되어야 할 것인가 개선 방향을 문법 교육의 근거와 용도를 밝히는 차원으로 제안하고자 한다. 결국 이러한 개선 방향에 따라 사범대학 교사 양성용 문법 교육과정도 새로운 문법 교육의 내용을 지도할 수 있는 방향으로 개정되어야 할 것이다. 우선 문법 교육이 근본적으로 해결해야 할 과제는 다음과 같다.

(1) 문법 교육은 국어 교육에서 어떤 위상을 가지는가[문법 교육 위상론]

· 문법이란 무엇인가: 문법의 개념과 용어 그리고 학문 영역의 문제

(2) 학생들은 문법을 왜, 어떻게 배워야 하는가[문법 학습론 ⇒ 문법 교육
  근거론]

· 문법은 왜 배워야 하는가: 문법 학습의 근거(필요성)

· 문법은 누가 배워야 하는가: 문법 학습의 주체

· 문법은 언제 배워야 하는가: 문법 학습의 시기

· 문법은 어디서 배워야 하는가: 문법 학습의 환경(개인, 가정, 학교, 사회)

· 문법은 어떻게 배워야 하는가: 문법 학습의 방법

· 문법은 무엇을 배워야 것인가: 문법 학습의 내용

(3) 교사 양성을 위한 문법 교육을 어떻게 할 것인가[문법 교사 교육과정론
  ⇒ 문법 교사 양성론]

· 문법은 왜 가르쳐야 하는가: 왜 배워야 하는지를 가르쳐야 한다.

· 문법은 누가 가르쳐야 하는가: 누가 배워야 하는지를 가르쳐야 한다.

· 문법은 언제 가르쳐야 하는가: 언제 배워야 하는지를 가르쳐야 한다.

· 문법은 어디서 가르쳐야 하는가: 어디서 배워야 하는지를 가르쳐야 한다.

· 문법은 어떻게 가르쳐야 하는가: 어떻게 배워야 하는지를 가르쳐야 한다.

· 문법은 무엇을 가르칠 것인가: 무엇을 배워야 하는지를 가르쳐야 한다.

결국 (3)번 문제는 (1)의 문법 영역 개념론이나 (2)의 문법 학습론(문법 교육 근거론)의 해결 위에서만 가능한 것이다.

1.6.2 '문법'의 개념

문법은 흔히 '文의 法' 즉 글의 법칙 정도로 이해되어 왔다. 실제로 '문법'은 字意가 보여 주듯 '文의 法'을 뜻하므로 '글'의 법으로만 오해되며 이 때문에 '문법'이란 용어를 쓰지 말자는 사람들도 제법 많고 7

차 교육과정에서 대용어로 나타난 '국어 지식'도 그에 호응한 대체물이라 할 수 있다. 그런데 표준국어대사전(1999)에서는 '문법'을 '말의 법'으로 정의하고 있어 '문법'을 '文의 法'으로 생각하는 것은 대중의 착각임을 알 수 있다.

> **문법**[명][[언어]] 말의 구성 및 운용상의 규칙. 또는 그것을 연구하는 학문. ≒말본02·문전01(文典)②. 어법02(語法).[12]

위에서 '문법'은 대상이 '말'임을 보여 주고 있다. '말'은 사전에 다음과 같이 나온다.

> **말1**[명] ① 사람의 생각이나 느낌 따위를 표현하고 전달하는 데 쓰는 음성 기호. 곧 사람의 생각이나 느낌 따위를 목구멍을 통하여 조직적으로 나타내는 소리를 가리킨다. ≒어사11(語辭)①.
> ② 음성 기호로 생각이나 느낌을 표현하고 전달하는 행위. 또는 그런 결과물. ≒소리01②.
> ③ 일정한 주제나 줄거리를 가진 이야기.
> ④ 단어, 구, 문장 따위를 통틀어 이르는 말.
> ⑤ 소문이나 풍문 따위를 이르는 말.

위 사전에서는 말을 음성언어로만 정의하여 위 두 정의만 따르면 문법은 오히려 음성언어만 연구하는 것으로 오해를 주는데 언어학적으로는 '문법'은 '말과 글을 아우른 言語의 法'으로 보아야 한다. 고유어인 '말과 글'을 아우르는 용어는 한자어인 '言語'가 적절하기 때문이다.

---

12) 어법2(語法) [[언어]] 말의 일정한 법칙. ≒말법01(-法). <표준국어대사전>

　다음으로 사전의 정의에 '운용상의 규칙'이라고만 되어 있는 정의는 자칫 문법의 규칙성이나 규범성만을 강조하는 것으로 오해되므로 언어의 변화 개신 '현상'과 탈규범적 '현상'을 인정한다면 언어 연구의 기술언어학적 필요성을 고려하여 언어 개신과 일탈의 '현상'을 반영하는 정의가 필요하다. 따라서 우리는 '문법'을 한자 자소에 얽매이지 말고 '말과 글 즉 언어의 운용에서 나타나는 규칙이나 현상 그리고 이를 연구하는 학문 분야' 정도로 정의할 수 있다. 이러한 정의는 우리가 문법에 대해 언어 현상을 충실히 기술하려는 기술언어학(descriptive linguistics)의 태도와 언어 현상의 규칙성과 규범성을 존중하려는 처방언어학(규범언어학, pre-scriptive linguistics)의 태도를 모두 고려하여야 함을 보여 준다. 바꿔 말해 문법의 규칙성만 가르치기보다는 언어의 비문법성, 즉 언어의 비규범성, 개신성과 일탈성도 이해할 수 있도록 언어의 다양한 측면을 가르쳐야 한다. 이런 정의를 수용한다면 '문법'을 '글의 법'으로만 해석하는 편협한 생각으로 '문법'이란 용어를 부정할 것은 아니다. 7차 교육과정에서 '국어 지식'이라는 새로운 용어를 사용하였지만 '국어 지식'은 '국어과 지식' 모두를 포괄하는 인상을 주어 '문법' 영역의 전통적 측면을 드러내지 못하며, 근원적으로 우리 사회에서 '지식'이란 용어가 주는 비실용성의 이미지를 안고 있어 지식 중심주의 교과로 오해될 가능성이 크다. 가뜩이나 문법을 고답적인 지식 교과의 전형으로 비판하는 상황에서 '국어 지식'이란 4음절 용어는 대중성을 얻기도 어려워 성공적 정착을 내리기가 어렵다. 아쉽게도 7차 교육과정에서 '문법' 대용으로 나타난 '국어 지식'이란 용어는 국어사전에조차 올라 있지 않다.

　물론 문법은 위의 관점 외에도 다양한 개념을 함의하고 있다. 문법과 기능 교과의 통합 교과로 미국에서 쓰이는 교과명인 'The Language Arts' 관련 연구자의 한 사람인 Ronald L. Cramer(2004)는 문법의 개념을 (1) 의미를 자동으로 전달하는 형태적 유형(formal patterns), (2)언어에 대한 과학적 연구(scientific study of language), (3) 사람이 어떻게 말하고 쓰는가를 지배하는 규칙(rules), (4) 학교에서 가르치는 문법(school grammar), (5) 산문 문체를 가르치는 데 유용한 문법적 용어와 개념(grammatical terms and concepts)으로 구분하였다. 이에 따르면 우리의 학교 문법은 (4)에 해당하지만 미국 등 서구는 문법을 (4)만으로 보지 않고 포괄적으로 바라보고 있음을 알 수 있다. 우리 역시 현대 사회에서 언어 문제의 중요성과 다양성을 생각할 때 우리가 개선 지향해야 할 문법 교육은 (1)(2)(3)과 같은 언어의 지식 측면과 (5)처럼 작문 교육에 유용한 내용도 모두 포괄하는 것이어야 한다고 볼 수 있다.

1.6.3 문법 교육의 영역

문법은 국어학 또는 언어학과 동의어로 쓰일 수 있다. 변형생성문법을 변형생성언어학으로 부르듯이 문법학은 곧 언어학과 통하여 국문법은 국어학의 동의어로 보아도 무방하다. 따라서 문법 교육은 국어학 교육으로 볼 수 있다. 우리는 문법 교육을 거시적으로는 국어학 교육으로 표현하여 국어학의 학문적 성과들을 평생 교육에서 언어생활에 적용하는 교육으로 이해하도록 하며, 미시적으로는 이러한 문법의 거시적 성과를 학교 문법의 수요에 맞추어 재가공하여 가르치는 교육으로 보아야 한다. 그동안 문법 교육은 구조주의적 학교 문법의 틀 안에만 갇혀 있었기 때문에 학습자들의 호응을 받는 데 실패하였는데, 앞으로는 언어학, 국어학의 전 학문적 성과를 초중고, 대학과 성인의 평생 교육 차원에서 필요한 내용을 뽑아 가르칠 수 있도록 거시적 접근이 필요하다고 본다. 이러한 거시적 관점에 따르면 문법의 영역은 다음과 같이 광범위하다(민현식 2000ㄱ 참고). 문법1은 문법 교육의 학문적 구조를 보이며 문법2는 이를 학교 문법의 틀에서 가르치는 것을 말한다.

[문법1(=국어학)의 영역]

1. 이론 국어학(순수 국어학, 미시 국어학)
2. 응용 국어학(거시 국어학)
   (1) 미시 응용 국어학
      ① 모어 교육론(← 언어 교육론의 한 분과): 문법2, 독서, 화법, 작문, 문학 교육
      ② 한국어 교육론(← 외국어 교육론의 한 분과): 문법2, 읽기, 말하기 · 듣기, 쓰기, 문학 교육
   (2) 거시 응용 언어학
      ① 보조 국어학(순수 국어학의 보조 분야로 파생된 국어학): 국어 사전학, 국어 순화론 등
      ② 인접국어학(인접 학문과의 학제간 연구로 존재하는 분야): 국어 철학, 국어 심리학, 국어 사회학, 법률 국어학, 인지 국어학, 전산 국어학(국어 정보학), 매체 국어학 등 학제 분야

　　서구에서는 '언어 교육' 분야를 '응용언어학'으로 보므로 '국어 교육'은 '응용국어학'으로 볼 수 있다. 오늘날 여러 응용 학문이 나타남에도 불구하고 응용국어학은 미시적으로 '국어 교육과 한국어 교육' 관련 학문을 뜻하며 거시적으로는 순수 국어학을 보조하는 보조 국어학과 인접 학문의 언어 문제 해결에 응용되는 인접 국어학을 포괄하는 학문으로 정립할 수 있다. 이처럼 문법학에 대해 넓은 시야가 필요한 것은 기존의 문법관이 형태론, 통사론만 포함하는 좁은 시야에 머물면 문법 교육의 활용과 적용이 매우 제한되어 전통적 발상에 갇혀 버리게 되기 때문이다. 우리의 문법 교육이 언어의 구조적 측면만 가르치는 구조언어학적 전통의 영향에만 갇혀 있어서는 안 되며 언어의 사회적, 심리적, 교육적 측면 등도 밝혀 가르치는 노력이 필요한 것이다.

1.6.4 문법 교육 부실의 원인

　　그동안 문법 영역은 국어 교육 현장에서 교과서에서든 수능 평가 체제에서든 지속적으로 축소되어 왔으며 결과적으로 국민의 '발음 능력, 어휘 능력, 표기 능력, 문장 능력, 담화 능력'으로 구성되는 '국어 능력'의 체계적 형성에 문법 교육이 기여하지 못하는 결과를 초래하였다. 이러한 실태인데도 2005년에 문법 영역을 국어 교육의 영역에서 퇴출시키려는 시도를 평가원이 하였는데 이는 국민의 국어능력을 떨어뜨릴 뿐만 아니라 불행한 국어 교육을 받고 자란 세대들이 낮은 국어 능력으로 인해 지식 경쟁에서 뒤처지고 21세기 국제 경쟁에서 낙오하여 국가 쇠퇴의 원인이 될 것이라 심히 걱정하지 않을 수 없다. 이미 오늘날도 문법 영역은 살아 있으나 거의 죽은 과목이다. 그 이유는 크게 다음 몇 가지로 요약된다.

[1] 문법 교육에 대한 편견:

문법을 언제(학습 시기), 어디서, 누가, 무엇을, 왜, 어떻게 학습할 것인가의 문제에서 가장 시급한 것은 왜 배워야 하는가의 문법 학습의 근거에 대한 공감 문제이다. 그런데 현재 국어 문법 문제에 대해서는 많은 이들이 중요하다고 하면서도 실제로는 이중적 태도나 편견을 지니는 것이 문제이다.

우선 일반 국민이나 신문 방송 인터넷으로 대표되는 매체들의 언어 행태의 이중성에서 잘 드러난다. 가령 주말 오후 5시 대에 국어 순화 프로그램을 내보내면서 그 직후 6시 대에 오염 언어로 범벅이 된 청소년 쇼프로를 내보내어 시청률 경쟁의 포로가 되어 버린 공영, 민영 방송들의 모습은 너무나 익숙한 일상이다. 이는 규범 언어를 강조하는 아나운서나 교열부 기자들과 실제 변화 언어를 반영하자는 연출가, 기자단의 구조적 성향과 무관하지 않다.

또한 국어 교육 전공자들 사이에서도 문법의 중요성은 인정하면서도 막상 이를 기초 영역으로 놓고 기능 영역과 문학 영역의 발전을 도모하려는 노력은 찾아보기 어렵다. 무엇보다도 문법의 구조적 지식에 대해서는 강한 거부감과 적대감조차 갖는 경향도 있다. 품사나 성분 지식을 알아서 국어 능력과 무슨 상관이 있느냐는 식의 태도를 보이는 것이다. 이는 전통 문법에서 음운, 형태소, 단어, 문장의 단위별 분석 학습을 강요한 데 대한 반발감의 발로인데 문법 학습이란 것이 1년 내내 그런 분석만 한 것도 아닌데 문법에 대해서만은 매우 인색한 비판을 하는 경향이 있다.[13) 우리는 이러한 비판들이 상당수 근거 없고 주관적 판단에 근거한다고 본다. 대개 문법 교육에 대한 편견은 다음과 같이 나타난다.

① 문법은 쓸데없는 용어나 지식을 가르친다.

문법의 용어들은 언어에 대한 과학적 탐구의 산물이며 인류 지혜의 소산으로 언어학의 전통 위에 형성된 개념들인 것이다. 따라서 이러한 용어나 개념을 안다는 것은 지적 자산이며 언어 분석의 도구를 갖는 방법의 하나인 것이다. 이는 마치 기계 제작자가나 설계자가 기계를 만들려면 기계 분해 조립의 경험을 반복해 보아야 하고, 건축가가 집을 지으려면 집을 해체, 건축하는 과정을 실습해 보아야 하며, 의사가 수술을 하려면 인체를 해부하는 끔찍한 과정을 참아야 하며, 생물학을 연구하는 학도가 개구리 해부를 하는 것과 비교할 때 문법학이 제공하는 지식도 그런 학문들의 공통인 해체–조립, 분해–조립, 해부(수술)–봉합(치유) 과정과 공통의 원리를 가지는 것이다. 한 마디로 모든 학문에서 '분석–종합'은 학문의 기초 원리로 국어 교육에서도 국어과에서 이러한 분석과 종합의 원리는 문법과에서 대표적으로 제공한다고 하겠다. 품사를 알고 성분을 분석하는 경험은 그러한 자기 언어에 대한 분석 경험의 제공인 것이고 그러한 경험은 자기 언어를 분석적으로 성찰하는 도구를 제공하는

---

13) 자국어 교육이든 외국어 교육이든 수업 시간에 빨간 표시로 지적받은 문법 수업의 추억은 어느 나라에서나 볼 수 있는 일로 Larsen-Freeman(2002)도 "많은 교사나 학생들은 문법을 언어의 죄수복(straitjacket)처럼 대한다.... 우리의 상당수는 우리가 정성껏 준비해 썼던 글의 내용 대신 문법 형태의 오류를 선생님께 지적받아 새빨갛게 표시된 시험지를 돌려받았을 때 절망스러워했던 추억을 가지고 있다."라고 하였다.

것이기도 하다. 분석철학의 출현 배경이 이러한 언어 분석의 필요성에서 출발한 점도 이러한 문법 영역의 중요성을 보여 주며 오늘날 4대 기능 영역에서 중요 방법론으로 채택하는 담화분석, 화용론의 학문적 배경은 분석철학으로 소급된다는 점에서 문법 교과가 제공하는 분석 경험에 대하여 일방적 매도를 하는 주장들로 국어 교육이 편향성을 띠는 일이 발생해서는 안 될 것이다. 수학의 귀찮은 공식과 원리를 알아나가는 과정에서 수리적 사고와 논리적 사고도 형성되듯이 문법적 언어 분석을 통해 무형의 논리적, 분석적 사고가 함양될 수 있는 것이다. 이는 분석 철학에서 강조한 바 있는 것이기도 하다.

② 문법 교육은 암기를 강요한다.

문법 교육이 암기를 강조하는 것으로 비침은 매우 잘못된 편견이다. 최근에는 탐구 학습의 강조로 암기를 배척하는 노력을 문법 교육에서 이미 강조해 온 바가 있다. 교사들에 따라 문법 교육을 제대로 받아보지 못한 교사들이 문법 현상의 '왜'를 답할 능력이 전문적으로 없다 보니 '외워 버리라'는 식의 무책임한 지시를 내려 이러한 현상이 나타난다고 본다. 특히 최근 전공 이수 학점수가 축소되면서 국어학 강좌나 고전문학 강좌는 하나도 안 듣고 졸업하는 사람도 가능하여 1990년대 이래 배출한 교사들에게서 문법 지식의 몰이해가 크다 보니 가르칠 능력은 없고 스스로 연구하지는 않다 보니 우물쭈물 얼버무리며 문법 과목 비판 대열에 동참하는 교사가 되어 버리는 경향도 나타나고 있다. 다음 [사례 1]은 학생들이 질문에 대해 교사들의 곤혹스러움이 나타난 경우이다. [사례 2]는 국가공무원 공채 시험 출제자들이 오답 시비에 휘말린 사례이다. 교사들이나 전문가들이 학생 질문에 대답할 능력이 없거나 출제자들조차 문법성 판단에 혼란을 가지고 있음이 주변에서 흔히 나타나는 현상임을 보여 준다.

[사례 1] 교수님 질문 있습니다. 급해요.

안녕하세요? 저는 고등학교에서 학생들을 가르치고 있는 교사입니다. 이번 수업 내용 중에 "어머니, 제 말 좀 들어보세요."라는 문장이 비문인 줄은 알겠으나, 그 이유를 문법적으로 설명을 못하겠어요. "제 말씀 좀 들어 보세요"가 맞는 거죠? 어떤 식으로 접근해야 옳은 설명이 되는지... 게다가 어떤 아이가 제 말이 아니라 거기에 친구 즉 제3자를 넣을 경우에도 말씀이 되냐고 물었습니다. 어떻게 대답을 해 줘야 할까요? 그리고 "오늘 날씨가 맑을 것으로 예상됩니다."는 틀린 문장으로 알고 있습니다. 그럼 "오늘 날씨가 맑을 것이 예상됩니다."는 맞습니까? 문법 단원 가르치기가 무척 어렵습니다. 우선 저부터서도 잘못된 어법 사용에 익숙해진 터라 오히려 어법상 맞는 문장이 어색하게 느껴집니다. 교수님의 명쾌한 설명 부탁드립니다.

[사례 2] 다음은 경기도 공무원 공채시험의 국어 문제에서 다음 문법 문제의 정답에 문제가 있다고 행정소송을 낸 응시자가 서울대 국어교육연구소에 정답 판단을 의뢰한 사례이다. 제기한 내용은 국어의 높임법과 관련된 문제이다.

 * 다음 중 존대 표현이 올바른 것은?
 (ㄱ) 지사님께서 말씀이 있으시겠습니다.

(ㄴ) 지사님께서 말씀이 계시겠습니다.

(ㄷ) 지사님의 말씀이 있으시겠습니다.

(ㄹ) 지사님의 말씀이 계시겠습니다.

시험 실시 기관 채점 정답 : (ㄱ)　　　응시자가 선택한 답안 : (ㄷ)

이 문제의 정답을 두고 응시자가 불합격 판정을 취소해 달라는 행정
소송을 제기하였고, 경기도인사위원회 측은 여기에 맞서고 있는 상황이
었다. 고교 문법 교과서에 답안 (ㄷ)과 똑같은 문장이 있으므로(175쪽),
응시자는 문제를 제기한 것이다.

[2] 교육과정, 교과서 체계상의 문법 교육 축소:

문법 교육 부실의 둘째 요인은 교육과정 제도상의 문제이다. 대한민
국 국민의 체계적 문법 교육은 현재 '초등 국어'에서는 문법 용어 교육
이 없이 높임법, 시간 표현, 표준어 현상 이해 교육 수준의 내용이 제공
되고, '중학교 국어'에 와서 3개년 6개 학기에 용어나 개념 교육이 분산
제공되는 것이 처음이자 마지막으로 유일하다. '고교 국어'에 와서는 문
법 지식의 체계적 반복 제시 없이 고1에서 복습 활동 몇 가지 정도로
국민 공통 교육은 끝난다.

'고교 문법' 교과서가 국정 교과서 심화 선택과목으로 있지만 선택
은 인문계 일부에서만 하여 매 학년 50만 학생 중에 수만 명 정도만 선
택하고 있어 한국인의 문법 교육은 사실상 중학교 문법 교육이 처음이
자 마지막이다. 결국 초등교육은 문법 용어 기피의 관습에 빠져 문법 개
념이 정립되지 못하여 서구 모어 교육에서 문법 용어가 초등 단계에 자

연스레 도입되는 것과 대조된다. 제 나라 문법 교육이 이 상태이니 '발음, 어휘, 문장, 담화' 등 모든 차원의 어법 교육에서 기초가 갖추어지지 않아 국민의 국어 능력이 부실할 수밖에 없다. 초등, 중학 국어 교육에서 표기 규범의 체계적, 반복적 학습 경험도 없고, 지속적이면서 수준 높은 문장 교열 교육조차 받아보지 못한 채 12년 초중고교 교육이 끝나므로 초중고생은 물론 대학생과 성인의 말과 글에서 오류가 넘치게 되는 것이다.

일부 교육과정 개정 위원들 중에는 '고교 문법' 교과서 선택 학생이 미미하니 이런 과목은 교육과정 영역에서나 선택 교과서 과목에서 폐지하자는 논리를 펴기도 하는데 '고교 문법' 교과서의 선택자 소수 현상은 '고교 화법' 교과서의 선택자 소수 현상과 같은 현상이다. 그런데 선택자 소수 논리 때문이라면서 '문법'은 선택과목에서 폐지하고 '화법'은 아무 이의 제기 없이 과목으로 존치해 두는 것은 불균형한 논리가 아닐 수 없다. 이런 소수자 선택 현상은 입시 평가에서 이들 문법과 화법이 평가 문항으로 제대로 반영되지 않은 때문이지 '문법, 화법'의 교과서나 교육과정 탓은 아니다.

[3] 문법 교육 평가의 부재:

문법 영역은 1993년 이래 지식 교육을 배제하고 지식 측정을 배제한다는 대입수능 체제가 도입되면서 60문항 중 2개 정도의 어법 문제(맞춤법이나 바른 문장 식별 문제)나 배당 되는 교과로 전락하여 평가에서 철저히 축소되었으므로 가장 치명적 상황에 놓여 있다. 이는 6대 영역에서 문법 영역의 비중이 1/30 가치의 수준밖에 안 되는 실정이다.

70

오늘날 국민의 국어 능력이 형편없는 현상을 초래한 이면에는 문법 교육을 1950-70년대식으로 지식 위주로 가르쳐서가 아니라 최근 20여 년은 그런 지식을 가르칠 시간조차 없었으며 근본적으로 교과 비중이 떨어져 학습을 제대로 하지 않는 상황이 되어 있기 때문이다. 그러므로 국민공통교육 10년 또는 초중고교 12년의 공교육을 받아도 맞춤법을 제대로 체계적으로 배워 본 경험이 없는 세대를 양산하고 있다. 국민의 국어 능력 저하는 이러한 문법 교육 시간의 절대 부족은 물론 문법에 대한 입시 평가상의 홀대 정책이 큰 원인으로 작용한 결과이다. 평가에서 배제되니 가르칠 필요가 없게 되는 것이 순리이다. 따라서 문법 영역이 6대 영역 속에 있지만 거의 학교 내신용 국어과 시험이나 입시 수능 평가에 반영되지 않아 '유명무실' 그 자체이다. 이러한 책임은 재미있는 문법 교과를 구현하고 의미 있는 평가 도구를 개발하는 데 소홀히 해 온 국어학자들에게도 일단의 책임이 있지만 문법 평가를 무조건 지식 평가로 단정하고 부정, 혐오하는 평가관을 가진 일부 국어 교육 전문가들의 문법관(文法觀)에 크게 기인하는 것이다. 이러한 실태이기에 한국교육과정평가원(2005)의 설문조사에서 학생들은 제일 필요한 국어 능력으로 문법(국어지식) 영역을 40.5%나 지적하여 1순위를 보이고 있다. 이러한 실정인데도 문법 영역을 4대 기능의 하위 영역에 예속시키려는 움직임이 있는 것은 문법 영역을 영원히 국어과에서 퇴출시키려는 발상이라 하지 않을 수 없다.

그동안의 문법 교육이 구조적으로 교육 현장과 수능 입시 평가에서 소외된지라 앞으로 새 교육과정에서 문법 영역이 영역의 전면에서 사라지고 4대 기능 영역 속에 분산 소속되면 문법 영역의 중요도는 더욱 떨어져 단순한 문법 영역이나 교과서의 소멸에 그치지 않고 국민의 국어 능력의 근간을 붕괴시켜 더욱 낮은 국어 능력을 갖추게 되어 국어 교육에 대한 불신으로 이어질 것이 불을 보듯 번연하다. 이처럼 제 나라 언어의 구조와 특성에 대해 제대로 가르치지 않는 문법 배제 발상은 국어 교육의 정체성을 더욱 혼돈에 빠뜨리고 국민의 국어 기초 능력을 더욱 저열하게 만들어 버릴 것이다.

[4] 창의적 문법 교육을 막은 국정 통일 문법 체제:

국어과의 심화선택과목에서 '문학, 작문, 독서, 화법'은 검인정 교과서로 하여 개방적이고 창의적 경쟁을 통해 교과 교육의 발전을 도모하고 있으나 '문법'은 국정 교과서 체제로 하여 보호하고 있는데 이는 문법 교육의 정체(停滯), 약화를 가져오는 것으로 재고할 필요가 있다.

광복 후 1970년대까지 '문법' 교과서는 중고교에서 선택과목으로 십수 종에 이르기까지 검인정하여 왔으나 1985년 4차 교육과정부터는 국정 단일 교과서 체제로 전환하였는데 이는 문법 교과서의 다양한 창의적 개발을 막는 결과를 초래한 측면이 있다.

이미 1963년에 공표된 '학교 문법 통일안'에서 9품사, 7성분 등의 분류와 문법 용어들을 제정한 바 있었고 그 후로도 십여 종의 문법 교과서가 검인정으로 나온 바 있으므로 1985년에도 국정 문법으로 단일화할 이유가 없었다. 이러한 국정 체제는 문법 연구자들의 창의적 참여를 막고 소수 학자들만 독점하는 현상을 초래한다. 따라서 앞으로는 '학교 문법 통일 지침'을 제정하여 그에 따라 검인정 체제로 전환하여야 전국의 문법 교육 전문가들이 경쟁하여 다양하고 창의적인 문법 교과서가 나올 수 있다. 이러한 경쟁 체제 아래에서 문법 교육의 세부 내용인 발음 교육, 어휘 교육, 문장 교육, 담화 교육, 규범 교육도 심화하여 창의적으로 발전할 수 있는 것이다.

그동안 문법 교육 전문가들은 교과서 개발의 기회조차 지난 20여 년간 박탈당한 채 몰락하는 문법 교육과 그에 따른 국민의 저하된 국어 능력을 속수무책으로 바라보고 있을 수밖에 없었다. 그러면서 국민의 국어 능력 저하의 원인 제공자라는 부당한 매도를 당해 왔다. 그러나 이러한 매도는 전술한 3대 원인에 의한 것으로 전적으로 부당한 매도일 뿐이다.

이제 이처럼 유명무실한 문법 교육의 상황인데도, 그리고 40%의 학생들이 최우선적으로 배우고 싶어 갈급해 하는 영역이 문법 영역인데도, '문법' 영역을 6대 영역의 전면에서 강등시켜 4대 기능 속에 보조적 수단으로 예속시키려는 발상들이 있음은 안타까운 일이다.

문법 교육의 부실은 위와 같은 세 가지 주요 원인 외에 문법 전공자들 스스로 재미있고 즐거운 문법 교육이 되도록 문법 교육과정, 문법 교과서, 문법 교수학습법, 문법 교육 평가 등의 전문화에 심혈을 기울이지 못하였던 점도 있다. 그러나 최근 20년간은 국정 문법 체제로 인하여 이러한 문법 교육의 다양한 연구와 활성화조차 원천 봉쇄되어 왔던바 다수의 문법 전공자들은 잘못된 문법 교육의 죄인으로 치부되는 억울한 처지에 있었다고 해도 과언이 아니다.

1.7 문법 교육의 근거와 용도

1.7.1 문법 교육 근거론

문법 교육의 근거와 용도는 동전의 양면처럼 밀접하다. 문법의 용도 때문에 그것이 곧 문법 교육의 근거가 되기 때문이다. 본 절에서는 문법 교육의 근거 문제를 용도 관점에서 살펴보도록 한다. 그동안 의사소통 중심 외국어 교육론이 대두되면서 나타난 문법 교육 무용론은 어느 정도 일면적 진실을 내포하고 있다. 특히 외국어 습득에서 문법적 지식은 습득에 방해가 될 수도 있어서 특히 유의할 충고가 담겨 있다. 자국인들에게도 모어 문법 지식은 이미 내장된 LAD(Language Acquisition Device)의 확인에 그치거나 유사한 기술을 보여 줄 뿐이고 개인의 국어 능력 향상과의 상관성은 불확실하다.

문법 교육이 국어 능력 향상에 불필요하다는 주장은 일찍이 미국에서 1936년 '전국 영어 교사회'(National Council of Teachers of English, NCTE)가 문법 교육이 모어 능력 발달에 별 도움이 안 된다는 결의를 통과시킨 바 있으며, 1960년대 들어서도 전통적으로 전통 학교 문법(Traditional School Grammar: TSG)의 교육이 쓰기 능력 향상에 도움이 되었으리라는 단순한 믿음은 도전을 받아 왔다. 이미 Braddock · Lloyd-Jones · Schoer(1963)에서는 문법과 쓰기 능력의 연관성 검증 연구를 통해 전통 문법 교육은 작문 교육에 도움이 안 되고 오히려 작문 교육에 해롭기조차 하다고 하였으며, 문법 교육을 받지 않은 교실의 학생이 작문 능력에서 더

우수했다는 연구를 발표하였다. Hillocks(1987)도 문법 교육이 작문 학습에 도움이 안 된다는 실험 연구를 하였고, Hillocks & Smith(2003)은 문법 교육을 거부한 학급 집단의 작문 능력이 더 뛰어났다는 보고를 하였다. Harris(1962)의 연구도 전통 문법 교육 학급이 작문 교육에 유용하였다는 증거는 분명히 드러나지 않았다고 한다. 이러한 무용론의 주장에 대해 문법 필요론, 즉 문법 유용론을 주장하는 사람들도 있다. Shaughnessy(1977)는 문장 구조(sentence structures), 활용(inflection), 시제(tense), 일치(agreement) 문제와 같은 네 가지 문법 범주 교육은 작문 능력에 유용하며, 구두점 교육, 대문자 쓰기, 넓은 의미의 문법이 작문 교육에 유용한 점이 있다고 하였다. Calkins(1980), Weaver(1998)은 문법을 문맥과 동떨어진 채 고립적으로 가르치지 않고, 언어의 실용 문맥(context) 속에서 언제, 어떻게, 무슨 문맥 속에서 가르치느냐에 따라 문법 교육이 작문 능력에 유용할 수 있다고 보았다. 이에 따라 Beers(2001), Noguchi(1991), Noyce & Christie(1983), Weaver, McNally & Moerman(2001)는 문법 교육을 읽기, 쓰기 교육과 통합해서 가르치는 통합 문법(integrating grammar)의 교육을 주장한다.14)

이처럼 문법 지식과 문법 교육이 국어 능력에 도움이 되는지에 대한 논의는 이미 영어 교육에서 문법 교육 무용론과 유용론이 대립되어 왔는데(민현식, 2003ㄱ) 국어 문법 교육도 이런 비판에서 결코 자유롭지 않다. Cramer(2004: 406~464)는 문법 교육의 세 가지 근거를 다음과 같이 든다.

---

14) 이상의 문법 교육에 대한 역사적 반성 개관은 Ronald L. Cramer(2004: 458-469), Gail E. Tompkins(2005: 562-589), Carol Cox(2005:351-374) 참고.

(1) 문법은 더 나은 필자를 만든다(Grammar makes better writers): 문법을 고립적으로 가르치지 말고 작문의 문맥 상황을 실제로 적용하여 가르치면 효과적이다. 가령, 작문을 주 5시간, 문법을 주 5시간 가르칠 때 문법을 지식만 고립적으로 가르치지 말고 작문 상황에 맞추어 문단 교열과 편집 훈련, 필요한 문법 개념의 간결한 제공, 학생들의 글쓰기 능력의 개인적 장단점에 따른 맞춤 지도 수업 등을 활기차게 동기 부여함으로써 성공적인 수업을 한 경우를 보고하고 있다.

(2) 문법은 언어에 관한 지식을 풍요하게 한다(Grammar enriches knowledge of the language): 인문학자들은 언어의 세계를 미적, 구조적으로 이해하고 언어의 심오함을 이해함이 현대 사회에서 매우 중요하다고 주장한다. 그러나 아동들은 문법을 배울 때 지루해 하는 것도 사실이다. 그러므로 아동들에게 언어의 심오한 세계를 지식으로 이해하는 지름길은 문법 범주나 품사 분류와 같은 구조적 지식보다는 시, 소설, 수필 같은 문학 작품 언어의 심오함을 친근하게 하는 것이다.

(3) 문법은 외국어 학습에 도움이 된다(Grammar helps in learning foreign language): 모어 문법 학습이 외국어를 배우는데 유용하다는 주장은 매우 논리적이지만 이를 실험적으로 측정한 증거나 학습자의 경험적 증거는 아직 많지 않다. 그럼에도 외국어 문법 학습 과정에서 모어 문법 지식이 대조적으로 이용될 수 있다는 점에서 모어 문법 교육의 필요성은 여전히 거론된다.

위와 또 다른 관점의 근거도 있으니 Gail E. Tompkins(2005: 576)는 문법 교육의 근거를 (1) 교양인이 되기 위한 표준 영어(Standard English)의

구사를 지도하여야 한다, (2) 사고 표현을 위한 문장 구조와 형태의 조
직법을 익히기 위하여 문법이 필요하다, (3) 부모들의 기대 요구가 있으
므로 교사들은 이 기대 요구를 충족하여야 한다, (4) 외국어를 배우기
위한 기초로 필요하다, (5) 학생 언어 능력 평가의 객관적 척도용 등의
이유를 들고 있다. 특히 근거 (1)은 방언 사용으로 인한 불이익을 막고
자 정확한 발음, 어휘, 문장 문법에 따른 표준어 구사가 문법 교육의 중
요 목표로 설정할 수 있음을 보여 준다. 민현식(2003ㄱ)과 위의 견해들을
종합할 때 우리는 다음과 같은 중요한 용도들을 문법 교육의 근거로 세
울 만하다.

(1) **표준어 교육용**: 국민 통합적 공통어로서의 표준어 교육을 위해
문법 교육이 필요하다. 표준어 교육을 통해 정상적 국민으로서의 언어생
활을 영위할 수 있다.

(2) **언어 규범 척도용**(언어 오용 예방 척도용): 언어의 규범성과 언어의
변화성이라는 언어의 실상을 이해하기 위한 규범의 기준 척도를 갖기
위해 문법 교육이 필요하다. 이러한 척도를 기준으로 오용 언어도 예방
할 수 있다.

(3) **언어 표현력**(쓰기와 말하기) **증진용**: 자기 언어 표현과 공동체 언어
표현 즉 작문과 화법의 표현에 대한 교열 능력을 증진하기 위해 필요하
다. 문법 교육이 없으면 언어 오류를 교열, 교정 받지 못하여 오용 언어
습관이 고착되어 화석화하므로 이의 지속적 예방이 필요하다. 또한 문법
학습에서 기억된 것, 지적 받은 것은 계속 주의하게 되어 학습 강화 효
과를 주어 바른 언어 능력을 증진 강화시킨다.

(4) 언어 이해력(읽기와 듣기) 증진용: 자기 언어 표현과 공동체 언어 표현을 읽고 이해하는 능력을 증진하기 위해 필요하다.

(5) 현대 언어사회 이해용: 현대 사회와 언어 문제를 이해하는 거시적 시야를 갖게 하기 위해 필요하다. 모어 교육과 외국어 교육 문제, 공동체의 각종 언어 문제에 대한 통찰력을 기르게 한다.

(6) 사고력 증진용: 정상적 논리적 합리적 사고력 함양은 올바른 문법 교육이 토대가 되어야 한다. 아동의 사고력 증진 교육은 평생의 언어 능력과 성취력에 기여한다.

(7) 외국어 학습 대조용: 외국어 학습 시에는 모어 문법과의 대조가 때로는 필요한데 이러한 외국어 학습 시에 모어 문법 지식이 적절히 활용된다.

(8) 인지 능력 증진용: 문법 지식의 이해와 적용은 학습자의 인지 능력 발달에 기여한다.

1.7.2 문법 교육의 용도론

오늘날 문법 교육 유용론자들도 전통 문법 지식을 고립적으로 제공하는 교육은 반대한다. 작문 교육 속에서 문법이 제공되어야 문법 교육의 효능이 있다고 한다. Cox(1999: 394)는 작문 시간에 문법과 관습 표현(convention)에 대한 학습이 교열(revision) 훈련과 함께 제공될 때 작문에 효과적이라 주장한다. 특히 아동들에게 초고를 스스로 교열하거나 조별로 서로의 글을 토론하며 교열하는 훈련의 경험이 아동 작문에 유용하다고 지적한다. 교열 경험이 적을수록 글쓰기에 문제가 많다는 것이다. 또한 아동들에게 문법은 쓰기와 읽기 교육과 통합하여 가르칠 때 매우 유용하다고 한다. 사실 이런 지적은 상식 수준이라 새삼스러운 것도 아니다. 그러나 우리의 국어 교육에서 국어과 수업이나 작문 수업에서 교열 훈련을 철저히 받아본 학생들이 얼마나 될 것인가. 빈약한 작문 시간, 입시 작문 속에 휘둘려 문법 원리에 기반한 교열 교육이 제대로 이루어지지 못해 왔다.

또한 우리는 국어를 언어학적으로 분석 연구하는 데는 열심을 내었지만 정작 왜 문법이 필요한지 왜 가르쳐야 하는지 현실 언어를 바탕으로 하여 적극적인 체계와 근거를 세우지 않아 왔다. 한마디로 문법 교육의 근거론은 매우 빈약하고 옹색하게 되어 버렸다. 왜 배워야 하는지도 모르는 과목을 배워야 하는 학생들처럼 불행한 학생도 없고 그것을 가르치는 교사만큼 처량한 경우도 없다. 교육에서 교과목의 설정 동기와 존립 근거가 불투명하다면 당장 폐과의 운명에 직면하지 않을 수 없다. 오늘날 문법 과목의 운명이 그런 처지에 놓여 있는 것이 현실이다. 따라서 우리는 때늦은 감이 들더라도 문법 교육의 근거론 즉 문법 용도론을 규명할 필요가 있다. 문법은 우리 언어생활에서 어디에 소용되는지를 분명히 안다면 문법 교육의 목표나 방법론 역시 자명해진다.[15] 대체로 문

---

15) Eli Hinkel & Sandra Fotos(2002)는 문법 교육에 최선의 유일한 방법은 없으며 여러 방법에서 공통점을 찾아 문법 교육의 절충적 시각(eclectic view)을 지향함이 중요하다고 하면서 다음 방법들은 문법 교육의 중요성을 다시금 강조하는 최근의 경향을 보여준다고 한다.

  (1) 형태 중심주의(focus on form): 형태 교육과 소통 교육을 결합한 방식이다. 명시적 문법 형태들을 제시하고 의사소통법을 통합한 방식이다.
  (2) 주목, 의식 고양법(noticing & consciousness raising): 문법 교육을 문법 의식의 고양으로 보는 태도이다. 문법 의식의 내재화를 도모하게 된다. 이 방법에서는 명시적(explicit), 선언적(declarative) 지식을 위한 문법 교육과 암시적(im-

법의 용도를 살펴보면 다음과 같다. 이에 따라 사범대학 문법 교육과정
도 이러한 용도별 지도 체제로 개선되어야 할 것이란 점에서 사범대학
문법 교육과정에 개설할 수 있는 강좌를 ⇒ 표 다음에 병기해 본다.

(1) 아동기 언어 습득 및 언어 발달용 ⇒ 국어 습득론, 국어 발달론

유아, 아동기에는 발음을 습득하고 문자 학습을 통해 표기를 익히게
된다. 효율적 아동기 모어 학습은 민족어를 배우는 데 중요한 첫 관문이
자 평생의 언어 표현과 사고 능력을 결정하기에 매우 중요하다. 아동은
발음과 문자의 불일치를 통해 언문 불일치를 경험하며 문어 생활을 하
게 된다. 이러한 아동 언어습득기에 문자, 발음, 어법의 지도는 평생의
언어생활을 좌우한다. 그래서 유아기의 가정 언어 교육과 초등학교의 문
법 교육은 평생 언어 교육의 기초가 된다. 미국의 영어 교육에서는 초등
교육 과정에서 이미 품사 지식, 성분 지식 훈련을 하는데 우리는 자국어
에 대한 초등 교육과정에 품사나 성분 개념과 용어가 도입되어 있지 않
다. 그러면서 초등학생들에게 각종 품사 기호로 구성된 국어사전을 참고
하라고 하니 앞뒤가 맞지 않는 교육이다. 미국 영어 교육에서는 초등교

---

plicit), 과정적(procedural) 지식을 위한 문법 교육을 구별한다. 또한 귀납적
(inductive) 교육과 연역적(deductive) 교육을 구별하게 된다.

(3) 상호작용설(interaction for grammar learning): 순수 의사소통 중심법에서는 이
해 가능 입력만을 중시했으나 이해 가능 입력 못지않게 이해 가능 출력 훈련
이 상호 작용 속에서 활발히 필요하다.

(4) 담화 기반 접근법(discourse-based approaches to grammar instruction): 담화
자료에서 실제 언어의 자료와 용법, 의미의 구조를 중시한다. 언어 구조와 문
맥적 사용을 중시하고 말뭉치 자료를 활용한 분석을 한다. 다양한 장르의 구
어, 문어 자료가 중시되고 사용역(register), 담화 변이(discourse variations) 등
다양한 언어 변이를 주목한다.

육 단계에서부터 강조하는 문법 개념 교육의 기본으로 다음을 들고 있
다(Tompkins 2005: 570~6).

　　① 단어의 품사(parts of speech)
　　② 문장의 성분(parts of sentences)
　　③ 문장의 유형(types of sentences)
　　④ 대문자 쓰기(capitalization)와 구두점(punctuation)
　　⑤ 표준영어 교육(Standard English)과 어법(usage) 교육[16]

　우리나라의 경우 초등학교에서는 품사, 성분 교육을 배제하고 있어
문법적 용어는 사용조차 못하고 있으나 국어사전을 이용하려면 초등학
교에도 품사, 성분 개념의 도입 지도가 필요하다. 한편, 서구에서는 육
필 쓰기(handwriting) 교육을 비중 있게 다루고, 일본도 "붓을 사용하는 書
寫 지도는 제3학년 이상에서 취급하고, 펜글씨의 기초 능력을 양성하도
록 지도하며 문자를 올바르게, 예쁘게 쓸 수 있도록 지도한다."라고 명
시하고, 중국도 교육과정에서 1-9학년에서 매 학년마다 '식자(識字) 및
사자(寫字)' 지도를 제1항에 제시하여 서사법(書寫法)과 자전(字典) 활용

---

16) 어법 교육은 학생들이 잘 틀리는 영문법의 주요 용법을 말한다. 그 예로 Gail E.
　　Tompkins(2005: 575)에서는 열 가지를 들고 있다. 불규칙 활용 오류(swam 대신
　　swimmed를 쓰는 것), 과거 시제 대신 현재 시제 쓰는 버릇(I asked 대신 I ask),
　　비표준 영어 형태 쓰기(had gone 대신 had went로 쓰기), 이중 주어(My mom
　　she...), 비표준 대명사 쓰기(those books 대신 them books), 주격 대명사에 목적격
　　대명사 쓰기(Me and my friend went...), 주어 술어 동사 일치(agreement) 위반(We
　　were 대신 We was 쓰기), 이중 부정(I don't gone none), 관련어 혼동 현상(I'll
　　teach you to read라고 할 것을 I'll learn you to read로 반의어로 쓰기), 목적격 대
　　명사 대신 주격 쓰기(It's for Bill and me 대신 It's for Bill and I로 쓰기)가 그것
　　이다. 따라서 현장에서는 이러한 열 가지를 초등교육에서부터 집중 지도할 필요가
　　있다는 것이다.

지도를 중시하고 있는데, 우리는 한글 글씨쓰기 지도가 초기 교수요목 시기 교육과정에서 '읽기, 말하기, 듣기, 짓기, 쓰기'로 설정하면서 '쓰기'17)와 '짓기'를 구별하여 한글 글씨 쓰기 지도를 배려한 바 있으나, 그 후부터는 독립 영역으로 제시되지 않으면서 한글 글씨쓰기 지도가 거의 방치되어 학생들의 글씨가 난필이 많아졌다. 앞으로 육필의 정서적 태도 측면과 한글 글꼴의 미적 지도 측면을 고려하여, 육필 쓰기와 서사(書寫) 지도를 되살리는 노력도 필요하다.

(2) 규범 교육용 ⇒ 국어 규범 교육론

문법 교육의 가장 실용적 동기는 언어 규범에 대한 교육이다. 규범 교육은 다음과 같이 발음, 표기, 어휘, 문장, 담화 영역에 걸쳐 있는 것으로 발음, 표기, 어휘, 문장, 담화를 어떻게 정확하고 효율적으로 수행하느냐의 문제가 날마다 부딪히는 국어 사용자의 고민이다. 이처럼 규범에 대한 실용 능력은 국어 능력에 직결되는 것으로 국어 규범 능력을 학습자가 습득할 수 있도록 문법 교육은 요구에 부응하여야 한다. 이러한 규범과 국어 능력의 상관성은 학교 교육에서 가르치고 배워야 할 문법 지식을 명확히 보어 준다.

---

17) 광복 후 교수요목기에는 '짓기'와 달리 '쓰기' 영역을 독립하여 "쓰기: 연필이나 철필을 가지고 국문 글씨를 쓰게 하되, 자획의 먼저와 나중을 알게 하며, 글자 모양을 바르고 아름답게 쓰도록 가르칠 것이다."라고 하였다. 그 후 '짓기'와 '쓰기'를 통합하고 '쓰기' 영역이 작문 영역이 되어 7차 교육과정처럼 1학년 쓰기 영역에서 "(2) 연필을 바르게 잡고 바른 자세로 글씨를 쓴다."라고 하는 정도만 제시되어 왔다. 교육부(2000) 참고.

[표 6]

국어 규범과 국어 능력의 상관성					
국어 규범	국어 능력	배경 학문 지식	사범대학 국어 교육과 강좌		
			소영역	중영역	대영역
발음 규범	발음 능력(발음력)	음운론(표준발음법)	발음교육론	국어 규범 교육론(1)	국어 규범 교육론 (2)
표기 규범	표기 능력(표기력)	표기론(문자 표기론 + 표기 4법: 한글 맞춤법, 표준어 규정, 외래어 표기법, 로마자 표기법)	표기 교육론 (정서법론)		
어휘 규범	어휘 능력(어휘력)	형태론(조어론+품사론), 어휘론(어휘의미론 포함)	어휘 교육론		
문장 규범	문장 능력(문장력)	문장론(문장 의미론 포함)	문장 교육론		
담화 규범	담화 능력(담화력)	담화 텍스트론	담화 교육론		

　유감스럽게 가장 실용적이면서 문법 교육의 동기로 가장 널리 알려진 규범 교육(표준어와 맞춤법 규정, 정확한 문장 쓰기 등)이 우리의 문법 교육에서는 가장 주변적인 것으로 밀려 있어 왔다. 국어 교과에서도 부록으로 규정만 제시할 뿐이고 12년 초중고교 교육에서 표기 규범을 어떻게 체계적으로 교육할 것인가에 대한 청사진을 교육과정에서도 규범 교육의 전략이나 지침 차원에서 제대로 정립, 제시된 바 없다. 그동안 우리는 규범 교육을 주먹구구식으로 해 왔고 제대로 가르치지도 않았으니 표기 규범 교육만이라도 제대로 한다면 문법 교육의 효용성을 깨달을 수 있을 것이다. 우리는 최소한 표기 4법만이라도 제대로 체계적으로 정규 수업 시간에 가르치라는 점을 강조하고자 한다. 특히 위 표는 사범대학 교사 교육과정에서 가장 대표적으로 설정될 강좌를 보여 준다. 위에서 중영역, 대영역은 국어 규범 교육론이라는 이름으로 묶일 가능성을 말한다.

영어 교육에서는 표기 규범 교육의 경우 작문 교육을 중심으로 표기법 교육과 구두점 교육과 교열 훈련이 연계되고 강조되는데 우리는 작문 교육이나 문법 교육에서도 표기법 교육이나 구두점 교육이 형식적이거나 거의 배제되어 왔고 작문 교육의 교열 훈련도 개인적 차원에서 머물고 교실에서 깊이 있게 학생 상호간 팀별 협동 학습 등으로 다양하게 교열 훈련을 받아 본 경우가 드물다. 영어 표기법 교육은 '표기 양심'(spelling conscience)[18]이라는 개념을 제기하기도 하며, 표기법 인식의 발달 단계에[19] 따른 전략도 모색하고 있고, Tompkins(2005: 541~559)에서는 다음과 같은 교수 학습의 전략들이 제시되고 있다.

---

18) '표기 양심'이란 말은 R.L.Hillerich(1977)가 제시한 개념이다. 표준 표기를 하여 독자에게 불편을 주지 않게 하는 것이 글 쓰는 이의 도덕적 의무라는 관점으로 관습 표기를 익히는 것이 사회와 독자에 대한 예의이고 도덕이며 양심적 행위라고 하는 것이다.

19) 아동들의 영어 표기법에 대한 인식의 발달은 다음과 같은 단계가 있다.

① 표기 의식 출현 시기(emergent spelling): 3-5세 아동들이 제멋대로 쓰는 문자 사용 시기로 문자를 그리는 것(drawing)과 문자 쓰기(writing)를 구분하지 못하는 시기이다.

② 문자 이름별 표기 시기(letter name spelling): 5-7세 아동들이 알파벳을 익혀 나가면서 자음이나 단모음 정도를 구별하기 시작한 단계이다.

③ 단어 내 표기 식별 시기(within-word spelling): 7-9세 시기로 단어내의 다양한 장모음 표기(sew, cow, joy)나 이중자음 표기(judge, match)를 익혀 나가는 시기이다.

④ 음절과 접사 식별 시기(syllables and affixes spelling): 9-11세 시기로 단어가 음절 단위로 표기되거나 준말 형태(can't)가 있고 동음이의어가 있으며 (their-there) 활용 접사(-s, -es, -ed, -ing)에 따라 형태가 구별되는 것을 식별하는 시기이다.

⑤ 파생어 관계 식별 시기(derivational relations spelling): 11-14세 시기로 파생 접사에 따른 단어 파생형들(please-pleasant, soft-soften 등)이나 그리스, 라틴어 등의 외래어 어원형을 구별하는 시기이다.

아동들의 영어 표기법 발달 단계는 표음문자인 한글 표기의 경우에도 아동들에게 유사하게 적용될 가능성이 있다.

[표기법 교육의 교수 학습]

① 일상 쓰기 활동을 통한 방법(daily writing): 평소 쓰기 활동을 통해 표기 규범 교육을 하는 방법으로 표기 교육에서 가장 기본적이다. 우리는 작문과 문법(표기)의 통합 교육이 미비하다,

② 일상 읽기 활동을 통한 방법(daily reading): 평소 읽기 활동을 통해 낯선 표기나 까다로운 표기를 눈으로 익히는 방법이다.

③ 표기 난해어 벽보 게시(word walls): 난해 표기어(100개, 500개 등)의 목록을 만들어 교실 벽에 게시하거나 각자 집에 걸어 두어 환기시키는 방법이다.

④ 단어 조립(making words): 무작위적으로 알파벳을 조립하여 단어 만드는 훈련이다. 's, p, i, d, e, r'로 is, red, dip side, ride 등을 만들면서 표기법을 익히는 활동이다. 국어에서도 'ㅈ, ㄱ, ㅣ, ㅔ'로 '지게, 제기' 같은 단어를 만드는 활동을 할 수 있다.

⑤ 단어 분류(word sorts): 유사 표기 형태를 분류하는 활동으로 가령, 'shark-yard-jar-sharp-hard'처럼 '-ar-'로 된 단어를 분류하여 표기를 익히는 활동이다. 국어도 '값-없다; 깊다-덮다-엎다; 앉다-얹다' 등처럼 동일 표기어들을 분류하는 활동을 할 수 있다.

⑥ 교열하기(proofreading): 초고를 가지고 교열 활동을 하는 것으로 이는 영어 교육에서 초등학교 때부터 권장된다. 우리는 초등 단계에서 초고 교열에 대한 개인별, 학생 상호간, 팀별 활동을 심도 있게 하는 지도가 초등 교육과정 상에 제대로 나타나 있지 않다.

⑦ 국어사전 활용 훈련(dictionaries): 단어 표기의 어려움에 부닥쳤을 때 사전을 활용하는 것도 중요한 학습 방법이다.

⑧ 표기 선택 활동(spelling options): 영어에서 [f] 발음에 'f, ff, ph, gh' 등의 표기가 동원되듯이 난해 표기들의 경우 이런 표기를 나열하여 선택하게 하는 활동을 말한다. 국어에서도 '풀떼기, 밭떼기, 껍데기, 새침데기'처럼 '-떼기/-데기' 중에서 어느 표기가 맞는지 단어별로 선택할 수 있다.

⑨ 어근과 접사 익히기(root words & affixes): 어근과 접사의 의미를 익히면서 표기를 익히는 활동을 통해 표기법을 익히게 하는 경우이다. 국어에도 숱한 어근과 접사들은 평소 익혀야 한다.

⑩ 표기 학습 전략 세우기(spelling strategies): 학습자에게 적합한 다양한 표기 학습 전략을 갖추도록 지도하는 것이다. 영어나 국어가 음소주의에 따른 표음주의 표기법만 채택하지 않고 형태음소 중심의 표의주의 표기를 채택하므로 '발음대로'(sound it out) 쓰기보다는 '생각해 보고'(think it out) 쓰는 훈련을 갖추도록 하라는 것이다.

위 열 가지 표기 교육은 새삼스러운 것이 아니고 대부분 잘 알려진 것들이지만 국어 교육 현장에서는 구체적 교수 학습법의 개발 없이 '발음대로 외우고, 눈으로 외우는' 암기식 표기 교육에 의존해 온 무지한 관행을 탈피하는 전략을 개발할 필요성을 깨닫게 한다.

(3) 기능 교육용 ⇒ 국어 기능 교육론

말하기, 듣기, 읽기, 쓰기 교육을 위해서는 문법 지식이 의식적이든 무의식적이든 이들에 얼마나 소용되는지를 이해할 필요가 있다. 특히 국어 능력은 문법 지식이 기능 영역들에 어떤 상관성을 가지는지에 대한 이해를 통해 문법 교육의 당위성이 증명되어야 한다. 그런데 이 점은 현행 교육과정의 기능별 학년별 교수요목을 보면 각 기능 영역 심지어 문학 영역 속에도 문법 영역의 지식이 골고루 배열되어 있어서 문법과 기능(및 문학) 교육의 상관성을 구체적으로 입증해 준다.

영어 교육에서는 순수 문법 지식들을 기능 교육과 관련 지어 훈련하는 방법으로 다음 8대 방법을 들기도 한다(Tompkins 2005: 576~592).

① 소강의(minilessons): 평소의 읽고 쓰는 과정에서 평소 주요 문법 항목을 '미니레슨'이란 원어 뜻처럼 간단히 환기시키고 틈틈이 반복하여 가르치라는 것이다.

② 문법 개념서(concept books) 활용: 영어에는 8품사를 초등, 중고교 학습자 수준으로 맞추어 만든 '문법 개념서'(grammar concept books)라는 것들이 많다.[20] 이런 품사별 책들을 학습자들이 공부하면서 어휘와 문법

---

20) 가령 다음 두 저자는 품사 관련 학습서를 다수 발간하였다.

Cleary, B. P.(1999), A mink, a fink, a skating rink: What is a noun?, Minneapolis: Carolrhoda.

Heller, R.(1990), Merry-go-round: A Book about nouns, New York: Grosset & Dunlap.

Cleary, B. P.(2001), To root, to toot, to parachute: What is a verb?, Minneapolis: Carolrhoda.

Heller, R.(1988), Kites sail high: A Book about verbs, New York: Grosset & Dunlap.

Cleary, B. P.(2000), Hairy, scary, ordinary: What is an adjective?, Minneapolis: Carolrhoda.

Heller, R.(1989), Many luscious lollipops: A Book about adjectives, New York: Grosset & Dunlap.

Cleary, B. P.(2003), Dearly, nearly, insincerely: What is an adverb?, Minneapolis: Carolrhoda.

Heller, R.(1991), Up, up and away: A Book about adverbs, New York: Grosset & Dunlap.

지식을 강화하게 된다.

③ 문장 수집하기(sentence collection): 평소 독서 중에 좋은 문장들을 수집하여 문법 학습 활동시에 소재 문장으로 활용한다.

④ 문장 조정하기(sentence manipulation): 수집된 문장을 조별로 변형하는 훈련으로 다음의 방식이 있다.

(ㄱ) 문장 분해하기(sentence unscramblng): 긴 문장을 여러 개로 나누어 보고 표현 효과를 논하는 훈련이다.

(ㄴ) 문장 모방하기(sentence imitating): 명문장을 찾아 다른 주제의 글에서 동일 구조와 방식으로 모방하는 훈련이다.

(ㄷ) 문장 결합하기(sentence combining): 작가의 원 문장을 두세 개 단문으로 나눈 후 다시 결합하여 원 문장을 재창조하는 훈련이다.

(ㄹ) 문장 확대하기(sentence expanding): 단문을 저자의 의도와 문체를 살려 길게 확대하는 훈련이다.

⑤ 책 달리 쓰기(new versions of books): 동화나 이야기가 담긴 글을 표현과 구조를 달리해서 변형시켜 새로운 판의 글로 만들어 보는 훈련이다.

⑥ 문법 포스터 만들기(posters): 품사 분류나 품사별 단어들을 그림이나 도형으로 창의적으로 만들어 교실에 포스터로 게시하는 것이다.

⑦ 교열하기(proofreading): 글을 단독으로 또는 조별로 같이 교열하면서 문법 지식과 적용을 익히는 훈련이다.

⑧ 표준 영어(Standard English Alternative): 교양인으로서 활동하기 위하여 품위 있는 표준 영어의 중요성을 깨닫고 문법적 오류를 고쳐가며 익히는 활동이다.

①소강의는 기능 영역과 문법 영역의 통합 교육에서 가장 당연히 실행되어야 하는 교수법이지만 우리의 작문, 독서 교육이 수능 체제로 변질되면서 이들 교과를 진행하면서 문법 사항을 언급하는 경우는 찾아보기 어렵다. ②문법 개념서는 우리나라에서 찾아보기 어려운 책들로 모어 문법 교육 특히 어휘 교육용 학습 자료 개발 차원에서 앞으로 요구되는 보조교재들이다. ③문장 수집하기와 ④문장 조정하기 훈련은 다양한 문장 변형 훈련인데 우리의 초등교육에서도 소홀한 분야이다. ⑤책 달리 쓰기도 ③④를 토대로 응용한 활동이다. ⑥문법 포스터 만들기는 문법 교과를 학습할 때 문법 지식을 포스터로 만들어 게시하는 활동인데 문법과 포스터를 연계한 아이디어이다. ⑦교열하기는 우리도 작문 교육에서 다루고 있으나 영어 교육에서는 교열한 후 깊이 있게 학생들이 상호 토론하는 활동 속에서 문장 교열의 다양성을 익히는 경험이 강조되는데 우리는 개인 교열 차원으로 끝나는 편이다. ⑧표준 영어 교육은 우리도 국어과에서 표준어 교육을 강조하는 것과 통하지만 우리는 구체적 철학과 동기와 교수 방법론이 부재한 편이다.

(4) 외국어 학습용 ⇒ 대비(대조 비교)언어학

외국어 학습은 외국어의 문법 체계를 내재화시키는 습득 과정이다. 따라서 이 과정에서 자기의 모어 문법과 대조하는 무의식적 과정에서 외국어 학습의 성취도 이루게 된다. 물론 외국어 학습에서 문법 지식이 절대적이 아니라 대조언어학적 교수학습법이 무용하다는 주장도 있지만 대조언어학적 교수법이 문제가 있다는 것이 곧 대조언어학적 지식 모두가 무용하다는 것은 아님을 분명히 해야 한다. 학습자의 언어습득 과정에는 대조언어학적 지식이 오히려 장애물이 될 수도 있다는 점은 유효한 지적이지만 교수자에게는 대조언어학적 지식이 교육과정 편성, 교재 개발시에 문법 범주의 난이도, 학습 순서 결정 등에 참고 근거가 될 수 있다. 또한 학습자가 한영사전, 영한사전과 같은 대조언어 학습사전을 내는데도 문법 지식은 사전 편찬자에게 유용한 기준이 된다. 따라서 대조문법 지식에 대한 비판은 학습자용으로는 적절한 비판으로 볼 수 있지만 교수자나 문법 중심 교수학습을 원하는 교육과정에서는 유용한 도구 지식이 된다. 아직도 외국어를 배우려면 외국어 문법서가 늘 요구됨은 문법의 중요성을 보여 준다.

특히 오늘날과 같은 국제화 사회에서 다중 언어 능력이 요구되는 상황에서 언어 교육은 매우 중요한 관심사이고 정책적 우선순위에서 결정을 요구받는다. 영어 공용어화 운동과 관련하여 외국어 교육은 전 국민적 관심사이며 조기 영어 교육의 타당성 논쟁은 끝없는 논쟁만 되풀이되면서 학계와 동떨어진 채 현실의 부모들은 조기 영어 교육을 민간 처방에 따라 결행한다. 학문도 정책도 무위로 돌아가고 민간교육요법만이 교육을 좌우하는 일이 현실로 벌어진다. 그 과정에서 성공담도 나오고 조기외국어 교육의 장애로 소아정신과를 찾는 실패담도 나타난다. 따라서 언어에 대한 정책적 판단은 국가적 판단이든 개인의 외국어나 모어 능력 함양을 위한 학습 차원의 학습 전략적 판단이든 문법 교육의 당위성 여부는 시시각각으로 요구받는 것이 현실이다.

(5) 국어사전 열람 학습용 ⇒ 사전론, 사전 활용론

문법은 적어도 국어사전 열람을 위한 기초 지식을 제공하여야 한다.

이는 앞 (1)항에서 초등학교 교육에서부터 품사, 성분 개념과 용어의 적저한 도입이 필요하다고 지적한 것과 통한다. 우리가 흔히 초등학생부터 국어사전을 아동들에게 보라고 권하지만 사전 활용 학습법은 학교에서 거의 가르치지 않는다. 사전에는 품사 정보, 발음 정보, 어휘 정보, 통사 정보를 보여 주므로 초등 국어 교육에서도 문법 교육은 초등 수준을 고려하여 국어사전 활용 교육을 위해서라도 품사와 성분의 개념 교육 정도는 앞으로 쉽고 재미있게 제공되어야 할 이유가 있다. 가령, '아니오, 아니요'를 헷갈려하는 학습자는 물론 심지어 교수자들이라도 사전을 다음과 같이 이용하여 찾아볼 수 있다면 자율 학습 차원에서도 매우 중요한 경험이 될 것이다. 이때 다음 뜻풀이에 나온 품사 정보 약호라든가 형태소 구별 표지인 - 짧은 줄표라든가 준, 참 등의 사전 약호들을 알고 이용하는 능력만이라도 제대로 가르쳐 주면 학생들의 국어 능력은 훨씬 나아지고 국어사전의 활용도가 높아질 것이다. 초등, 중고교 교육에서 국어사전 설령 그것이 인터넷 국어사전이라도 사전 이용을 위한 문법 교육만이라도 제대로 하면 문법 교육은 공감을 받을 것이다.

    아니-요 갑 윗사람이 묻는 말에 부정하여 대답할 때 쓰는 말. ¶"이놈, 네가 유리창을 깨뜨렸지?" "아니요, 제가 안 그랬어요." 준아뇨01. 참네03.
    아니-오 갑 '아니요'의 잘못. ☀'아니오'는 '이것은 책이 아니오', '나는 홍길동이 아니오'와 같이 한 문장의 서술어로만 쓴다. "다음 물음에 '예', '아니요'로 답하시오"와 같이 '예'에 상대되는 말은 '아니요'이다.

(6) 통역, 번역의 도구용 ⇒ 통번역론, 문체론

외국어를 통역하거나 번역하는 일은 외국어 문법과 모어 문법의 대조 의식이 끊임없이 나타나게 된다. 이를 위해 문법 교육은 유용하다. 특히 오늘날 다중언어 국제화 시대에서는 개인이나 국가나 정확한 언어 변환(language switching)이 잘 이루어져 건전한 국민이자 세계시민으로 키워야 할 책임이 교육에 있다. 외국어 차원이 아닌 국제어 차원으로 변화한 영어에 대해서도 적대적 태도만이 능사가 아니라 한영 양어를 정확히 구분해 쓰는 언어 전환이 태도 교육으로 정착되어야 한다. "모어를 잘해야 외국어도 잘한다."라는 철학 위에서 모어와 외국어를 일상생활에서 정확히 변환하여 사용할 수 있는 언어교양인이 이상형임을 모어 교육이나 외국어 교육에서 기본 태도로 함양시켜야 할 것이다. 이러한 올바른 모어 의식과 외국어 의식의 태도 위에서 외국의 언어 문화가 국어로 올바르게 통번역됨으로써 오역의 범람이 국어 오염의 주범으로 작동하지 못하게 될 것이다.

(7) 응용 언어학의 기초 도구용 ⇒ 응용 언어학, 응용 국어학,
국어 사회학, 전산 국어학

응용 언어학은 넓게는 사회언어학, 심리 언어학, 인류 언어학, 전산 언어학 등의 인접 언어학을 가리키지만 좁은 의미로는 언어 습득론이나 외국어 교육을 가리킨다. 특히 언어학을 교육에 응용하는 것이 가장 대표적 영역이라 할 때 언어 교육은 언어학의 응용 분야로 보는 것이 전통적 관점이었다.

그런데 인간 문화의 다양화, 복잡화로 인해 여러 언어 문제가 발생하면서 언어학도 응용 분야가 발전하게 되었다. 따라서 사회언어학, 인류 언어학, 언어 정책학, 심리 언어학, 언어 치료학, 전산 언어학, 언어

교육학 등이 응용 언어학의 대표적 성취를 이루고 있다.

앞으로 성차별 언어 표현을 예방하는 교육과정의 도입이라든가, 점차 국제결혼이 증가하여 다민족 문화로 변화해 가는 우리 언어 사회에서 국내용 한국어 단일 민족 관점의 국어 교육을 탈피하고 세계 속의 한국인 동포들과 한국 내에 귀화한 타 민족들의 자녀들의 한국어 교육을 고려한 복합적 국어 교육관이 필요한데 이를 위해서는 사회언어학, 인류 언어학, 심리 언어학 등의 도움이 절대적으로 필요하다. 이는 정책자들이나 교사들에게만 필요한 지식이 아니고 어려서부터 타 민족과 공동체 속에 살아가는 훈련을 하도록 초등 학습자 단계에서부터 체득시켜야 할 태도 교육 사항들이다.

(8) 고전 이해의 도구용 ⇒ 고전 문법론, 중세 국어 문법론, 국어사,
국어 생활사

현대 문법 연구를 토대로 고전 문법 연구도 활성화하거니와 우리가 고전을 이해하려면 고전 문법을 알아야 한다. 향가 연구의 차자법 연구, 고대국어의 구결 자료 강독과 이해는 고도의 문법 연구가 요구된다. 또한 한 인간의 언어적 품격은 고전과 그에 나타난 표현을 얼마나 현대 언어생활에서 향기롭게 구사하는가에 달렸다고 할 때 고전어 교육은 고전 이해의 첫 도구이다.

(9) 순수 지식용 ⇒ 국어 문법 교육론, 국어 탐구 학습론

수학에서 미적분이 실생활 응용 여부와 무관하게 고교 교육에서 기

초 개념 교육으로 제공되듯이 문법 구조의 지식도 단순한 학문 지식으로서 제공될 수 있다. 이 부분은 문법 교육에서 가장 비판받는 부분이기도 하다. 그러나 인간에게 중요하면서 인간의 삶의 질을 가르는 것 중의 하나를 언어라 할 때 언어에 대한 지식 자체의 존재를 부정할 수는 없다. 탐구학습은 이러한 지식의 이해와 발견에 유용하다. 앞 (3)에서 제시한 영어 교육의 경우 문법의 품사, 성분 등의 순수 지식 교육은 작문 교육에 그들이 얼마나 철저하게 활용하는가를 보여 준다. 전술한 대로 의사가 되려면 의학도에게 끔찍한 시신 해부가 요구되듯, 문법 지식 학습이 지루하고 심지어 끔찍하게 느낄지라도 그런 문법 학습 경험을 통하여 자기 언어와 사회의 언어를 비판적으로 분석할 수 있게 될 것이다.

(10) 국어 문화사 이해용 ⇒ 국어 문화사

마지막으로 문법 연구와 교육은 국어 문화사를 이해하는 데도 소용된다. 개화기의 주시경의 국어 사랑 정신이 조선어학회로 결실을 맺고 문법 연구와 교육, 이를 중심으로 사전 편찬, 문맹 퇴치 운동, 해방 후 '우리말 도로 찾기 운동', 국어 순화 등의 국문법의 실천에 이어져 저항적, 계몽적 언어 민족주의로 형성되어 온 것은 문법 연구나 학습이 민족 독립의 정신사적 상징을 이루어 온 측면이 있다. 조선어학회가 사전 편찬을 하려고 한 취지 역시 문화 민족의 자존심을 내세우고자 함이요, 양주동이 향가 연구로 몰입한 것도 小倉進平의 '鄕歌及吏讀硏究'(1929)에 대한 정신적 치욕을 느낀 때문이다.

1940년 7월 훈민정음 해례본 발견 이후 민족 말살 정책이 펼쳐지는 암흑의 시대에 문인들이 절필하거나 변절의 유혹을 받으면서 윤동주의

서시가 쓰여질 때 국어학자들이 양주동의 '고가연구'(1942), 최현배의 '한글갈'(1942) 등에서처럼 국어사 연구 업적을 내게 됨도 민족 정신사적 문화 저항의 모습을 보여 준다.

실로 이는 주시경 이후 조선어학회로 이어져 내려온 어문민족주의적 애국 운동의 중심에 국어 문법 연구라는 중심 주제가 설정되어 있었기 때문이다. 오늘날 지루한 문법 학습의 대명사처럼 비치는 품사 및 성분의 지식 학습 즉 품사론과 통사론의 성분론은 하루아침에 나온 것이 아니다. 주시경, 유길준의 품사론에서 1930년대 최현배의 10품사를 거쳐 1963년의 학교문법통일안에서 보는 9품사, 7성분의 정착은 반세기 이상의 각고 연구의 결과인 것이다.

오늘날 문법 및 문법 교육 연구의 토대 없는 국어 및 국어 교육 정책 연구는 사상누각이기 때문에 영어 공용어화 정책과 운동이 공공 부문에서와 민간에서 공공연히 쟁론화하는 과정에서 국어 문법 교육이 어디를 지향하여야 하는지는 자명하다.

1.8 맺음말

우리는 지금까지 국어 교육과의 전공과목의 문제점을 다음 측면에서 살펴보고 각 항목별로 문법 교육이 나아가야 할 바를 모색하여 보면서 이들 문제점을 해결하여 보고자 하였다.

1) 국어국문학 전공과 국어 교육 전공의 (개설 교과목) 공통성과 차별성

문제

2) 내용학의 세부 영역(문법, 기능, 문학 영역간 상호 역할) 구성 문제

3) 내용학 측면과 교과학 측면의 조화 문제

4) 사회와 학습자의 요구에 맞는 교과 개설의 문제

각 1)-4)의 문제를 해결하여 보는 과정에서 우리는 사범대학 국어 교육과정의 구조를 '내용학', '내용 교육학', '교과 교육학'의 구조로 파악하면서 개설 가능한 전공과목들을 국어 교육의 3대 영역인 '문법-기능-문학'의 3단계 위계 구조로 제시하여 보았다.

사범대학 교육과정의 정체성은 결코 '내용학'의 발굴, 개발에는 소홀하고 '교과 교육학'에만 안주하는 수동적 방어 논리로는 정체성을 세우기가 어렵다. '내용학'과 '교과 교육학'을 궁극적으로는 '내용 교육학' 속에 통합하여 제시하는 노력이 필요할 것이다. 우리는 그동안 소홀했던 '내용학'이 상징하는 '지식' 교육의 발전적 회복에 대한 강조를 담고자 하였다.

구체적 사례로 문법 교육의 개선 방향을 제시하고자 하여 그동안의 문법 교육 부실의 원인을 '문법 지식에 대한 부당한 편견, 문법 평가 문항의 축소, 문법 교육을 후퇴시킨 국정 문법 체제' 등으로 진단하고 문법 교육의 근거와 용도가 무엇인지를 현실적으로 제시하고자 하였다.

우리는 근본적으로 문법 영역은 언어 사용의 정확성, 적절성을 목표로 하고, 말하기, 듣기, 읽기, 쓰기라는 4기능 영역은 유창성과 효율성을 지향하며, 문학 영역을 통해 언어 사용의 창의성을 달성하는 것을 목표로 한다고 보면서 이 모든 국어 사용 능력의 기초가 문법 교육을 통해 달성할 수 있음을 밝히고자 하였다. 특히 문법 교육 근거론과 용도론을

밝히면서 미국의 기능 - 문법 통합 교육 교과로 볼 수 있는 'Language Arts' 과목에 나타나는 영어 문법 교육의 방향과 방법론을 검토하였다. 이 과정에서 '표준어 교육, 표기 규범 교육, 표기 교육과 교열 교육의 긴밀한 연계, 기능 - 문법 통합 교육'을 강조하는 저들의 방향과 방법이 너무나 당연하면서도 평범한 방법론인데도 우리는 막상 이런 방법들을 쉽다고 경시하고 구체화, 정교화하지 못한 것을 반성하게 된다. 앞으로 이런 반성 위에서 문법 교육과정의 정교화, 문법 교육 자료의 개발, 교수 학습, 평가의 개선에 박차를 가하여야 할 것이다.

※ [제1장은 민현식(2006), '사범대 문법 교육과정의 구성과 문법 교육의 개선에 대한 연구'의 부록 부분을 제외하고 내용의 변동 없이 문맥 일부를 수정하여 실은 것임을 밝혀 둔다]

참고 문헌

교육부(2000), 초·중·고등학교 국어과·한문과 교육과정 기준, 교육부 자료집.

김광해(1993), 국어어휘론개설, 집문당.

김대행(1995), 국어교과학의 지평, 서울대 출판부.

김대행(2002ㄱ), 국어교과학을 위한 언어 재개념화, 선청어문 30, 서울대 국어교육과.

김대행(2002ㄴ), 내용론을 위하여, 국어교육연구 10, 서울대 국어교육연구소

김수업(2002), 국어교육과 국어교육학, 21세기 국어교육학의 현황과 과제, 한국문
　　　　화사.

노국향 외(2000), OECD학업 성취도 평가와 연계한 국내 학생들의 학업 성취도 지
　　　　표 개발 연구, 교육과정평가원 연구보고서.

노명완·정혜승·옥현진(2003), 창조적 지식기반사회와 국어과교육, 박이정.

노화준(1994), 세계화와 국가경쟁력: 21세기의 경영전략, 나남출판사.

대통령 자문교육 개혁위원회(1995), 세계화 정보화 시대를 주도하는 신교육 체제
　　　　수립을 위한 교육개혁 방안.

민현식(1995, 1996), 국어 오용 어법의 예방적 지도법 연구(1)(2), 국어교육 89·91,
　　　　한국국어교육연구회.

민현식(2000ㄱ), 국어교육을 위한 응용국어학 연구, 서울대 출판부.

민현식(2000ㄴ), 공용어론과 언어정책, 이중언어학 17, 이중언어학회.

민현식(2002), 한자 논쟁의 사회 정치 문화적 의미와 어문 정책, 아세아연구 110,
　　　　고려대 아세아문제연구소

민현식(2003ㄱ), 국어문법과 한국어문법의 상관성, 한국어교육 14-2, 국제한국어교
　　　　육학회.

민현식(2003ㄴ), 국어교육과 한국어교육에서의 문화교육, 외국어교육 10-2, 한국외
　　　　국어교육학회.

민현식(2005ㄱ), 국가경쟁력과 국어교육, 국어교육 117, 한국국어교육연구회.

민현식(2005ㄴ), 문법 교육의 표준화와 다양화의 과제, 국어교육연구 16, 서울대 국어교육연구소

민현식(2006), 사범대 문법 교육과정의 구성과 문법 교육의 개선에 대한 연구, 국어교육연구 17, 서울대 국어교육연구소

박영준 외(2003), 영어를 공용어로 쓰는 국가의 언어 실태와 문제점, 문화관광부 정책보고서.

방인태(2003), 21세기 韓國語 敎育의 指向, 어문연구 120호(제31권 제4호).

심영택(2003), 國語 敎育 목표에 대한 再照明, 어문연구 120호, 한국어문교육연구회.

안영도(1999), 국가경쟁력 향상의 길: 한국적 문제의 진단과 처방, 비봉출판사.

이도영(2003), 國語 知識 敎育의 현실과 혁신적 改善 方案 연구, 어문연구 120호, 한국어문교육연구회.

이병선(2002), 漢字語 使用量 감소와 思考力의 쇠퇴, 어문연구 114호, 한국어문교육연구회.

이성영(2003), 실용 國語 能力 培養을 위한 방안, 어문연구 120호, 한국어문교육연구회.

이재기(2004), 세계화와 국가경쟁력, 두남.

조동성(1992), 국가경쟁력, 매일경제신문사(매경출판주식회사).

조동일(1999), 공동문어문학과 민족어문학, 지식산업사.

조창섭·민현식·신종호(2004), 학습능력 향상을 위한 독서방법 개발, 서울대 교육종합연구원 연구보고서.

최명옥·권영민(2003), 국어사용 실태지수 개발, 문화관광부 연구보고서.

최현섭·최명환·노명완·신헌재·박인기·김창원·최영환(1996), 국어교육학개론, 삼지원.

하야시 히로시 저, 한상수 역(2005), 아침독서 10분이 기적을 만든다, 청어람미디어.

한국교육개발원(2005), 2004 한국 교육인적자원 지표, 한국교육개발원.

한국교육과정평가원(2005), 국어과 교육과정 개정 연구 중간보고서.

한국출판연구소(1993-1999), 국민 독서실태 조사 자료집.

황용길(2001), 부자교육 가난한 교육, 조선일보사.

황정규(2001), 21세기 우리나라 학교교육에서 길러야 할 학력의 성격, 2001년도 국
　　　가수준 교육성취도 평가 연구 학술 세미나 자료집, 한국교육과정평가원.

大津由紀雄 外 編(1998), 言語の科學(全11卷), 岩波講座.

三浦信孝·糟谷啓介(2000), 言語帝國主義とは何か, 日本: 藤原書店.

日本 文化廳, 平成11-15年度(1999-2003), 「國語に關する世論調査」, 日本 大藏省 印
　　　刷局.

Bachman, Lyle F.(1990, 1997), *Fundamental considerations in language testing*, Oxford
　　　University Press.

Bachman, Lyle F. and Adrian S. Palmer(1996, 1997), *Language testing in practice*, Oxford
　　　University Press.

Beers, K.(2001), Contextualizing grammar, *Voices from the middle*, 8-3.

Braddock, R., Lloyd-Jones, R. & Schoer, L.(1963), *Research in written composition*, National
　　　Council of Teachers of English.

Brown, James Dean(1994), *Elements of language curriculum*, Heinle & Heinle Pub.

Calkins, L.M.(1980), When children want to punctuate: Basic skills belong in context,
　　　Language Arts, 57.

Cox, Carole(1988, 2005), *Teaching language arts: A student-and response-centered classroom*,
　　　Pearson Education, Inc.

Cramer, Ronald L.(2004), *The language arts: A balanced approach to teaching reading, writing,
　　　listening, talking, and thinking*, Pearson Education, Inc.

Eastman, Carol M.(1983), *Language planning an introduction*, Chandler & Sharp Publishing,
　　　Inc.

Harris, R.(1962), *An experimental inquiry into the functions and value of formal grammar in the
　　　teaching of English*, Unpublished doctoral dissertation, University of London.

Hillerich, R.L.(1977), Let's teach spelling-not phonetic misspelling, *Language Arts*, 54.

Hillocks, G., Jr.(1987), *Research on written composition: New directions for teaching*, National
　　　Conference on Research in English and the ERIC Clearinghouse on Reading and
　　　Communication Skills.

Hillocks, G. & Smith, M. W.(2003), Grammars and literacy learning, In J. Flood, D. Lapp, J.R.Squire, & J.M.Jensen(Eds.) *Handbook of research on teaching the English Language Arts*(2nd ed.), Erlbaum.

Hinkel, Eli & Fotos Sandra(2002), *New perspectives on grammar teaching in second language classrooms*, Lawrence Erlbaum Associates Publishers.

Hymes, D.(1972), On communicative competence, In J. B. Pride & J. Holmes (Eds.) *Sociolinguistics*, Penguin.

Lust, Barbara C. & Foley, Claire(2004), *First language acquisition: The essential readings*, Blackwell Publishing.

NCES[National Center for Education Statics](2001), *English literacy and language minorities in the United States results from the National Adult Literacy Survey*(NCES 2001-464).

Noguchi, R.R.(1991), *Grammar and the teaching of writing: Limits and possibilities*, National Council of Teachers of English.

Noyce, R.M. & Christie,J.F.(1983), Effects of an integrated approach to grammar instruction on third graders' reading and writing, *Elementary School Journal*, 84.

Phillipson, R.(1992), *Linguistic imperialism*, Oxford University Press.

Richards, Jack C.(2001), *Curriculum development in language teaching*, Cambridge University Press.

Shaughnessy, M.P.(1977), *Errors and expectations: A guide for teachers of basic writing*, Oxford University Press.

Swan, M.(2002), Seven bad reasons for teaching grammar-and two good ones, In Richards, Jack C. & Renandya, Willy A.(2002).

Thornbury, Scott(1999, 2nd. 2000), *How to teach grammar*, Longman.

Tompkins, Gail E.(1995, 2005), *Language arts: Patterns of practice*(6th ed.), Pearson Education Inc.

Ur, Penny(2002), *A Course in language teaching: Practice and theory*, Cambridge Teacher Training & Development Series, Cambridge University Press.

Weaver, C.(1996), *Teaching grammar in context*, Portsmouth, Heineman, S.

Weaver, C.(1998), Teaching grammar in the context of writing, In C.Weaver (Ed.), Lessons to share: On teaching grammar in context, Portsmouth, Heineman, S.

Weaver, C. McNally, C., & Moerman, S.(2001), To grammar or not to grammar : That is not the question!, *Voices from the middle*, 8-3.

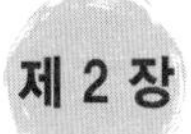

문법 교육 연구 방법론

✔ 이 장에서는 문법 교육 연구의 위상과 영역에 대해서 기술하고, 여러 기준에 따라 문법 교육 연구 방법을 분류한 뒤에 문법 교육 연구에 활용 가능한 연구 방법에 대해서 살펴보기로 한다.

2.1 시작하면서

우리에게 '국어 교육'과 '국어교육학', '한국어 교육', '한국어교육학' 등이 낯설지 않은 분야가 된 지도 상당한 시간이 흘렀다. 물론 역사가 오랜 그리스어나 라틴어, 프랑스어나 영어 등과는 비교하기 어렵다고 할지 모르나. 이제 '(한)국어 교육(학)'에 대해서는 국내에서나 해외에서나 점차 책임 소재가 분명해지고 있다.

그리고 그 하위 분야로서 화법 교육, 작문 교육, 독서 교육, 문법 교육, 문학 교육 등의 분야가 널리 인정되고 있다. 더러는 화법 교육을 말하기 교육과 듣기 교육으로 세분화하기도 하고, 문법 교육을 '(한)국어/

언어 지식 교육'이라고 하기도 하지만, 아직은 '화법 교육'과 '문법 교육'이 일반적인 명명이다. 그리고 이들 하위 영역에 '연구'나 '학'을 붙이는 것도 낯설지 않다.

국어이든 한국어이든, 우리의 언어 교육에 대한 우려와 기대는 시대의 흐름과 사회의 변화에 따라 점차 커지고 있다. 따라서 교육 기관과 교육 담당자의 역할에 대한 기대와 주문도 변하고 있으며 교육의 도구와 방법도 매우 다양해지고 있다.

그런데 어떤 경우에건, 어떤 분야에서건, 교육은 가르침의 주체와 교육이 수행되는 장을 전제로 한다. 결국 선생님과 교실이 핵심인 것이다. 그리고 우려, 기대, 요구 등의 바탕에 있는 단 한 가지는 "잘 배우게 해 달라는 것"이다.

교육의 성과가 가르치는 이의 인품과 경험, 그리고 학습자에 대한 사랑만으로 가능한 것처럼 이야기되던 때도 있었다. 특히 어려운 여건에서 행해지는 교육일수록 교사로서의 '소양'이 문제시되었고, 그 소양 가운데 중요한 덕목은 '사명감'이나 '희생정신' 등이었다. 그러나 역사적으로나 현실적으로나 교육의 발전을 위해서는, 교원 각자의 끊임없는 실천과 실천의 경험을 통한 '자기완성(?!)'을 기다리고 있을 수만은 없다. 다양한 경험을 추상하여 원리를 찾고 이론을 세우며, 그 결과에 따라 교육 실천이 개선되도록 하는 논리적 과정인 연구가 반드시 필요하다.

국어 교육에서도 연구의 중요성은 인정되어 왔다. 초기에는, '현황과 과제'류의 추상적이고 선언적인 연구거나, 아니면 매우 좁은 대상에 대한 조사 연구이어서 실제 현장의 요구와 필요에 부응하기 어려웠다. 이것은 이 분야의 변화–발전 속도가 너무 빠른 나머지, 이 과정에서 발생하는 문제에 신속히 대처할 '대중적 요법'을 내놓았어야 하였으므로, 본격적인 연구의 전제와 과정에 대한 깊은 탐구를 할 겨를이 없었던 현실에서 그 이유를 찾을 수 있다.

실제로 교육에 관한 모든 연구는 교수 학습의 능률을 올리기 위한 연구이고, 잘된 연구의 성과는 모두 교수 학습 성과의 진작에 도움이 되어야 한다. 이 장에서 주로 다루려는 문법 교육 분야에서도 예외가 아니다.

문법 교육은 '문법'을 가르치는 것, 즉 '언어에 대해서' 가르치는 것이 궁극적인 목표는 아니다. 교육과정에 따라서 국어/한국어에 대한 지식을 갖추는 것은 국어과의 고유한 교육 내용으로 충분히 의미가 있는 목표이다. 그러나 이른바 '도구적 기능'을 하는 언어의 특성상 사용 양상의 개선은 역시 중요한 교육 목표가 아닐 수 없다.

문법 교육은, 국어 교육이든, 한국어 교육이든, 교육 대상이 누구든, 우리 국어의 문법을, 그리고 우리 국어의 문법에 대해서 가르치는 것이다. 문법 교육 연구는, 이러한 교육이 더욱 효과적으로 수행되게 하기 위하여 그 목표와 내용, 교수-학습 과정과 교수 자료 및 이를 둘러싼 체제에 관하여 연구하는 것이다.

그런데 문법 교육 연구에 관한 논의에서 중요한 논제로 생각할 수 있는 것은, 문법 교육 및 문법 교육 연구에서 종래의 문법 연구 성과나 문법 연구 방법이 어떠한 의미를 갖는가에 관한 문제이다. 여기에는 이른바 규범 문법과 학문 문법과의 관계를 어떻게 정리할 것인가의 문제와, 일찍이 유럽의 주요(?) 언어를 중심으로 성립되어 온 문법 연구 및 문법 교육, 나아가 문법 교육 연구의 전통을 우리 언어의 경우와 어떻게 연관 지을 것인지의 문제가 바탕에 깔려 있다.

결론부터 말하면, 개별언어인 '한국어'의 문법을 대상으로 하는 연구와 교육은 19세기 말에, 그리고 문법 교육에 관한 연구는 20세기 후반에 와서야 시작되었고, 그것도 우리 고유의 연구와 교육이라기보다는, 서양 언어학의 전통을 받아들였다는 점을 부인할 수 없다. 그러나 언어학과 문법 교육에 관해서는 이미 다른 장에서 더욱 본격적으로 다루었으므로, 이 장에서는 이러한 전제와 전통에 관하 고민을 안은 채, 문법 교육 연구만을 주요 대상으로 다루고자 한다.

또한, 개별언어인 한국어의 문법 교육 연구라 하더라도 대상이 한국어 모어 화자인 경우(국어 교육)와 그렇지 않은 경우(한국어 교육)에 공통점과 차이점이 복잡하게 나타나며, 국어 교육은, 대상 언어가 다르더라도, 다른 나라/민족의 국어/모어 교육과의 공통점이 한국어 교육과의 공통점보다 많을 수 있으며, 한국어 교육의 경우에는, 다른 언어들을 대상으로 하는 외국어 교육과의 공통점이, 대상 언어가 같더라도, 우리의 국어 교육과의 공통점보다 많을 수 있다. 그러나 이 장에서는, 이를 구별하지 않고, 이를 두루 '국어 교육', '국어교육학'으로 통칭하며, 넓은 의미의 문법 교육 연구에서 사용할 수 있는 연구 방법론을 짚어 보고자 한다.

2.2 문법 교육 연구의 전제

2.2.1 문법 교육 연구의 위상

문법 교육 연구는 '(한)국어교육학(이하 '국어교육학')'의 한 분야이며, 국어교육학은, 문자 그대로, 국어 교육에 관련된 문제를 다루는 학문의 한 영역으로, 다양한 국어 교육의 장에서 교육 내용과 교사 및 학생의 상호 작용에 관한 이론적·경험적 여러 연구를 뜻한다. 즉, 실제 국어 교육 현장에서 실천되고 있는 교육 현상을 대상으로, 각각의 경우에 '왜 – 무엇을', '언제 – 얼마나 – 어떻게' 다룰 것이며 '누가' 가르칠 것인가에 관한 체계적 접근이다.

국어교육학은 국어 교육의 내용을 체계적으로 선정하게 하는 것은 물론이고 목표 설정이나 내용 선정, 배열 등 한국어 교육의 전 과정에 걸쳐서 교사를 포함한 관련 분야 전문가의 상식적 수준의 판단이나 경험, 특정 분야에 대한 조사의 수준을 넘어서 학문적 배경을 가진 이론 개발을 통하여, 교육과정이나 교과서, 나아가 실제 교수 학습과 평가에 대해서 구체적인 제안이나 지침을 합리적으로 개발하는 바탕을 제공할 수 있어야 한다.

문법 교육 연구 역시 문법 교육의 목표를 밝히고, 교수-학습 내용을 선정하고 위계화하며, 교수-학습 과정을 밝히고, 교재를 구안하며 이를 둘러싼 교육의 체계를 발전시키는 데에 기여할 수 있어야 한다. 그리고 이를 통하여 넓은 의미의 국어 교육 발전에 이바지하여야 한다. 그리고 경우에 따라서는, 국어 문법에 관한, 넓게는 국어 전반에 관한 연구에 방향성을 제시할 수도 있다.

이러한 문법 교육 연구는, 좁게는, 국어교육학의 하위 분야인 국어교수학습론 연구의 하위 분야라고 볼 수 있다. 그러나 문법 교육 연구 자체를 상위 개념으로 하고, 다음 장에서 제안하는 바와 같이 하위 영역을 구분할 수도 있다.

2.2.2 문법 교육 연구의 영역

국어교육학에서 문법 교육 연구가 차지하는 위상은, 앞에서 간단히 논했거니와, 문법 교육 연구에 대해서도, 문법 교육 연구의 방법을 논하기에 앞서서, 국어교육학의 관점에서, 영역 구분을 시도해 볼 필요가 있다. 문법 교육 연구의 영역은 문법 교육 내용의 활용 기능별(듣기/말하기/읽기/쓰기 능력)과 관련한 분류, 문법 교육 내용별(문법 지식, 문법 활용 능력, 문법사, 문법 교육사...), 학습자 수준별(초급, 중국, 고급), 학습자의 모어별 혹은 학습 지역별 분류나 연구 방법(계량적 연구, 통계적 연구, 질적 연구, 실험 연구...)에 따른 분류가 가능하며, 교육의 흐름에 따라 문법교육목표론, 문법교육내용구조론, 문법교수학습론, 문법교재론, 문법교육체제론 등으로 나누어 생각할 수도 있다.

즉, 문법교육목표론은 문법 교육을 통해서 추구하는 바를 알아내고자 하는 노력이다. 이는 문법 교육의 본질에 대한 철학적인 (그리고 동시에 매우 실용적인) 규명으로 볼 수 있는데, 문법 교육의 의미를 사회-문화적 요구와 욕구 및 필요에 비추어 밝혀 보자는 것이다. 또한 기왕에 교육 목표로 되어 있는 사항들을 재검토하는 작업도 포함한다.

문법교육내용구조론은 우리말과 글의 문법과 관련된 지식 가운데서 교육 목표에 부합되는 내용을 선정-조직하는 기준과 방법을 제공한다. 문법 교육에 관련된 어마어마하게 많고 다양한 이론과 설명 방식 가운데에서 어떤 이론을 왜 택하여야 하며 그것을 어떻게 조직하여 어떤 순서로 얼마나 넓고 깊게 학생들에게 보여 줄 것인지 결정할 근거를 연구하는 것이다. 예를 들어 '형태론'을 가르친다고 할 때, 구두 언어를 대상으로 할 것인지, 문자 언어를 대상으로 할 것인지. 학문 문법상의 품사 분류에 대해서 가르칠 것인지, 말하기나 쓰기에서 형태적인 오류를 최소화하기 위한 내용을 가르칠 것인지, 우리 옛말의 형태론에 해당하는 부분을 가르칠 것인지, 학생들이 자주 접하는 이른바 통신언어나 은어, 비속어를 대상으로 할 것인지 등등 수많은 대상 중에서 교육내용 선정의 기준을 정하고 그 기준에 따라 선택하고 이를 교육 목표와 학습자의 특성에 따라 구조화시키는 데에 관한 영역이다.

문법교수학습론은 문법 교육 연구의 영역 가운데서도 하여야 할 일이 참으로 많은 분야로서 학습 과제에 대한 학습자의 이해를 통한 동기유발로부터 교수-학습 내용의 조직 및 제시 방법, 문법적으로 정확한, 즉 표준어나 맞춤법을 가르치는 기술까지를 포함한다. 학문 문법이나 규범 문법의 내용을 잘 알고 있다고 해서 잘 가르칠 수 있는 것은 아니며, 잘 가르친다는 것이 효과적인 학습을 전제로 하는 한 교수-학습은 연계시켜 연구하여야 하는 것이다.

문법 교육의 구체적인 목표와 내용에 따른 교재의 문제를 다루는 영역이 문법교재론이다. 교재라면 교수-학습에 필요한 유형무형의 교육 자료와 기자재 및 도구와 기구 모두를 포함한다. 그런데, 역사적으로 또한 현실적으로 문법 교육에서는 교과서 (혹은 교재)가 교육의 목표 달성을 위하여 존재하는 것이 아니라 교과서를 가르치는 것이 교육의 목표인 듯이 보이는 경우가 있어서 매우 안타깝지 않을 수 없다. 그런가 하면, 교육의 목표와 대상, 교재 구성에 대한 이론적 바탕과 실천적 기술이 없이 '경험과 사명감'만으로 교재를 만들어 내는 경우가 많아서 안타까움을 더하여주기도 한다.

마지막으로, 문법교육체제론은 문법 교육을 둘러싼 '제도'와 '환경'에 관한 연구이다. 문법 교육의 역사와 현황에 대한 논의, 교육 계획과 이를 수행할 교육 기관의 운영과 교원의 문제, 각종 자격 제도, 문법 교육(학)에 대한 다양한 각도에서의 검토 작업 등도 모두 이 범주에 넣을 수 있다.

2.2.3 문법 교육과 문법 교육 연구의 본말

'교육'의 정의가 '다른 사람을 바람직하게 변화시키기 위한 의도적인 활동'일진대, 모든 교육에는 매우 구체적인 대상으로서의 '학습자'가 있으며, 학습자가 도달하여야 할 목표가 있다. 더러 학습자가 미처 깨닫지 못하는 경우가 있을 수도 있으나, 의무 교육이나 필수과목이 아닌 한국어의 경우에는 목표가 비교적 분명한 것이 일반적이다. 다만, 급속히 변화하는 환경에서 초기의 목표가 얼마나 유효한지는 별개의 문제일 수 있다.

그런데 유감스럽게도 문법 교육 연구의 연구 개발이나 선택 과정을 가까이에서 들여다보면, 구체적인 교육 대상 즉 학습자의 목표와 특성을 정확하고 적정하고 충분하게 반영한 경우는 찾아보기 어렵다. 문법 교육 연구물의 제목은 대체로 특정 문법 항목에 대한 교수법 연구로, 설문 조사 등을 통해서 학습자의 해당 항목에 대한 오류를 찾고 이를 초보적인 통계 방법으로 해석한 후, 이에 대한 처방을 하는 것인데, 언어 능력에 따라 '초등학생~고등학생', '초급~고급'을 설정하거나 '실험 연구'라는 말을 붙이기도 하지만, 그런 경우도, 대체로 특정 언어권 혹은 교육 단위별 학습자를 대상으로 하는 조사 연구인 경우가 대부분이다. 그리고 실험은, 대체로 검증을 위한 실험인 경우여서 엄밀한 의미의 실험 연구라도 볼 수 없는 경우가 허다하다.

왜 문법을 가르쳐야 하는가, 아니, 배워야 하는가, 즉 문법 교육의 목표에 대해 정확하게 파악하지 않은 상태에서는 교육 대상을 정의할 수 없고, 교육 목표를 포함하지 않은 채 교육 대상을 정의한 경우, 교수 또는 학습 항목은 선정할 수가 없다. 여기서 문법 교육의 상황, 문법 교육 및 문법 교육 연구에 사용 가능한 자원 역시 교육 대상 정의의 중요한 항목이다.

나열하자면 한이 없겠으나, 학습자가 한국인인지 아닌지, 아니라면, 한국계인지 아닌지, 한국어를 한국에서 배우는지 외국에서 배우는지, 한국어를 한국에서 (혹은 한국인을 대상으로) 사용할 예정인지 외국에서 사용할 예정인지, 한국인이 한국에서 사용할 계획이라 하더라도 학습자가 (더러는 교원이) 표준어사용자인지 아닌지, 한국어에서 음성언어가 더 필요한지 문자언어가 더 필요한지, 한국에 관한 자료를 쉽게 접할 수 있는지, 한국어 교육에 필요한 시설이나 재정이 얼마나 있는지 등등에 대한 정확한 파악을 통하여 교육 대상의 학습 목표와 특성을 정의하는 것은 문법 교육 및 그 연구와 개발에서 중요한 전제가 된다.

문법 교육 연구가 중요한 또 하나의 이유는, 교수-학습 목표에 따라 특정 대상을 가르칠 방법을 연구한 연후라야 여타 영역의 연구와 아울러서 '통합적'인 교수-학습과 교재 개발이 가능하다는 점이며, 이는 국어 교육 및 국어교육학의 발전에도 중요한 바탕이 되며, 나아가 모든 교과에서 이러한 노력을 함께 할 때 '전인교육'도 실현될 것이기 때문이다.

2.3 문법 교육 연구의 방법

2.3.1 문법 교육 연구와 연구 방법의 선택

연구 계획 단계는 어떤 연구이건 대체로 같다고 할 수 있다. 연구의 과정은 "연구 주제의 선정 → 연구 방법의 선택 → 연구 수행 → 연구 성과의 검증"으로 요약할 수 있는데 문법 교육 연구에서 연구 방법에 대한 논의는 아직 활발한 편이 아니다.

물론 문법 교육 연구 고유의 연구 방법이 타 영역의 연구 방법과 배타적으로 존재하는 것은 아니다. 문법 교육 연구의 특성이나 방법 등이 국어교육학의 연구 방법과 상통하고, 좀더 넓히면, 일반적인 언어 교육 연구 방법과, 더 넓히면, 교육에 관한 일반적인 연구 방법, 나아가 어느 연구에서나 사용하는 방법을 벗어날 수는 없으므로, 문법 교육 연구에 알맞은 연구 방법을 찾아내거나 만들어 내기 전 단계에서는 다양한 분야의 연구 방법론에 대해서 알고 이 가운데에서 선별하여 사용할 수밖에 없는 것이 현실이므로 이 장에서는 문법 교육 연구의 과정에서 소용에 닿을 만한 일반적인 연구 방법론을 간추려 소개하고자 한다.

2.3.2 문법 교육 연구의 분류

1) 연구의 기능에 따른 분류

■ 기초 연구 : 어떤 사실에 대한 이론을 규명하여 지식을 확장시키는

역할을 하는 연구로서 원리 또는 특정한 사실을 발견하거나 이론을 발전시키고자 하는 목적을 가지고 있다.[1]

■ 응용 연구 : 실제 문제 상황에서 이론적 개념을 검토하거나 어떤 상황의 진행과 결과를 개선시키는데 목적이 있다. 교육 수행에 관한 연구는 대체로 응용 연구이다.

■ 평가 연구 : 교육 결과의 성취 여부를 분석하기 위한 연구로서 교육 목표에 도달한 정도를 측정하여 교육에 대한 의사 결정을 하기 위하여 실시된다.

2) 연구의 목적에 따른 분류

■ 역사·기술적 연구 : 과거나 현재의 상태를 있는 그대로 되살리기 위한 연구로서 사실(史實)이나 현황을 밝히기 위해 수행된다. 교육 현황 연구 및 교육사 연구 등이 이에 해당한다.

■ 원인 비교 연구 : 인과 관계에 의거한 연구로서 원인을 변화시킴에 따라 바뀐 결과를 얻기 위한 목적으로 수행된다. 교육 현장에서 투입 요인을 바꿈으로써 교육의 결과를 바꾸고자 하는 연구, 즉 교수법 연구가 이에 해당한다.

■ 상관 연구 : 둘 이상의 현상 간에 존재하는 상관성을 밝히는 연구로서 어떤 현상을 보고 다른 현상을 예측할 수 있는 가능성을 높이기 위한 연구이다. 바꿀 수 없는 요인(대표적으로 성별)에 따른 결과의 차이를

---

1) 문법 교육 연구에서 문법 연구가 기초연구인지 문법 교육 연구 자체의 기초연구가 존재하는지에 관해서 논란이 있었으나, 문법 연구는 문법 교육 연구의 내용에 중요한 자료를 제공하기는 하나 문법 교육 연구의 기초연구라거나 문법 교육 연구의 하위영역으로 보기는 어렵다.

알아냄으로써, 예측가능성을 높이기 위한 연구로, 교육 체제 연구가 대체로 이에 해당한다.

■ 연구 개발 : 연구 성과를 연구보고서나 논문 형태로 완결하는 데에서 나아가 연구 결과에 따른 실물을 제작하는 단계까지 추구하는 연구이다. 대표적인 사례가 교육프로그램, 교재와 교구의 연구 개발이다. 이 경우에는 연구 성과물의 실용성이 연구 성과를 판단하는 중요한 기준이 된다.

3) 연구의 방법에 따른 분류

(1) 양적 연구

이는 연구 대상이 다수이고 연구 자료가 다량일, 다량의 객관적인 자료에 의존하여 연구 결과를 추출하는 과정인데, 일반적인 절차는 다음과 같다.

① 가설을 설정한다. ② 가설의 경험적 결과를 추론하기 위하여 실제 상황이나 유사 상황을 만든다. ③ 실제 상황이나 유사 상황에서 발생하는 자료를 수집한다. ④ 수집된 자료를 분석하여 잠정적으로 서술된 가설이 참인지 거짓인지를 밝힌다.

양적 연구에서는 대부분 통계 처리 방법을 사용하게 되는데, 평균치가 의미가 있는지 최빈치가 의미가 있는지, 주어진 자료에서 얻은 결과가 '상식적'으로 타당하다거 볼 수 있는지 주의 깊게 살펴야 한다.

문법 교육 연구에서 양적 연구 방법은 ANOVA test의 도입 등으로 비교적 초기부터 사용되어 왔으며, SPSS등 통계패키지를 사용하여 기초적인 변량분석이 시도되고 있으나, 표준 검사지가 다양하게 개발되어 있

지 않아서 분석 자료의 타당성이 문제가 되는 경우가 많아서 연구 결과
를 확신하기 어렵게 하기도 한다.

(2) 질적 연구

민속학과 인류학 등 인간과 사회 연구를 위한 연구 방법으로서, 이
것은 연구 절차의 기본 틀이 없는 것이 특징이다. 의사와 환자와의 관계
를 연구하는 방법으로 사용되기 시작한 질적 연구에서는 연구자의 객관
성, 연구 결과의 일반화보다는 주어진 대연구 내용, 연구 대상, 연구 시
기에 따라서 연구가 다양하게 진행되므로[2] 연구자의 연구 능력이 매우
중요하다.

4) 자료 수집 과정에 따른 분류

(1) 문헌 연구 방법

문헌 고찰이 체계적이고 주의 깊게 잘 이루어지면 선정된 연구 문제
를 충분히 이해하게 되고, 그 연구가 어떻게 수행되어 왔는지의 현황을
파악할 수 있게 된다. 특히 관련된 문헌이나 연구 결과를 비판적으로 고
찰함으로써 현재 수행하고자 하는 연구 주제의 위치, 방향 등을 명료하
게 결정할 수 있다.

문헌 고찰을 하는 둘째 목적은 연구의 이론적 기초와 가설 설정의
근거를 확보하는데 있다. 이론적 근원을 찾아서 분석 · 종합 · 평가하여

---

2) 1990년대에 이르러 국어교육학계에서는 그 동안의 연구가 '일반화'에 집착한 나머
  지 '구체적인 실상'을 보지 못했다는 문제 의식을 바탕으로, 질적 연구 방법을 도
  입하고자 하였다. 그러나 초기에는 종래의 양적 연구에 익숙한 이들에게 질적 연
  구 방법에 의한 '소수의 사안에 대한 다방면의 천착'은 상당한 혼란을 야기했으며,
  국어교육학의 연구 범위에 대해서도 논란거리를 제공하기도 하였다.

연구에 필요한 이론적 근거를 세운다. 풍부한 이론적 배경을 갖추고 이루어진 직관적, 창의적인 사고의 결과는 합리적이다.

셋째 목적은 연구 문제 해결에 적합한 접근 방법을 탐색하는 데 있다. 관련 분야의 연구 방법을 개선하여 적용하거나 지금까지의 방법과는 다른 새로운 방법을 고안하기 위해서는 선행 연구 수행 과정이나 방법을 보다 철저히 분석하는 일이 중요하다. 넷째 목적은 연구 결과의 해석에 도움이 되거나 비교할 수 있는 근거를 확보하기 위한 것이다.

(2) 조사 연구

조사 연구는 통제되지 않은 자연적 상황에서 질문을 통하여 연구하고자 하는 대상의 현상을 파악하는 연구 방법이다. 조사 연구는 연구 대상들에게 동일한 유형의 정보를 얻어 위하여 모든 연구 대상에게 동일한 도구를 사용하며, 그 도구는 수량화할 수 있도록 제작된다.

조사 연구는 크게 질문지법과 면접법으로 나뉜다. 질문지법은 연구 대상에게 질문지를 보내 응답한 결과를 분석하는 방법으로 우편에 의한 질문지법, 직접 전달 질문지법, 간접 전달 질문지법 등이 있다. 면접법은 질문지를 사용하지 않고 연구 대상에게 직접 질문을 제시하여 얻은 응답을 분석하는 방법으로 최근에 빈번하게 사용되고 있다. 면접에는 개인 면접, 집단 면접, 전화 면접 등이 있다.

■ 질문지법 : 먼저 모집단을 대표하는 표본을 추출하여 모집단의 특성을 분석하는 연구이므로 연구 대상의 선정과 그에 따른 표집에 주의를 기울여야 한다. 무엇보다도 질문지는 타당성과 신뢰성이 있어야 한다.

116

표준화된 검사지가 다양하지 않고, 표준화된 검사지가 있다 하더라도 개별적인 연구 목적에 완벽하게 부합할 수는 없으므로, 질문지를 만들기 위해서는 사전 연구(pilot study)를 실시하는 것이 바람직하다. 표집뿐 아니라 질문지에 대한 반응, 질문지 발송 및 회수에 따른 여러 가지 문제점이 나타날 수 있으므로 이 연구에서 나타날 수 있는 문제점을 제거할 뿐 아니라, 이 연구를 더욱 용이하고 효율적으로 진행할 수 있게 하기 위해서 사전 연구를 실시하여야 한다. 그리고 질문지 회수율이 높아야 하는데, 회수율이 낮은 조사 연구는 연구 결과의 타당성이 문제가 될 뿐 아니라 기대하는 연구 결과를 얻기가 용이하지 않다.

■ 면접법 : 서면으로 작성된 질문들을 구두로 측정하는 방법과, 논점 일람표만 만든 후 구체적인 질문이나 질문의 순서는 미리 작성하지 않고 측정하는 방법, 응답자의 개성을 고려하여 미리 준비하지 않고 측정하는 방법이 있다. 연구 상황에 따라 적절하게 이용해야 하겠지만, 후자로 갈수록 더 숙련된 조사자가 필요하다.

면접의 핵심은 좋은 질문을 하는 것이다. 무조건 묻기보다 관찰을 통해서 파악하여야 할 문제와 면접을 통해서 알아낼 문제를 정확히 구별하여, 질문을 구성한다. 질문은 인터뷰 대상자가 응답자가 이해하기 명확하고 확실한 것이어야 하며, 면접 진행자가 태도, 복장 등의 면에서 답변에 영향을 주어서는 안 된다. 또한 복합적인 질문(예, 수업과 교사에 대해 어떻게 느끼십니까?)이나 유도 질문(문법 수업은 재미없지요?), 예/아니오 질문 등은 피하는 것이 좋다.

■ 표본 추출 방법 : 모집단이란 연구의 대상이 되는 전체 집단을 말하는데, 규모가 너무 크기 때문에 모집단 전체를 대상으로 하기는 힘들다.

따라서 모집단을 대표하는 일군의 대상을 추출하여 연구를 진행하게 되는데, 이 집단을 표본이라 하고 그 과정을 표집이라 한다. 표집 방법에 따라 표본이 모집단을 대표하느냐가 결정되므로 표집 방법에 세심한 주의를 기울여야 한다. 일반적인 표집 방법에는 다음과 같은 것들이 있다.

■ 단순 무선 표집 : 모집단의 모든 구성원들이 표본에 추출될 확률이 같고, 하나의 구성원이 추출되는 사건이 다른 구성원이 추출되는 것에 영향을 주지 않는 독립적인 표집 방법. 난수표를 이용하거나 제비뽑기를 하는 방법 등이 있다. 장점은 모집단에 대한 사전 지식이 없을 때 간단히 사용할 수 있으며, 모집단의 층화에서 발생하는 오차가 없고, 표집 오차 계산이 용이하다. 그러나 만약 모집단이 어떤 특성에 의하여 층화되어 있다면 표집 오차가 발생할 수 있다. 예) 1000명의 모집단 구성에서 50명의 표본을 무작위로 추출.

■ 계통 표집 : 모집단의 표집 목록에서 일정한 간격을 두고 연구 대상을 추출하는 표집 방법. 쉽고 빠른 방법이지만 표집들이 무선적으로 배열되어 있지 않을 경우 표집 오차의 가능성이 매우 크다. 예) 1, 12, 22, 32, 42, 52 등의 순서로 표본 추출.

■ 층화 표집 : 모집단 안에 동일성을 갖는 여러 개의 하부 집단이 있다고 연구자가 가정할 때 모집단을 속성에 따라 계층으로 구분하고 각 계층에서 단순 무선 표집을 하는 방법. 층화에 대한 정보가 확실하고 표집이 정확하면 표본의 추정치가 정확하며, 계층으로 분류된 하부집단의 특성까지도 알 수 있다는 장점이 있는 반면, 계층을 분류하는 정보가 확실하지 않으면 표집의 오류 때문에 모집단의 속성을 대표하지 못하게 된다. 예) 성별, 근무지 등의 특성으로 모집단을 분류하여 표본 추출.

■ 군집 표집 : 표집의 단위가 개인이나 요소가 아니라 집단이 되는 방법. 어떤 집단에 속한 사람들에게 의견을 묻는 방식으로 진행된다. 표집 단위가 집단이므로 쉽게 표본을 만들 수 있다는 장점이 있지만, 소소의 군집을 추출할 경우 표집 오차가 클 수 있다. 따라서 군집의 크기를 작게 하여 많은 수의 군집을 표집하여야 한다.

■ 층화 군집 표집 : 모집단을 어떤 속성에 의하여 계층으로 구분하고 표집 단위를 개인이 아니라 집단으로 하여 표집. 표본이 모집단을 대표하기가 용이하지만 표집에 드는 시간과 경비가 늘어나며 표집 과정이 다소 복잡해질 수 있다.

■ 비율 표집 : 모집단의 크기를 고려하여 모집단의 일정 비율을 표본으로 표집.

이외에 지원자 표집, 목적 표집, 편의 표집 등이 있다.

(3) 관찰 연구

관찰 연구는 관찰자의 관찰에 의하여 연구 대상의 특성을 파악하고 분석하는 연구이다. 관찰 대상이 다수이고 관찰 내용이 양화되어 분석되면 양적 연구가 되고, 관찰 대상이 소수이고 관찰 내용이 기록에 의한다면 질적 연구가 된다.

연구의 목적, 시간, 연구비, 관찰 허락 여부 등을 고려하여 관찰 대상을 선정한 후 관찰 목록을 작성하여 환경이며, 참여자의 행동·언어·대화 등 관찰자 자신의 역할이나 행동 등을 관찰하여 기록한다. 일화기록법, 점검표, 평정지, 오디오, 비디오, 컴퓨터 등을 사용하여 기술한다. 여기서는 관찰자에게 관찰 내용, 관찰 방법, 관찰 규칙 및 기록

방법을 숙지시키는 것이 연구 결과의 타당성과 직결된다.

관찰 연구는 통제 여부에 따라 통제적 관찰과 비통제적 관찰로, 관찰의 조직성 여부에 따라 자연관찰과 조직적 관찰로, 연구자의 참여 여부에 따라 참여 관찰과 비참여 관찰로 구분된다.

2.3.3 문법 교육 연구에 활용 가능한 연구 방법

1) 양적 교육 연구 방법

연구는 수집한 자료를 바탕으로 연구한 현상의 변인들 간의 관계를 기술하고 설명하여야 한다. 양적 연구 방법이란 많은 양의 자료를 바탕으로 통계적 방법이나 실험 연구 등을 사용하여 일반화한 결론을 도출하기 위한 방법이다.

(1) 실험 연구

실험 연구는 처치, 자극, 환경 조건을 의도적으로 조작 혹은 통제하여 연구 대상이 어떤 변화가 있는지를 분석함으로써 변인들 간의 인과관계를 밝히는 연구이다. 실험 연구에서는 독립변수인 처치변수의 조작과 종속변수에 영향을 주는 독립변수 이외의 변수 통제 여부가 연구의 질을 좌우한다.

연구의 체계성과 엄격성에 따라 실험 설계와 준실험 설계로 구분된다. 실험 설계란 조건통제가 완벽한 상태에서 독립변수의 조절이 수월하고 매개변수가 철저하게 통제된 연구이다. 매개변수를 완벽하게 통제할 수 있으므로 인과관계 분석이 가능하지만, 연구 결과를 실제 상황에 적

120

용하는데 문제가 따른다. 또한 인간을 실험실에서 감금 상태로 연구하는 것은 윤리적인 문제가 발생한다.

준실험 설계는 자연적 상태에서의 실험이나 실험조건을 충분히 통제하지 못한 연구 설계인데 교육현장에서 행해지는 대부분의 실험 연구가 준실험 설계에 해당한다. 특히 학교 현장에서 이루어지는 연구를 현장 실험 연구라고도 한다. 연구 결과는 자연 상태에서 처치를 가해 얻은 결과이므로 실제 상황에 적용이 쉽다는 장점이 있지만, 변수를 완벽하게 통제할 수 없으므로 인과관계의 분석이 모호할 수 있다.

■ 연구 절차 : ①연구 목적을 명료화한다. ②연구 가설을 구체화한다. ③독립변수, 종속변수, 매개변수를 규명하고 그 특징을 파악한다. ④연구 대상을 선정한다. ⑤종속변수의 변화를 측정할 도구를 개발한다. ⑥사전 연구를 실시한다. ⑦사전 연구에서 나타난 문제점을 제거한다. ⑧이 연구를 위하여 연구 대상을 선정한다. ⑨실험을 실시하고 자료를 수집한다. ⑩결과를 분석한다.

■ 장단점 : 실험 연구의 장점은 변수를 조작하고 통제할 수 있어서 연구 결과에 의하여 인과 분석을 할 수 있다. 그러나 실험 연구의 결과는 변수의 처치·통제에 의한 실험 상황의 결과이므로 실제 상황에 적용하는 데에는 제한점이 있을 수 있다. 특히, 특수한 실험 상황에서 얻은 결과일수록 연구 결과를 일반화하는 데 제약이 따른다.

■ 주의 사항 : 먼저 연구의 목적이 명확한지, 연구를 위하여 고려하여야 할 모든 변수를 고려하였는지를 확인하여야 한다. 독립변수뿐만 아니라 매개변수의 영향을 간과하면 연구의 내재적 타당성이 상실되므로 매

개변수를 통제 여부도 확인하여야 한다. 또한 변수 측정을 위하여 사용한 검사도구의 타당도와 신뢰도는 물론 실험절차의 과학성, 자료수집절차의 타당성, 올바른 통계적 방법으로 가설을 검증하였는지의 여부, 분석 결과의 올바른 해석 등에 대해서도 확인을 하여야 한다.

(2) 통계 연구

① 집단 비교를 위한 통계 방법

▪ Z검정 : 어떤 집단의 특성이 특정수와 같은지 혹은 집단 간의 차이가 있는지를 밝히는 통계적 방법이다. Z검정을 사용하기 위해서는 ①연구의 종속변수가 양적 변수이어야 한다. ②종속변수에 대한 모집단의 분포가 정규분포이어야 한다. ③두 집단의 비교일 경우 두 모집단의 분산이 같아야 한다. ④모집단의 분산을 알고 있어야 한다.

⇒ 일반적으로 모집단의 분산을 아는 경우가 드물기 때문에 지능검사나 국가단위 학력고사 등과 같이 표준화 검사가 개발되어 전체 모집단의 평균과 분산을 아는 경우에 주로 사용된다.

▪ T검정 : 평균 혹은 집단 간 비교를 위하여 사용하는 통계적 방법이다. 모집단의 분산을 모를 경우 사용된다. 기본가정은 다음과 같다. ① 연구의 종속변수가 양적 변수이어야 한다. ②종속변수에 대한 모집단의 분포가 정규분포이어야 한다. ③두 집단의 비교일 경우 두 모집단의 분산이 같아야 한다.

▪ 분산 분석 : 분산 분석(ANOVA)은 세 집단 이상의 집단 간에 차이가 있는지를 검증하는 통계적 방법으로 다음의 기본 가정을 전제 조건으로 한다. ①종속변수가 양적 변수이어야 한다. ②각 모집단의 모집단 분포

가 정규분표이어야 한다. ③모집단의 분산이 같아야 한다.

⇒ 분산 분석은 두 독립표본 t검정의 연속으로 세 집단 이상일 경우 집단 간의 차이가 있는지를 검증하는 통계적 방법이며, 독립변수의 수와 설계 방법에 따라 분산분석방법의 이름이 결정된다.

■ $x2$검정 : 종속변수가 질적 변수 혹은 범주변수일 때 집단 간의 차이와 두 변수간의 관계를 알아보기 위하여 사용한다. $x2$검정을 이용하여 집단 간의 차이가 있는지 검증하기 위해서는 다음 기본 가정이 충족되어야 한다. ①각 표본은 모집단으로부터 추출되어야 한다. ②종속변수가 질적 변수 혹은 범주변수이어야 한다. ③각 범주의 응답이 독립적이어야 한다. ④응답이 되지 않은 칸에 전체 칸수의 20%를 넘지 말아야 한다.

② 인과관계 분석을 위한 통계 방법

■ 상관계수 검정 : 상관계수 검정은 두 변수가 양적 변수일 때, 상관계수 공식에 의하여 계산된다.

■ 회귀 분석 : 회귀 분석은 하나의 종속변수에 영향을 주는 변수가 무엇이고 그 변수 중 가장 큰 영향을 미치는 변수가 무엇인지, 또 종속변수를 설명하여 줄 수 있는 가장 적합한 모형이 무엇인지를 밝히는 통계적 방법으로 상관계수에 기초한다. 회귀분석은 종속변수가 양적 변수이고 독립변수는 양적 혹은 질적 변수일 때 사용이 가능하다. 독립변수가 하나면 단순 회귀 분석이라고 하고, 독립변수가 다수일 경우에는 중다 회귀 분석이라고 한다. 다음과 같은 가정을 충족하여야 한다. ①종속변수는 양적 변수이어야 한다. ②종속변수는 정규분포 가정을 충족하여야

한다.

중다 회귀 분석은 알지 못하는 사회 현상을 설명하는 데 널리 사용된다.

종속변수가 이분변수일 경우(맞다/틀리다, 합격/불합격 등) 로지스틱 회귀분석이라 하며, 종속변수가 질적 변수 혹은 범주변수일 때 판별분석이라한다.

2) 질적 교육 연구 방법

많은 양의 자료로부터 통계적 방법이나 실험 연구 등을 사용하여 일반화한 결론을 도출하는 양적 연구에 비해서 질적 연구는 자료를 다양한 각도에서 해석한다.

(1) 사례 연구(Case study)

사례 연구는 개인, 집단, 기관 또는 현상에 대하여 구체적으로 탐색, 조사, 분석하여 문제 해결에 중점을 두는 연구이다. 특히 소수의 연구 대상을 선정하여 필요한 정보나 자료를 다양한 방법으로 조사, 수집하여 연구 대상이 갖는 특성이나 문제점 등을 종합적으로 진단, 기술하는 연구이다. 사례 연구에서는 보편적인 사실이나 일반적인 원리가 어떻게 구체화되어 있는가를 밝히고 여러 가지 관계 요인들의 유기적 작용들을 찾아내서 그 개체를 전체적이고도 역학적으로 이해하는 데 중점을 둔다.

대부분의 사례 연구가 함축하는 가정은, 그 특정 사례가 전형적인 사례의 대표적인 것이라고 보는 점이다. 단일 사례에 관한 심층적인 관찰·조사·분석 과정을 통해서 그 사례가 선정된 모집단 또는 현상의 여러 측면을 통찰할 수 있다는 가정이다.

■ 연구 방법 : 사례 연구의 절차는 문제의 성질에 따라 다르지만 다음과 같은 단계가 가장 일반적이다. ①문제의 규정, ②자료 수집, ③원인과 진단, ④지도 및 치료, ⑤추수 지도－처치의 성공 여부에 대한 검토

■ 연구 유형 : 사례 연구는 어디에 중점을 두는가에 따라 크게 세 가지로 나뉜다. 먼저, 치료에 중점을 두는 입장에서 보면 '적응 곤란이라고 생각되는 측면에 중점을 두어 현재 사태에 대한 철저한 분석, 진단'이 곧 사례 연구라 할 수 있다. 탐색에 중점을 두었을 경우에는 '한 가지 사실이나 사태에 관련된 모든 측면을 철저히 탐구하는 방법'이 사례 연구가 된다. 또한, '한 개인의 문제 행동을 이해하고, 이에 대처하는 실제적인 교육방법을 찾아내기 위한 연구'처럼 교육적 진단, 처치에 중점을 둘 수도 있다. 그리고 이 자료를 근거로 해서 그 개인을 체계적이고 종합적으로 파악하여 그 개인에게 적합한 문제 해결 방안을 강구할 수 있다.

■ 장단점 : 사례 연구는 대상을 다양한 측면에서 종합적으로 연구하게 되어 문제 해결에 의미 있는 자료를 제공하여 줄 수 있다. 또한 상담자에게 기초자료를 제공할 뿐만 아니라, 교사들에게 학생을 좀 더 현실적으로 이해하고 경험하도록 하는 데에도 큰 도움을 줄 수 있다.

그러나 특수한 사례에 관한 연구이므로 연구 결과를 일반화하기 어려우며, 연구자의 주관이 개입될 여지가 크다. 또한, 경제적·능률적인 면에서도 어려움이 있다.

(2) 문화 기술적 연구

교육 연구를 위한 문화 기술적 접근 방법은 인류학에서 비롯되었다. 문화기술학은 문자화되어 있지 않은 원시 문호를 과학적으로 연구하려는 인류학에서의 현장 연구의 한 형태이다. 교육연구에서의 문화 기술적 연구는 자료를 집단적이고 대량으로 수집하여 분석하는 양적 연구와는 달리 교육이라는 특수한 상황을 구성하고 있는 교육 체제, 과정, 현상을 과학적으로 서술하는 과정이다.

■ 특징 : 문화 기술적 연구는 현상학적 특징, 자연적 특징, 총체적 특징, 반복적 특징을 갖는다. 즉, 문화 기술적 연구는 연구 상황을 조작하지 않고 자연 그대로의 상태에서 연구를 실시하며, 연구의 장에서 일어나는 모든 현상을 종합적으로 분석한다. 또한 연구하는 과정에서 가설이 형성되고, 그 형성된 가설이 검증되며 다시 새로운 가설이 만들어지는 반복적인 특성을 지닌다.

■ 연구 방법 : 문화 기술적 연구의 일반적인 절차는 다음과 같다.

① 연구하고자 하는 현상 및 범위를 규명한다.

② 연구 대상을 선정한다. 연구는 연구 대상에만 한정되는 것이 아니라 선정된 대상을 중심으로 그와 관련된 모든 대상이 연구될 수 있다.

③ 연구 목적과 관계된 일반적 가설을 만든다. 구체적은 아니더라도 연구의 목적을 달성할 수 있는 일반적이고 총체적인 가설을 연구 진행에 도움이 된다.

④ 자료를 수집한다. 매우 광범위한 관찰을 기본으로 한다. 관찰방법에는 서술관찰, 집중관찰, 선별관찰 등이 있으며, 관찰 외에도 면접이

나 학생생활기록부, 학업성취도 검사, 인성검사 등의 자료를 활용할 수 있다.

⑤ 자료를 분석한다. 특정한 통계 방법을 사용하지는 않지만 자료가 어떤 내용을 포함하고 있으며 무엇을 의미하는지를 분석하여야 한다.

⑥ 연구 결론을 유도한다.

▪ 타당성과 신뢰성 : 질적 연구의 쟁점은 연구의 타당성과 신뢰성이다. 검사의 타당성은 측정하고자 하는 내용을 제대로 측정하였느냐는 문제로 측정 도구의 적합성에 관한 문제이다. 문화 기술적 연구의 타당성은 연구 상황이 얼마나 자연적인 상황인가와 관계되며, 양적 연구와 같은 일반화를 통해 타당성이 확보되는 것은 아니다.

검사의 신뢰도란 검사가 얼마나 일관성 있게 피험자의 능력을 측정하였는가, 즉 오차 없이 얼마나 정확하게 측정하는가의 문제이다. 문화 기술적 연구에서는 동일한 상황에서 연구를 실시하였을 때 동일한 연구 결과를 얻을 수 있느냐가 신뢰도가 되므로, 신뢰도를 높이기 위해 두 사람 이상의 연구자가 참여할 것을 권장한다.

▪ 의의 : 객관성을 결여한다는 비판에도 불구하고 문화 기술적 연구는 교육 현상을 총체적으로 분석하여 교육문제 해결에 시사점을 제공함으로써 교육에 많은 공헌을 하고 있다. 특히, 문화 기술적 연구는 양적 연구를 통해서 발견하기 어려운 사실들을 발견할 수 있다. 즉 학교에서의 학생들의 생활, 학교 구성원 간의 관계, 학교 밖에서의 학생들의 활동 등 교육 전반을 전체적으로 조망할 수 있는 감각을 문화 기술적 연구를 통하여 얻을 수 있다.

2.4 맺음말

어느 연구에서나, 연구의 수월성이란 "연구하여야 할 문제들에 대해서 얼마나 타당한 결론을 도출하였는가"에 얼마나 접근하였는지에 따라 결정될 것이며, 연구자의 경쟁력 역시 이와 다르지 않다. 어느 연구에서건, 연구 방법(론)은, 그 연구의 목적 달성을 위해 선정하거나 개발하는 것이며, 연구 방법(론)이 정확하게 사용되었다 하더라도 연구 목적 달성에 적절한 방법이 아니었다면, 그 연구의 모든 과정과 결과는 도무지 무의미한 것이다

어느 학문 분야에서건, 수월성과 경쟁력의 일차적인 원천은 문제의식이다. 그런데 이러한 문제의식을 연구 문제로 만들어 해결하고자 할 때, 그 해결의 가장 중요한 도구(혹은 기술)은, 적절한 연구 방법이다. 연구자는 이러한 연구 방법을, 연구의 주제와 내용, 그리고 연구의 환경에 따라 식별하고 효과적으로 사용하며 사용의 과정과 결과를 판단할 수 있어야 한다. 그리고 이미 제안되어 있는 방법이 불충분하거나 불완전할 때에는 적절한 방법을 찾아내거나 만들어 낼 수밖에 없다.

문법 교육 연구를 포함하는 국어교육학 연구, 말을 바꾸면, 한국어를 가르치고 배우는 넓은 의미의 (한)국어 교육의 발전을 위한 모든 노력에서 우리가 해결해야 할 시급한 과제는, 문법 교육 연구, 나아가 우리 국어교육학연구 고유의 연구방법론을 탐색하고 개발하는 것이다. 이는 기존의 유사·인접 분야의 연구 방법을 선택하고 조합하여 적용하는 수준에서부터, 새로운 연구 방법을 발견하고 어쩌면 새로 만들어내는 수준까지 여러 차원에서 이야기될 수 있겠다.

교육의 연구를 이야기할 때에, 논자에 따라서, 교육자와 연구자를 구별하기도하고, 교육자는 연구자라야 하고 연구자는 교육자라는 시각도 있다. 그런데 교육이란 기본적으로 '사람'을 키우는 일일진대, 연구자라고 해서 교육대상을 잊어서는 안 된다. 또한 더 잘 가르치기 위해서 연구에 대한 이해가 반드시 필요하다는 것도 아무도 부인할 수 없을 것이다. 연구와 교육이 '저절로 하나'는 아니며, 한 자연인이 선생님으로서 배우고 익혀야 할 것이 많듯이 연구자 역시 배우고 익혀야 할 것이 많다.

이미 우리는 어느 수준에선가 시작하여 연구를 하고 있는데, 우리가 앞으로 언제 어느 수준에 도달할 것인지는 아직 아무도 모른다. 다만, 적어도 우리말, 우리글을 가르치고 그에 대해 연구하는 것은 누군가가 대신하여 줄 수 있는 일이 아니며, 말과 글의 얼개라 할 문법 교육과 문법 교육 연구도 예외는 아니다. 우리가 가장 먼저 시작해서 가장 잘하고 있다고 보기 어려운 분야인 만큼, 문제의식을 계발하고, 이를 해결할 방법을 배우고 익히는 것은 현시점에서 특히 중요한 일이다.

참고 문헌

박영목·한철우·윤희원(2003), 국어교육학 원론, 박이정.

윤희원(2001), 국어 교육에서 양적 연구 방법의 현황과 수준, 국어교육학회 15회 학술발표회 자료집.

윤희원(2001), 국어교육학 발전을 위한 연구 방법론 탐색을 위하여, 국어교육학연구 12, 국어교육학회.

윤희원(2002), 중학교 국어과 교실수업 연구, 교과교육학연구 6, 한국교과교육학회.

윤희원(2006), 한국어교수법 연구의 전제와 방법, 국어교육연구 제18집, 서울대학교 국어교육연구소.

이용주·구인환·김은전·박갑수·이상익·김대행·윤희원(1993), 국어교육학 연구와 교육의 구성, 사대논총 46, 서울대학교 사범대학.

이주행(2003), 한국어 문법 교수-학습 방법에 대한 고찰, 어문연구 118, 한국어어문교육연구회.

Freebody, P.R (2003), *Qualitative Research in Education*, Sage Publications.

Guidère. M (2004), *Méthodologie de la Recherches*, Ellipsis.

Mialaret, G. (2004), *Méthodes de Recherches en Science de l'Education*, PUF.

Nunan, D (1992), *Research Methods in Learning Language*, Cambridge University Press.

Rodico, M. et al (2006), *Methods in Educational Research*, Jossey-Bass.

제 3 장

국어학과 문법 교육

✔ 사람들이 자신의 생각을 다른 사람들에게 전달하기 위한 최소의 의사소통 단위가 문장(sentence)이다. 문장이란 단어들이 연결되어 이루어진 것이다. 문법이란 의사소통을 하기 위해 단어를 배열하여 문장을 형성하는 방법을 말하므로 문법의 영역은 문장과 단어라고 할 수 있다. 여기서 문장에 대한 연구를 통사론(syntax)이라고 하고, 단어에 대한 연구를 형태론(morphology)이라고 한다. 근래 문법의 범위에 문장 이상의 범위까지 확대한 텍스트를 포함하기도 하나, 전통적으로 문법이라고 하면 문장과 단어가 중시된다. 여기서도 통사론과 형태론을 중심으로 문법 교육에 대해 논의하기로 한다.

3.1 언어학, 국어학 그리고 문법

언어학은 모든 언어에서 발견되는 보편적인 특성에 대한 연구이다. 말을 하려면 그 언어에서 사용하는 말소리, 형태소·단어 같은 기본적인 의미 단위 그리고 이런 것들을 결합하여 새로운 문장을 만들어 내는 규칙들을 알아야 한다. 언어에 있는 이런 말소리, 단어, 문장의 체계와 규칙이 문법(文法)인데, 이 문법은 언중의 무의식 속에 내재된 언어 능력(言語能力, linguistic competence)이다. 언중들은 한 언어 환경 속에서 태어나 그 언어를 습득하면서 무의식적으로 문법을 배우기 때문에 그 언어의 문법을 사용하면서도 문법을 체계적으로 설명하기가 쉽지 않다. 언어학자들이 언어를 연구한다는 것은 이 문법을 연구하는 것이다.

언어란 말소리(sound)가, 의미를 지닌 형태(form)로 결합하여 구성된 단어(word)가 유형화(類型化)한 구조로 배열된, 생각의 단위인 문장(sentence)들이 모여 이룬 텍스트(text)로 의사소통을 하는 수단이다. 언어학에서는 다음과 같은 분야를 연구한다. 언어의 말소리(sound of language)에 대한 연구가 음성학(phonetics)이고, 언어의 말소리 패턴(sound pattern of language)에 대한 연구가 음운론(phonology)이고, 단어와 단어의 내부 구조에 대한 연구가 형태론(morphology)이고, 언어의 문장 패턴, 즉 단어의 배열에 대한 연구가 통사론(syntax)이고, 단어나 문장에 의해 나타내는 의미에 대한 연구가 의미론(semantics)이다. 또한 상황이나 화자의 의도와 청자의 상태에 따라 의미가 달라지는, 언어 사용면에 대한 연구인 화용론(話用論, pragmatics)을 비롯하여 응용언어학의 여러 분야가 있다.

언어마다 말소리를 결합하는 방식이 다르고, 단어를 형성하는 방식이 다르고, 단어를 배열하는 방식이 다르다. 이들은 모두 언어마다 다른 고유의 방식으로 의미를 전달하기 때문이다. 국어는 언어가 지니는 보편성을 가지고 있는 한편 딴 언어와 다른 독특한 국어의 언어적 특성이 있다. 이를 연구하는 학문의 분야가 국어학이다. 국어가 지니고 있는 독특한 언어적 특성은 무엇인가? 국어의 문법적 특성은 다음과 같다.

국어는 첨가어(또는 교착어)의 특성을 가지고 있다. 조사와 어미가 체

언이나 용언 어간 뒤에 붙어서 문법적인 기능을 발휘한다거나 또한 접
사가 어근의 앞뒤에 붙어서 새로운 단어를 형성하는 것도 첨가어의 성
질을 지녔기 때문이다. 국어의 첨가어적 특성은 다음과 같은 것들이 있다.

> (ㄱ) '주어+목적어+서술어'(SOV) 유형의 언어이다.
> (ㄴ) 어근에 접사나 어미가 차례로 붙어서 단어를 이루는 첨가적 성격을 가
> 지고 있다.
> (ㄷ) 조사와 어미가 발달하여 다른 유형의 언어에서 독립된 어휘로 나타내는
> 표현을 국어에서는 조사나 어미로 나타낸다.
> (ㄹ) 다양한 연결 어미를 사용하여 문장을 접속한다.
> (ㅁ) 문장의 통사적 서법이 문말(文末) 형태소로 나타낸다.
> (ㅂ) 수식어가 피수식어의 앞에 위치한다.
> (ㅅ) 경어법[3]이 발달되어 있다.
> (ㅇ) 시제는 문장 마지막의 용언에 나타내는데, 이는 문장 전체에 대한 시제
> 표시이다.
> (ㅈ) 통사적 합성과 아울러 형태적 합성에 따른 단어 형성이 활발하게 나타
> 난다.
> (ㅊ) 명사와 대명사와 수사 간에, 동사와 형용사 사이에 문법적 기능의 유사
> 성이 크다.

이들은 개별 언어로서 국어가 지니고 있는 주요한 특성인데 기본적
으로 첨가어적 특성이라고 할 수 있다. 그래서 문장의 마지막 부분에 서
술어가 오고 서술어에 피동, 사동, 대우, 시제, 서법 등의 접사나 어미가
첨가되어 문장의 성격을 결정하게 된다. 국어 문법에 나타나는 이런 첨
가어적 특성을 문법 교육에서 중요하게 고려하여야 한다.

---

3) 경어법을 '높임법' 혹은 '대우법'이라고 일컫기도 한다.

3.2 국어 문법 교육 내용

국어 문법 교육은 주로 한국어를 사용하는 사람을 대상으로 교육하는 데에 목적이 있다. 특히 학교에서 학생을 대상으로 하기 때문에 문법은 특별한 연구 결과를 가르쳐서는 안 되고, 보편적이고 일반화한 내용을 가르쳐야 한다. 현재 사용하고 있는 국어의 바르고 정확한 용법을 알게 하는 데에 필요하기 때문이다. 그러므로 국어 문법에 대해 현재까지 연구된 결과에서 가장 합리적이고 타당한 내용으로 체계를 정리하여 구성하여야 한다.

3.2.1 문장

언어생활에서 의사소통의 기본 단위는 문장이다. 문장을 구성하는 성분들은 다양한 형식으로 사상과 감정을 표현한다. 그러므로 문장은 완결된 최소의 생각의 단위라고 할 수 있다.

3.2.1.1 문장의 종류

(1) ㄱ. 승욱이는 학교에 간다.

ㄴ. 승욱이는 학교에 가니?

ㄷ. 승욱이는 학교에 가라.

ㄹ. 승욱이는(나와) 학교에 가자.

ㅁ. 승욱이는 학교에 가는구나!

ㅂ. 승욱이는 학교에 가려므나.

ㅅ. (내가) 학교에 가마.

국어에서 평서문, 의문문, 명령문, 청유문, 감탄문, 응낙문, 약속문 등은 '문장'을 마감하는 어미로 확인할 수 있다. 사실·현상·사건 등을 서술할 때는 평서형 어미 '-다', '-지', '-네', '-오' 등으로 끝나고, 물음을 나타낼 때는 의문형 어미 '-ㅂ니까', '-(느)냐', '-니' 등으로 끝나며, 행동을 요구할 때는 명령형 어미 '-아라/어라', '-ㅂ시오' 등으로 끝나고, 함께 행동할 것을 권할 때는 청유형 어미 '-자', '-세', '-ㅂ시다' 등으로 끝나며, 여러 가지 느낌을 나타낼 때는 감탄형 어미 '-구나', '-아라/어라' 등으로 끝나고, 요구를 허락할 때는 응낙형 어미 '-(으)려므나'로 끝나며, 어떤 일을 약속할 때는 약속형 어미 '-마'로 끝난다. 이렇게 끝 부분을 보면 문장의 종류를 구별할 수 있다.

영어 문장의 예를 보면, 영어는 굴절어의 성격을 지니고 있어서 중국어처럼 단어의 위치를 이동시킴에 따라 문장의 종류가 달라지므로 고립어적 성격이 강하게 나타난다. 이는 국어의 첨가어적인 성격과 매우 대조적이다.

    (2) ㄱ. I go to school.

        ㄴ. Do you go to school?

        ㄷ. Go to school.

        ㄹ. Let's go to school.

        ㅁ. How beautiful she looks!

(ㄱ)처럼 문두에 주어가 나오면 평서문이다. (ㄴ)처럼 'do', 'be', 'have'같은 동사나 의문 대명사가 주어 앞에 위치하면 의문문이고, (ㄷ)처럼 주어가 생략되고 동사가 문두에 나오면 명령문이고, (ㄹ)처럼

'Let's'가 앞에 위치하면 청유문이고, (ㅁ)처럼 감탄문은 'what'이나 'how'가 문두에 나오는데 의문문과 달리 주어와 동사의 순서가 평서문과 같다. 이들 영어 문장은 음성 언어로 표현할 때에는 억양과 휴지 등에 의해 문장의 시작과 끝을 확인할 수 있고 문장의 종류를 구분할 수 있다. 그렇지만 문자 언어로 표현할 때에는 문장의 끝 부분을 알아내기가 쉽지 않은데다 이어지는 문장의 시작 부분과 구별이 쉽지 않다. 이는 문장의 시작 부분에 오는 단어가 문장의 중간 부분이나 끝 부분에도 오기 때문이다.

(3) His wife delighted to possess so much money wanted to counted it finding this would take too much time she decided to measure it running to the house of Ali Baba's brother she entreated his wife to lend her a small measure.

이런 불편을 해결하기 위한 방안으로 문장 부호를 붙인다. 문장의 시작 부분이 불분명하므로 첫 단어의 첫 글자를 대문자로 쓰고, 문장의 끝 부분이 불분명하므로 문장의 끝에 문장 부호를 붙이는 것이다.

(4) His wife, delighted to possess so much money, wanted to counted it. Finding this would take too much time, she decided to measure it. Running to the house of Ali Baba's brother, she entreated his wife to lend her a small measure.

문장 부호 사용과 관련하여 국어 문장을 살펴보면 영어와 다르다는 것을 알 수 있다. 다음은 최근 신문 기사의 한 부분이다.

(5) 길은계속해서비포장이다그흔한간판하나보이지않는다30~40년전시골에서살았던이들은누구나경험했던길이다우리가살았던옛풍경그대로다겉모습은더없이아름답고목가적이다흔들리는버스에앉은채금강천을거슬러오르는길을따라가며생각했다

국어를 문자 언어로 적을 때, 띄어쓰기가 되어 있지 않아도 읽고 이해하는 데에 불편함이 적은 까닭은 바로 종결 어미에 의해 문장이 끝나는 부분을 쉽게 알 수 있기 때문이다. 고대 소설이 띄어쓰기가 되어 있지 않은데도 무리 없이 읽을 수 있는 까닭도 이 때문이다. 이런 면은 국어의 첨가적인 문법적 특성 때문에 나타나는 것이다.

그런데 국어에서는 문장의 시작 부분을 보고서는 이 문장이 평서문, 의문문, 명령문, 청유문, 감탄문, 응낙문, 약속문 가운데 어떤 문장일지 확인할 수 있는 단서가 없다. 이는 국어에서 문장의 종류는 문장을 구성하는 성분의 위치에 따라 표현되지 않고 다만 문장의 끝에 첨가되는 종결 어미에 따라 나타내게 된다는 특성이 있기 때문이다. 그러므로 국어 문장은 국어의 첨가어적 특성 때문에 나타나는 불편한 현상을 해결할 필요가 있다. 특히 의문 문장이나 감탄 문장의 경우, 문장 첫머리에 문장 정보를 알리기 위한 장치를 만드는 것이 효과적이라고 본다.

이를 위해서는 스페인어 문장 부호 표기 방법을 참고할 수 있다. 스페인어에서는 의문문을 표기할 때는 의문문이라는 것을 알려주기 위하여 문장의 시작 부분에 특별한 의문 부호(물음표를 거꾸로 한 부호)를 붙인다. 그래서 스페인어의 의문문은 시작 부분과 끝 부분 양쪽에 물음표가 붙는다.

(6) ㄱ. ¿quiere usted patatas? (문장 앞의 물음표는 거꾸로 표기함)

ㄴ. 너 감자를 좀 원하니? (Do you want some/any potatoes?)

스페인어에서 의문을 형성하는 방법에 고저의 변이 즉 성조(聲調, tone)를 사용하는 방법도 있다.

(7) ㄱ. es loco.　그는 미쳤다　(He is mad)

ㄴ. ¿es loco?　그는 미쳤니? (Is he mad?)

앞의 예를 보면 같은 문장인데 성조에 따라 평서문이 되기도 하고 의문문이 되기도 한 것이다. 국어에도 억양에 따라 같은 문장이 달라지는 경우가 있다.

(8) ㄱ. 너는 내일 학교에 가↘

ㄴ. 너는 내일 학교에 가↗

ㄷ. 너는 내일 학교에 가↕

ㄹ. 너는 내일 학교에 가→

위의 문장에서 (8ㄱ)처럼 문말을 서서히 약하게 하여 끝내는 하강 연접이면 평서문이 되고 (8ㄴ)처럼 음세가 지속하다가 중단되고 소리가 높이 올라가는 상승 연접이면 의문문이 된다. (8ㄷ)처럼 문말에 강세가 지속되다가 갑자기 상승하면서 중단되는 단절 연접이면 명령문이 되고 (8ㄹ)처럼 길게 끌고 소리 높이는 그대로 지속하는 평탄 연접이면 청유문이 된다. 이들 문장은 문장의 구성 요소가 같고 어순 또한 같으므로 문장 구조만으로는 문장의 종류를 구별할 수 없다. 이들은 오로지 초분절음운에 의해 구분이 될 뿐이다. 그래서 국어도 의문문, 감탄문 등은 스페인어처럼 문장의 종류에 대한 정보를 문두에서 제공하는 것이 문장 이해에 도움을 줄 수 있다. 현재 우리가 사용하는 문장 기호 표기 방법은 국어보다는 영어에서 더욱 효율적이다.

문장 특성상 영어와 국어는 문장 부호 사용 방식이 같아야 할 필요는 없다. 영어는 문장의 시작 부분에 문장의 종류를 알게 해 주는 정보가 나타나 있으므로 문장의 시작과 문장의 종류를 미리 정확하게 파악할 수 있는데 반해 문장의 끝 부분은 확인하기가 쉽지 않다. 따라서 현재처럼 문장 부호를 문장의 끝 부분에 표시하는 것이 매우 효과적이다. 국어는 문장의 시작 부분에서는 문장의 종류를 알 수 없고 문장의 끝 부분에 가서야 알 수 있으므로 문장의 시작 부분을 문장 부호로 표시하는 것이 효과적일 수 있다. 이런 점에서 국어와 영어는 각자의 언어적 특성에 맞게 문장 부호를 표시하는 것이 필요하다고 본다.

3.2.1.2 문장의 구성

문장의 구성체들은 서로 일정한 규칙에 따라 긴밀한 관계로 이루어져 있다. 따라서 문장을 발화할 때 구성체 간의 긴밀성에 따라 연접에 차이가 나타난다. 다음의 문장을 읽어 보자.

(9) ㄱ. 푸른 강물이 잔잔하게 흐른다.
    ㄴ. 봄비가 대지를 적신다.
    ㄷ. 물이 얼음이 되었다.
    ㄹ. 날씨가 더워져서 사람들이 시원한 그늘을 찾는다.
    ㅁ. 영수야, 나는 돈을 많이 벌었다. 그런데 나는 행복하지가 않다.

이상의 (9ㄱ) '푸른⊙강물이ⓛ잔잔하게ⓒ흐른다.'는 ⓛ에서 가장 길게 쉬고 ⊙과 ⓒ은 상대적으로 ⓛ보다 짧게 쉰다. (9ㄴ) '봄비가 대지를 적신다.'는 '봄비가 대지를 / 적신다.'로 읽지 않고 '봄비가 / 대지를 적신다.'로 읽는다. (9ㄷ) '물이 얼음이 되었다.'도 '물이 얼음이 / 되었다.'로 읽지 않고 '물이 / 얼음이 되었다.'로 읽는다. (9ㄹ) '날씨가⊙더워져서ⓛ사람들이ⓒ시원한②그늘을⑩찾는다.'는 ⓛ에서 가장 길게 쉬고 ⊙과 ⓒ에서 다음으로 길게, ⑩에서 그 다음으로 길게, ②에서 가장 짧게 쉰다. (9ㄱ), (9ㄴ), (9ㄷ)에 나타나는 공통점은 주어가 있는 부분과 나머지 부분 즉 서술어가 있는 부분 사이에서 가장 길게 쉰다는 것이다. 이 사이를 경계로 주어부와 서술어부로 갈라진다. 주어부에 있는 주어, 서술어부에 있는 목적어, 보어와 '-이다'가 붙은 서술어의 앞에는 관형적 수식어가 온다. 그 밖의 서술어의 앞에는 부사적 수식어가 온다. (9ㄹ)의 '더워져서' 다음은 주어부와 서술어부 사이보다도 더 길게 쉬는데 이곳이 두 문장이 연결되는 경계 부분이기 때문이다. (9ㅁ)의 '영수야'와 '그런데'의 다음도 (9ㄹ)의 '더워져서' 다음과 같이 길게 쉬는데, 이들은 독립적이거나 연결 기능을 가진 말이라서 다음 성분과 직접적 관련이 없기 때문이다.

문장을 발화할 때 길거나 짧은 쉼이 나타나는 경계, 즉 이들 개방 연접 또는 휴지 연접에 의해 구분되는 각 부분은 문장의 기본적인 단위인데 이것이 어절이다. 어절은 그 내부에 길거나 짧은 쉼이 나타나지 않는, 평상 연접 또는 폐쇄 연접을 지닌다. 이들을 보면 한 문장 안에서 가장 짧게 쉬는 경계의 앞에 있는 성분은 다음에 오는 성분을 꾸미는 기능을 한다. 이것이 수식어이다. 가장 길게 쉬는 경계의 앞 성분은 문장의 주체가 되는 부분이다. 이것이 주어이다. 다음으로 길게 쉬는 경계

140

의 앞 성분은 서술어로 표현되는 행위의 대상을 나타내는 말이거나, 체언과 같은 구실을 하는 부분에 '(으)로, 와/과, 에, 에게, 이/가' 등이 결합하여 이뤄진 말인데 이들이 목적어와 보어이다. 목적어나 보어 다음에 문장의 맨 끝에 오는 말이 서술어이다. 또 주어와 서술어 사이보다 더 길게 쉬는 경계가 있는데, 하나는 (9ㅁ)의 '영수야,'처럼 다른 성분과 직접적인 관련이 없는 성분의 다음인데 이것이 독립어이고, 또 하나는 '그래서, 그러나, 및'처럼 문장과 문장, 어구와 어구를 연결해 주는 구실을 하는 성분의 다음인데 이는 접속어이다.

그런데 문장의 의미에 따라 성분 사이의 쉼이 달라지기도 한다. 예를 들어 '내가 좋아하는 영이의 언니'에서 가장 길게 쉬는 부분이, 내가 좋아하는 사람이 영이라면 '내가 좋아하는 영이의 / 언니'처럼, 내가 좋아하는 사람이 언니라면 '내가 좋아하는 / 영이의 언니'처럼 달라진다.

어떤 언어나 구성 성분들이 그 언어의 고유한 문장 구성 방식에 따라 문장이 이루어지는데, 국어 문장을 분석해 보면 문장을 이루는 기본적인 몇 가지 문형이 있다.

- ◆ 제1형　　철주는 경찰이다. 날씨가 덥다.
- ◆ 제2형　　경찰이 강도를 잡았다.
- ◆ 제3형　　사람은 동물이 아니다.
- ◆ 제4형　　나는 그 사건을 철주에게 알렸다.

이들을 문장 성분으로 바꿔 규칙화하면 다음과 같이 4가지로 기본 문형을 유형화할 수 있다.

- ◆ 제1형 : 주어 + 서술어

- ◆ 제2형 : 주어 + 목적어 + 서술어
- ◆ 제3형 : 주어 + 보어 + 서술어
- ◆ 제4형 : 주어 + 목적어 + 보어 + 서술어

어떤 문장은 주어나 목적어가 둘 또는 셋이 있어서 기본 문형이나 성분 간의 구성을 유형화할 때 논란을 일으킬 수가 있다.

(10) ㄱ. 영수가 집이 세 채이다.
　　　ㄴ. 책을 두 권을 샀다.

문장 (10ㄱ)을 국어가 지닌 특성으로 보아 이중 주어로 보는 주장과 '집이 세 채이다'를 서술절로 보는 주장이 있고, 문장 (10ㄴ)도 국어가 지닌 특성으로 보아 이중 목적어로 보는 주장과 '두 권을'의 '을'을 보조사로 보는 주장이 있다. 이중 주어와 이중 목적어를 인정하면 국어의 문장 구조상 기본 문형 또는 성분 구성상 어려움이 생긴다. '동대문 시장이 옷이 값이 싸다.'와 같은 문장은 삼중 주어를 가진 문장이 되어 복잡해진다. 그러므로 문장 (10ㄱ)의 '집이 세 채이다'는 서술절, 문장 (10ㄴ)에서 '두 권을 샀다'의 '를'은 보조사로 보는 것이 문법 기술상 합리적이다.

3.2.1.3 문장의 확대

다양한 생각을 표현하기 위하여 기본 문형을 여러 구조로 확장함에 따라 짧은 문장이 긴 문장으로 생성된다. 문장의 확장은 기본적으로 문장과 문장이 결합함으로써 나타난다. 이 문장 확장 방식도 서술어에 조사나 어미가 첨가되어 이루어지는 것으로, 국어의 첨가어적 특성의 한 예이다.

첫째 확장 방식은 한 문장이 다른 문장의 한 성분으로 결합되는 것이다.

다음 (11) 문장의 서술어에 명사형 전성어미 '-(으)ㅁ, -기'가 연결되어 명사 같은 기능을 하는 절(clause) 즉 명사절이 되는데, 명사로 이루어질 수 있는 성분인 주어, 목적어, 부사어 등의 구실을 한다.

(11) ㄱ. 주어   : <u>영수가 살아 있음</u>이 분명하다.
ㄴ. 목적어 : 나는 <u>경수가 성공하기</u>를 빌었다.
ㄷ. 부사어 : 이곳은 <u>학생들이 공부하기</u>에 좋지 않다.

이 때 '-(으)ㅁ'과 '-기'는 선택적으로 쓰인다.

(12) ㄱ. 영수가 {살아 있음이/*살아 있기가} 분명했다.
ㄴ. 영수가 {*살아 있음이/살아 있기가} 어렵다.
ㄷ. 나는 그가 {*살아 있음을/ 살아 있기를} 바란다.
ㄹ. 나는 그가 {살아 있음을/ *살아 있기를} 안다.

'-(으)ㅁ'은 '동작의 완료' 의미를 나타내고 '-기'는 '동작의 예정' 의미를 나타낸다는 점에 차이가 있다. 위의 예들에서 보듯이 '-(으)ㅁ' 은 '분명하다', '알다'와 같은 서술어와 어울리고, '-기'는 '어렵다', '바라다'와 같은 서술어와 어울리는 것이 그 까닭이다. 또한 '-(으)ㅁ'은 '확실성' 의미를 나타내고 '-기'는 '불확실성' 의미를 나타내기도 한다.

절의 서술어 어간에 관형사형 전성어미 '-(으)ㄴ, -는, -(으)ㄹ'이 연결되면 관형사와 같은 기능을 하는 절 즉 관형절이 되는데, 체언을 수식하는 성분인 관형어의 구실을 한다.

(13) ㄱ. 그는 <u>마음씨가 아름다운</u> 사람이다.
ㄴ. <u>햇빛이 강한</u> 날에는 선글라스를 써라.
ㄷ. 그는 <u>남이 잘 되는</u> 것을 배 아파한다.

(13ㄷ)에서 '남이 잘 되는 것'을 목적격 조사에 연결된 체언처럼 보아 명사절로 보려고도 하나 '남이 잘 되는'은 통사적으로 목적어인 '것'을 수식하는 관형절이다.

부사형 전성어미 '-듯이, -도록, -게' 등이 연결되어 부사와 같은 기능을 하는 절 즉 부사절이 되는데, 문장이나 서술어를 수식하는 성분인 부사어의 구실을 한다.

(14) ㄱ. <u>나무가 잘 자라게</u> 나는 물과 거름을 주었다.
ㄴ. 그는 <u>한낮이 되도록</u> 일했다.

'백화점이 손님들이 많이 몰린다'에서 '손님들이 많이'가 부사절처럼 보이나 '많이'는 '몰린다'를 수식하는 부사어일 뿐이다. 주어 '손님들이 많이 몰린다'가 '백화점이'에 대해 서술어로 기능하는 서술절이다.(이관규 2005:255 참조) 서술어는 동사, 형용사 서술사(체언+이다)가 담당한다. 이렇게 한 문장이 다른 문장의 한 성분(절)으로 결합하는 문장 확대 방식을 내포(內包, embedding)라고 한다.

둘째 확장 방식은 둘 또는 그 이상의 문장이 연결 어미에 의하여 대등적 또는 종속적으로 연결되는 것으로, 더욱 긴 문장으로 되는 접속(接續, conjunction) 방식이다.

다음과 같은 경우는 접속에 의해 문장이 확대되는 경우이다. 아래 문장은 선행절과 후행절이 대등한 통사적 지위를 가지고 접속되는 것이다.

    (15) ㄱ. 비가 내리고, 바람이 분다.
        ㄴ. 나는 그를 싫어하는데, 철규는 그를 좋아한다.

다음 문장 (16ㄱ)과 (16ㄴ)은 선행절이 후행절에 대하여 종속적인 관계로 접속되는 것이다.

    (16) ㄱ. 바람이 불면 물결이 인다.
        ㄴ. 배가 고파 봐야 음식이 귀중함을 알게 된다.

이어진 문장은 다양한 연결 어미로 연결되는데, 연결 어미의 기능에 따라. 이들 접속은 서법에 제약을 받기도 한다. 이어진 문장에서 선행절과 후행절에 같은 부분이 나오면 다음과 같이 대용 표현을 사용하거나 생략하기도 한다.

    (17) ㄱ. 나는 철수를 좋아하는데, 민수도 철수를 좋아한다.
        ㄴ. 나는 철수를 좋아하는데, 민수도 그를 좋아한다.
        ㄷ. 나는 철수를 좋아하는데, 민수도 그러하다.

국어는 문장의 맨 뒷부분에 서술어가 온다. 서술어는 용언 형태 또는 체언에 '-이다'가 붙은 형태인데 이들은 어미변화를 통하여 문장의 주요 문법적인 기능을 나타낸다. 그래서 국어를 서술어 중심 언어라고도 한다. 영어나 중국어는 고립어적인 면이 강해서 어순이 고정되어 있는데 'The cat chased the rat', '我愛你' 등의 문장을 'The rat chased the cat', '你愛我'처럼 어순이 바뀌면 문장의 의미도 달라지게 된다. 국어의 어순은 자유로운 편이다. 이는 서술어 이외의 주요 문장 성분에 격조사가 첨가되어 있어서 어순이 바뀌어도 문장 성분을 파악할 수 있기 때문이다. 그렇다고 기본적인 어순이 무시될 수 있다는 것은 아니다. 국어에서 어순을 바꾸는 것은 심리적인 면이 작용하기 때문이다.

> S   O   V   V   S   O
>
> 아, 우리 이 날을 어찌 잊으랴! → 아, 잊으랴, 어찌 우리 이 날을.

위의 문장에서 어순을 바꾼 것은 '잊으랴'를 강조하기 위함이다. 이렇게 바뀌어도 문장을 이해하는 데에 지장이 없는 까닭은 문장 성분을 나타내는 조사나 어미가 성분의 끝에 첨가되어 있기 때문이다. 다음처럼 국어의 체언에는 접사와 조사가, 용언에는 접사와 어미가 일정한 규칙에 따라 첨가된다.

(18) ㄱ. 잠꾸러기들에게까지도 → 잠(어근) + 꾸러기(파생접사) + 들(통어
　　　　접사) + 에게(격조사) + 까지(보조사) + 도(보조사)

　　ㄴ. 잡히시었겠습니다 → 잡(어근) + 히(피동 접사) + 시(존대 어미)
　　　　+ 었(시제 어미) + 겠(서법 어미) + 습(겸양 어미) + 니다(종결
　　　　어미)

3.2.2 문법 기능

국어에는 굴절로 실현되는 문법 현상이 있다. 문장 종결, 높임 표현, 시간 표현, 사동 표현, 피동 표현, 부정 표현 등이 있다.

3.2.2.1 종결 표현

국어에서 문장의 종류는 종결 어미에 의해서 구분된다. 화자는 표현하고자 하는 방식에 따라 종결 어미를 선택한다. 이에 따라 평서문, 의문문, 명령문, 청유문, 감탄문을 만든다.

종결 어미 중 평서형 어미 '다', 의문형 어미 '-느냐/냐', 명령형 어미 '-어라/아라', 청유형 어미 '-자', 감탄형 어미 '-구나' 등의 기본형을 설정하여 문장의 종류를 나타낸다.

문장의 종류를 나타내는 종결 어미를 살펴보면, 평서문에는 '-다, -군, -지, -으마, -오, -아/어, -세, -네,' 등이, 의문문에는 '-느냐/냐/으냐, -니, -나, -까, -지, -(으)랴, -아/어, -요' 등이, 명령문에는 '-어라/아라, -아/어, -으렴, -게, -(으)오, -소, -구려, -소서' 등이, 청유문에는 '-자, -세, -ㅂ시다' 등이, 감탄문에는 '-구나, -도다, -(으)랴, -군, -구먼, -구려, -누나, -라, -어라/아라' 등이 쓰인다.

어떤 종결 어미는 그것이 결합되는 것만으로 문장의 종류가 결정 되는데 '-다'는 평서문, '-느냐/냐'는 의문문, '-어라'는 명령문, '-자'는 청유문, '-구나'는 감탄문이 된다. 기본적인 종결 어미가 그것이다. 어떤 종결 어미는 억양에 따라 다양한 문장의 종류를 표현한다. 억양은 한 발화에 나타나는 고저의 연속과 문말 연접(文末連接)이 합해진 것이다.

‘밥 먹어(요)’라는 문장에서, 하강 연접(下降連接)이 오면 평서문, 상
승 연접(上昇連接)이 오면 의문문, 평탄 연접(平坦連接)이 오면 청유문, 단
절 연접(斷絶連接)이 오면 명령문이 된다. 같은 의문문이라도 억양에 따
라 의미가 달라지는 경우가 있다. 의문문 ‘누가 다쳤어요?’에서 상승 연
접이 오면 질문의 초점은 ‘누가’가 아니고 ‘다쳤어요?’이므로 ‘누가 다
쳤어요.’처럼 대답을 해야 하고, 하강 연접이 오면 질문의 초점은 ‘다쳤
어요?’가 아니고 ‘누가’이므로 ‘노인이 다쳤어요.’처럼 대답을 하여야
한다.

의문 종결 어미 중 ‘-느냐’는 동사나 ‘있다’, ‘없다’의 어간, 또는
‘-았-’, ‘-었-’, ‘-겠-’ 아래에 쓰이고, ‘-냐’는 모음으로 끝나는 형용사
나 ‘이다’의 어간 아래에 쓰이고, ‘-으냐’는 ‘있다’, ‘없다’를 제외한, 자
음으로 끝나는 형용사의 어간에 쓰인다.

(19) ㄱ. 너는 점심을 먹느냐?/너는 외갓집에 가느냐/가겠느냐/있느냐?

    ㄴ. 형은 키가 얼마나 크냐?

    ㄷ. 저 아이가 네 동생이냐?

    ㄹ. 너는 기분이 좋으냐?/너는 할 일이 많으냐?

현재 많은 사람들이 의문 종결 어미 ‘-느냐/냐/으냐’를 ‘-냐’로 통일
하여 사용하고 있다.

(20) ㄱ. ‘-느냐?’ → 먹냐?/너는 외갓집에 가냐/가겠냐/있냐?

    ㄴ. ‘-으냐?’ → 너는 기분이 좋냐?/너는 할 일이 많냐?

명령 종결 어미는 동사에 붙어 기능을 하는데 형용사에서는 같은 형태를 감탄 종결 어미로 사용한다.

(21) ㄱ. 동사   - 잊어라/잊구려
     ㄴ. 형용사 - 아름다워라/아름답구려

'아아, 잊으랴. 어찌 우리 이 날을'의 감탄 종결 어미 '-(으)랴'는 억양을 바꾸어 상승 연접으로 하면 '내가 이 물건을 맡으랴?/내가 이 일을 하랴?'처럼 의문 종결 어미가 된다.

3.2.2.2 높임 표현

국어의 높임법은 매우 발달되어 있으므로, 우리나라 사람도 잘못 사용하는 경우가 많다. 높임 표현이 복잡하기 때문이기도 하지만 상황에 따라 높임의 표현이 달라지기 때문이다. 높임 표현은 높이는 대상에 따라 주체 높임법, 객체 높임법, 상대 높임법으로 나뉜다.

1) 주체 높임법

주체 높임법은 서술의 화자가 문장의 주체를 높이는 방법이다. 주로 서술어에 선어말 어미 '-(으)시-'를 붙여 표현하는데 이 때 주어에 붙는 격조사 '께서'와 호응한다.

(22) ㄱ. 학생들이 교실 청소를 한다.
     ㄴ. 어머니께서 집안 청소를 하신다.

위의 첫째 문장은 높이지 않은 표현이므로 비존칭 주격 조사 '이'를 붙였고 서술어에도 높임 표현이 붙지 않았다. 둘째 문장은 높임 표현이므로 존칭 주격 조사 '께서'를 붙였고 서술어에도 존대 선어말 어미 '-(으)시-'를 붙였다. 높임을 받을 수 있는 주체와 받을 수 없는 주체가 접속 조사로 연결되어 있을 경우 주격 조사와 서술어 높임은 후위 주체에 따른다.

    (23) ㄱ. 할아버지와 철수가 간다.
         ㄴ. 철수와 할아버지께서 가신다.

이상의 (23ㄱ)은 '철수가 할아버지와 간다'의 구조이므로, 후위 주체가 '철수'이므로 존칭 주격 조사와 존대 선어말 어미를 붙이지 않고, (23ㄴ)은 '할아버지께서 철수와 가신다'의 구조이므로 존칭 주격 조사와 존대 선어말 어미를 붙여야 한다.

주체 높임은 동사로도 표현되는데 '있다 - 계시다, 먹다 - 잡수시다, 자다 - 주무시다, 아프다 - 편찮으시다, 죽다 - 돌아가시다' 등의 대립이 있다. 이들 높임의 동사는 존대 선어말 어미 '-(으)시-'가 포함된 상태로 존재하며 주어에 붙는 격조사 '께서'와 호응한다.

역사적으로 '자다'의 높임은 존대 선어말 어미 '시'를 결합한 형태인 '자시다'이었는데, '주무시다'로 바뀌었다. 현재 '편찮으시다'는 '아프시다'로 대치해가는 상태이다. 또 '낫다-쾌차(快差)하시다, 일어나다-기침(起寢)하시다'처럼 한자어를 높임 표현으로 사용하는데 지금은 힘을 잃어가고 있다. 화자의 입장에서 볼 때 주체가 높여서 말하여야 할 대상이더라도 청자가 주체보다 더 높여서 말하여야 할 대상인 경우에는 주체를

낮추어 표현한다. 이것이 국어의 전통적인 높임 표현인 압존법(壓尊法)
이다.

    (24) ㄱ. 할아버지, 아버지가 집에 없습니다.
        ㄴ. 할아버지, 아버지가 집에 안 계십니다.
        ㄷ. 할아버지, 아버지께서 집에 안 계십니다.
        ㄹ. 사장님, 과장이 외근 중입니다.
        ㅁ. 사장님, 과장이 외근 중이십니다.
        ㅂ. 사장님, 과장님께서 외근 중이십니다.

현재 압존법 (24ㄱ), (24ㄹ)은 거의 쓰이지 않고 (24ㄷ), (24ㅂ)이
많이 쓰이고 (24ㄴ), (24ㅁ)도 쓰인다. 시대가 변하여 압존법 표현을 모
르는 청자에게 이 압존법을 사용할 경우, 화자를 불손한 사람으로 여길
우려가 있다. 이런 점에서 (24ㄷ), (24ㅂ)의 표현을 인정하여야 한다.
국어 예절 표현 중 압존법의 사용 방법을 현실에 맞게 정리할 필요가
있다.

본용언과 보조 용언이 함께 있을 때 존대 선어말 어미 '-시-'는 뒤
에 위치한 보조 용언에 붙는다.

    (25) ㄱ. 글씨를 *쓰셔 보세요 / 써 보세요.
        ㄴ. 이 책을 *읽으셔 보세요 / 읽어 보세요.
        ㄷ. 저 차를 *미셔 보세요 / 밀어 보세요.
        ㄹ. 이 떡을 *드셔 보세요 / 들어 보세요.

이런 점에서 '*드셔 보세요'는 잘못된 표현인데 일반화되어 쓰이고

있다.

　본용언이 연결 어미 '-고, -게' 등으로 이어지는 경우에도 존대 선어말 어미 '-시-'는 뒤에 위치한 용언에 붙는다.

　　(26) ㄱ. *일을 끝마치시고 가셨습니다 / 일을 끝마치고 가셨습니다.
　　　　 ㄴ. *오늘 따라 더욱 아름다우시게 보이십니다 / 오늘 따라 더욱
　　　　　　 아름답게 보이십니다

2) 객체 높임법

　객체 높임법은 화자가 문장의 목적어나 부사어가 지시하는 대상, 곧 서술의 객체(客體)를 높이는 표현 방법이다. 조사 '께'와 '드리다, 여쭙다, 뵙다, 모시다' 등이 있는데 매우 한정되어 사용된다.

　　(27) ㄱ. 나는 아버지를 모시고 여행을 갔다.
　　　　 ㄴ. 너는 동생을 잘 데리고 가거라.

　중세 국어에 객체 높임을 나타내는 형태소 '-습-, -습-, -줍-' 등이 활발하게 쓰였는데 대부분 소멸되고 '-(으)오/옵-, -삽/사옵/사오-, -잡/자옵/자오-' 등이 서간문이나 기도문에서 상대 높임법을 나타낼 때 쓰인다.

　　(28) ㄱ. 사뿐히 즈려밟고 가시옵소서(김소월, 진달래꽃).
　　　　 ㄴ. 나라와 권세와 영광이 아버지께 영원히 있사옵나이다(주기도문).

3) 상대 높임법

　상대 높임법은 화자가 청자에 대하여 나타내는 높임의 방법인데 주로 종결 어미에 의하여 실현된다. 상대 높임법에서는 명령 종결 어미에 따라 등급을 나누고 명칭을 부여하는데, 이것이 화계(話階)이다. 화계는 연구자에 따라 여러 가지 등급으로 분류하는데, 국어는 언어 환경의 변화에 따라 중년층 이상의 남성이 주로 구사하는 구형 체계(舊形體系)와 청소년층이 주로 구사하는 신형 체계(新形體系)로 나누어진다(이주행 2000: 339~346).

```
                 ┌─ 존대 : 하십시오체, 하시오체, 하오체
                 │
구형 체계 ───────┼─ 평대 : 하오체, 하시게체, 하게체
                 │
                 └─ 하대 : 하시게체, 하게체, 해라체


                 ┌─ 존대 : 하세요체, 해요체
                 │
신형 체계 ───────┼─ 평대 : 해체
                 │
                 └─ 하대 : 해체
```

　현재 청소년층에서는 '-습니다, -십시오'에 해당하는 '하십시오체'는 거의 사라졌다. 이 자리에 '하세요체'를 대치하여 쓰고 있고, 심지어는 '해체'에 조사 '요'를 붙인 '해요체'까지 사용하고 있다.

　(29) ㄱ. 선생님, 제가 {할까요?/할게요.}
　　　　ㄴ. 어머님, 이것 좀 해 줘요.

높임 표현의 사용은 획일적으로 적용시킬 수 없고 고하(高下), 친소
(親疏), 노소(老少) 등 상황에 따라 선택된다. 나이가 많고 적음, 직책이
높고 낮음, 관계가 친하고 소원(疏遠)함 중에서 직책이 높고 낮음이 나이
가 많고 적음보다 높임에 우선적이다. 그런데 관계가 친하고 소원(疏遠)
함이 작용하면 직책이 높고 낮음보다 나이가 많고 적음이 우선한다. 나
이가 같으면 서로 높임을 사용하는데, 여기에 친함이 작용하면 평대를
하게 된다. 요즈음에는 부모와 자식 간에 평대가 쓰이기도 하는데 이는
친함이 강하게 작용한 결과이다.

국어에는 높임 표현에 쓰이는 어휘가 발달되어 있는데, 이들은 높임
말·예사말·낮춤말 등으로 나뉜다. 높임 표현에서 높임말을 적절히 사
용하여야만 맞는 문장이 된다.

(30) ㄱ.*부장님, 나는 작업을 끝내지 못했습니다.
    ㄴ. 부장님, 저는 작업을 끝내지 못했습니다.
(31) ㄱ.*선생님, 오랜만에 보러 왔어요.
    ㄴ. 선생님, 오랜만에 뵈러 왔어요.

이상의 (30ㄱ)과 (31ㄱ)은 높임 표현에 적절한 단어를 사용하지 않
았기 때문에 잘못된 높임 표현이 되어 버렸다. 다음은 높임말·예사말·
낮춤말의 보기들이다(이주행 2004:348~349).

높임말	예사말	낮춤말
	나	저
말씀	말	말씀
성함, 존함	성명, 이름	
병환	병	

약주	술	
존안	얼굴	
댁	집	
춘추, 연세	나이	
진지	밥	
오라버니	오빠	오라비
사장님	사장	
빙장(聘丈)	장인	
빙모(聘母)	장모	
잡수시다	먹다	
주무시다	자다	
돌아가시다	죽다	
계시다	있다	
편찮으시다	아프다	
	묻다	여쭈다, 여쭙다
드리다	주다	
	보다	뵈다, 뵙다
누님	누나	
따님	딸	

이상에서 보듯이 높임말·예사말·낮춤말 등이 모두 있는 것은 극히 드물고 높임말과 예사말이 있는 것이 대부분이다. 한자어는 주로 높임말로 쓰인다.

3.2.2.3 시간 표현

국어에서 시간을 표현할 때에 시제, 상, 서법이 밀접하게 결합되어 나타나므로 완전하게 분리하여 설명하기가 쉽지 않다. 시제는 어떤 기준시를 중심으로 사건·행위·상태 등의 앞뒤 시간적 위치를 언어로써 표현하는 문법적 범주이고, 상은 시간적 흐름 위에 동작이나 상태가 펼쳐져 있는 모양이나 길이를 뜻하는 시간 양태이며, 서법은 말하는 내용에 대한 화자의 태도를 어미나 보조 동사로 표현하는 문법적 범주이다.

시제는 기준시(基準時, time reference)에 따라 나뉘는데, 화자가 이야기하는 때인 발화시(發話時)와 사건이 일어난 때인 사건시(事件時)가 있다. 발화시를 기준시로 하는 시제를 절대 시제(絶對時制, absolute tense)라 하고, 사건시를 기준시로 하는 시제를 상대 시제(相對時制, relative tense)라 한다. 절대 시제와 상대 시제는 다음과 같이 과거(선행시), 현재(동시), 미래(후행시)로 나뉜다.

현재

| 절대 시제 : | 과거 | ← | 발화시 | → | 미래 |
| 상대 시제 : | 과거 | ← | 사건시 | → | 미래 |

(32) ㄱ. 지금 형을 만나니 매우 반갑다.
　　　ㄴ. 아까 형을 만나니 매우 반가웠다.
(33) ㄱ. 현재 네가 하는 일이 옳지 않다.
　　　ㄴ. 당시 네가 하는 일이 옳지 않았다.

　예문 (32)의 문장에 쓰인 '만나니'는 절대 시제로 보면 (32ㄱ)에서는 현재 시제이고, (32ㄴ)에서는 과거 시제이다. 그런데 상대 시제로 보면 둘 다 현재 시제이다. (33)의 문장에 쓰인 '하는'도 절대 시제로 보면 (33ㄱ)에서는 현재 시제이고, (33ㄴ)에서는 과거 시제인데 상대 시제로 보면 둘 다 현재 시제이다. 왜냐하면 상대 시제로 볼 때 (32)의 '만나니'의 행위 시점이 '반갑다'와 '반가웠다'라는 사건시와 일치하기 때문이다. 국어의 시제는 시간 부사와 용언의 어미로 실현된다.

1) 과거 시제

과거 시제는 과거 시간 부사인 '아까. 어제, 당시,…' 등과 선어말 어미 '-었/았/였-'으로 나타난다. 관형절로 안길 때에는 관형사 어미로 실현되는데, 동사일 때에는 '-은'이, 형용사나 '이다'일 때에는 '-던'이 쓰인다. 과거 어느 때의 일이나 경험에 대한 회상은 선어말 어미 '-더-'로 표현한다. 발화시보다 전에 일어나, 현재와 강하게 단절된 사건은 '-었었-'으로 표현한다.

    (34) ㄱ. 군인이던 민수가 지난달 제대를 하였다.
        ㄴ. 어제 보니 지영이가 매우 건강해 보이더라,
        ㄷ. 작년에 나는 미국에 갔었다.

2) 현재 시제

현재 시제는 현재 시간 부사인 '지금, 오늘,…' 등과 종결 어미 '-(ㄴ/는)다, '-(ㄴ/는)가,…', 관형사형 전성어미 '-(으)ㄴ/는' 등으로 표현한다. 관형사형 전성어미 '-(으)ㄴ'은 형용사 어간에 결합하고, 관형사형 전성어미 '-는'은 동사 어간에 결합한다. 관형사형 전성어미 '-(으)ㄴ'이 동사 어간과 결합하면 과거 시제가 된다. 확실성 있는 미래, 보편적인 진리를 나타내는 데에도 현재 시제가 쓰인다.

    (35) ㄱ. 지금 영이가 점심을 먹는다.
        ㄴ. 요즈음 영수는 노느라고 바쁘다.
        ㄷ. 저기 있는 학생이 내 친구이다.
        ㄹ. 나는 아침에 일찍 일어난다.
        ㅁ. 인간은 언제고 죽는다.

3) 미래 시제

미래 시제는 미래 시간 부사인 '내일, 앞으로, 다음에…', 선어말 어미 '-겠-, -(으)리-', 관형사형 전성어미 '-(으)ㄹ', 우설적(迂說的) 표현인 '-(으)ㄹ 것이-' 등으로 표현한다.

(36) ㄱ. 나는 내일 다시 이곳에 오{겠다, 리라}.
ㄴ. 내일 다시 올 사람들이 몇이나 되느냐?
ㄷ. 나는 내일 다시 이곳에 올 것이다.

4) 동작상

시간 표현과 관련된 문법 기능으로 동작상(動作相)이 있다. 발화시를 기준으로 동작이 계속 이어가는 양상을 진행상이라 하는데, '-고 있-'으로 표현되고, 동작이 막 끝난 양상을 완료상이라 하는데, '-어/아 있-'으로 표현된다.

(37) ㄱ. 일거리가 산더미처럼 쌓이고 있다. (진행상)
ㄴ. 일거리가 산더미처럼 쌓이어 있다. (완료상)

3.2.2.4 피동과 사동 표현

1) 피동 표현

(38) ㄱ. 엄마가 아기를 안았다.
ㄴ. 아기가 엄마에게 안겼다.

위의 문장에서, 첫째 문장에서는 주체가 행하는 동작을 표현하고 둘째 문장에서는 주체가 다른 행위자에 의해 동작을 입음을 표현한다.

158

주체가 행하는 동작을 표현하는 문법 기능을 능동(能動)이라 하고, 주체가 다른 행위자에 의해 동작을 입음을 표현하는 문법 기능을 피동(被動)이라 한다.

피동화할 때 문장 구조가 바뀌어 문장 성분이 이동한다. 위의 능동문 주어 '엄마가'가 피동문에서는 부사어로 바뀌고, 능동문의 목적어인 '아기를'은 주어로 된다. 능동문의 동사 '안다'가 피동문에서는 '안기다'로 쓰인다. 능동문을 피동문으로 바뀌게 작용하는 기능은 능동사 '안다'의 어간에 결합된 '-기-'에 의한 것이다. 이 '-기-'가 피동 접미사이다. 피동 접미사에는 '-이-, -히-, -리-, -기-' 등이 있다. 또한 '-어지다'와 '-게 되다'도 피동을 나타내는 표현이다.

피동사는 능동 타동사에 피동 접미사가 결합하여 만들어지는데 이 때 능동 타동사는 자동사로 된다. 그런데 자동사에 피동 접미사가 결합하여 피동 자동사가 되는 예들이 있다.

(39) ㄱ. 먼지가 난다.   먼지가 날린다.
     ㄴ. 종이 운다.   종이 울린다.

이들은 자동사 어간에 피동 접미사가 결합하여 피동 자동사로 되었는데, 이들은 사동 접미사 '-리-'가 결합하여 사동 타동사로 파생된 것에 다시 피동 접미사 '-이-'가 결합되어 영(零)형태처럼 내재하여 있다고 본다(이익섭·임홍빈 1983:198~199).

자동사   사동 타동사   피동 자동사
나뭇잎이 난다 → 나뭇잎을 날린다 → 나뭇잎이 날린다
              (사동 접미사 '-리-')   [피동 접미사 '-이-'(영접사)]

그런데 아래의 예문에서는 타동사에 피동 접미사 '-기-'가 결합하여 타동사가 된 것이다. 피동 접미사와 결합하면 자동사가 되는데 '뜯기다'는 그대로 타동사로 나타난다.

> (40) ㄱ. 폭력배가 노점상들에게서 돈을 뜯는다.
>   ㄴ. 노점상들이 폭력배에게 돈을 뜯긴다.

국어 접사 결합에서 보면, 사동 접미사와 피동 접미사가 함께 결합될 수 없기 때문에 피동 영 접사가 내재한 것으로 보기는 어렵다. 또한 위의 예는 타동사에 피동 접미사 '-기-'가 결합하여 도 자동사로 바뀌지 않고 그대로 타동사로 쓰인다. 이런 현상에 대해서는 좀 더 연구가 이루어져야 한다.

2) 사동 표현

> (41) ㄱ. 아이가 옷을 입는다.
>   ㄴ. 어머니께서 아이에게 옷을 입히신다.

위의 예문 (41ㄱ)은 주어가 직접 동작을 하는 것을 나타내는데 이를 주동문(主動文)이라고 한다. (41ㄴ)은 주어가 남에게 동작을 하도록 시키는 것을 나타내는데 이를 사동문(使動文)이라고 한다. 주동 표현 동사는 주동사, 사동 표현 동사는 사동사라고 한다.

사동 표현은 사동 접미사 '-이-, -하-, -리-, -기-, -우-, -추-, -구-' 등을 동사 어근에 결합시켜 만드는데 이렇게 실현된 문장을 단형 사동문 또는 파생적 사동문이라 하고, 또 보조적 연결 어미 '-게'에 보조 용언 '하다'를 연결하여 만들기도 하는데 이렇게 실현된 문장을 장형 사동문 또는 통사적 사동문이라 한다.

단형 사동문과 장형 사동문은 의미면에서 항상 동일하지는 않다. 다음과 같이 차이가 나타난다.

(42) ㄱ. 어머니께서 아이에게 밥을 먹이셨다.
　　　ㄴ. 어머니께서 아이에게 밥을 먹게 하셨다.

위의 예문 (42ㄱ)은 사동주인 '어머니'가 아이에게 밥을 먹여 주는 것이거나, 아기가 직접 밥을 먹게끔 한 것이라는 의미로 해석된다. (42ㄴ)은 아기가 직접 밥을 먹게끔 한 것이라는 의미만으로 해석된다.

사동 접미사는 용언 어근과의 결합이 매우 제한적인데 반해 통사적 사동을 만드는 '-게 하다'는 자유롭게 사용될 수 있다.

(43) ㄱ. 철수가 감기약을 뱉었다/*뱉이었다.
　　　ㄴ. 철수가 감기약을 뱉게 하였다.

형용사는 어근에 사동 접미사가 결합되면 타동사로 바뀐다.

(44) ㄱ. 높다→높이다
　　　ㄴ. 크다→키우다
　　　ㄷ. 좁다→좁히다
　　　ㄹ. 넓다→넓히다
　　　ㅁ. 밝다→밝히다

2.2.5 부정 표현(否定表現)

언어에는 어떤 사실이나 가치를 긍정하기도 하고 부정하기도 하는 문법 기능을 가지고 있다.

> (45) ㄱ. 그는 내 형님이다.
>
> ㄴ. 그는 내 형님이 아니다.
>
> ㄷ. 그는 앞날을 생각하였다.
>
> ㄹ. 그는 앞날을 생각하지 아니하였다(않았다).
>
> ㅁ. 그는 앞날을 생각하지 못하였다.

부정 표현에는 '아니'와 '못' 두 가지가 쓰이는데, '아니'는 상태가 그렇지 않음을 나타내거나 주어의 의지에 의해 어떤 동작이 일어나지 않음을 나타낸다. '못'은 주어의 의지가 아닌, 능력이 모자라가나 그 밖의 다른 이유로 그 일이 일어나지 못함을 나타낸다.

부정 표현은 '아니'나 '못'이 서술어 바로 앞에 놓여 문장을 부정하는 단형 부정 표현(短形否定表現)과 '아니'나 '못'이 본용언 어미 '지' 뒤에서 보조 용언 '아니하다'와 '못하다'와 연결하여 문장을 부정하는 장형 부정 표현(長形否定表現)이 있다.

> (46) ㄱ. 영이는 그 광경을 보았다.
>
> ㄴ. 영이는 그 광경을 안 보았다.
>
> ㄷ. 영이는 그 광경을 보지 않았다.
>
> ㄹ. 영이는 그 광경을 못 보았다.
>
> ㅁ. 영이는 그 광경을 보지 못했다.

(47) ㄱ. 철수는 가슴이 두근거렸다.

ㄴ. 철수는 가슴이 안 두근거렸다.

ㄷ. 철수는 가슴이 두근거리지 않았다.

ㄹ. *철수는 가슴이 못 두근거렸다.

ㅁ. *철수는 가슴이 두근거리지 못했다.

명령 청유의 부정 표현일 때는 '보지/죽지/싸우지 마라/말자'처럼 '말다'를 사용한다. 부정소 '안/아니'와 '못'은 동사나 형용사와 공기 할 적에 제약을 받아 분포 양상이 다양해서 유형화할 수가 없다. 단어의 의미와 어느 정도 관련이 있으나 일정하지는 않다.

(48) 부정소 '안/아니'와 '못'이 모두 공기하는 경우

ㄱ. 인부들이 트럭에서 짐을 안 내린다.

ㄴ. 인부들이 트럭에서 짐을 못 내린다.

ㄷ. 인부들이 트럭에서 짐을 내리지 않는다.

ㄹ. 인부들이 트럭에서 짐을 내리지 못한다.

(49) 부정소 '못'만 공기하는 경우

ㄱ. *철민이는 잘못을 안 깨닫는다.

ㄴ. *철민이는 잘못을 깨닫지 않는다.

ㄷ. 철민이는 잘못을 못 깨닫는다.

ㄹ. 철민이는 잘못을 깨닫지 못한다.

(50) 부정소 '안/아니'만 공기하는 경우

ㄱ. 나는 안 괴롭다.

ㄴ. 나는 괴롭지 않다.

ㄷ. *나는 괴롭지 못하다.

ㄹ. 이 나무는 별로 안 높다.

ㅁ. 이 나무는 별로 높지 않다.

ㅂ. *이 나무는 별로 높지 못하다.

(51) '-지 않다'와 '-지 못하다'와만 공기하는 경우

ㄱ. *나는 내 행동이 안 자랑스럽다.

ㄴ. *나는 내 행동이 못 자랑스럽다.

ㄷ. 나는 내 행동이 자랑스럽지 않다.

ㄹ. 나는 내 행동이 자랑스럽지 못하다.

단형 부정법은 장형 부정법보다 더 많은 제약을 받는다. 단형 부정이 더욱 강한 부정의 의미를 나타낸다고 한다. 현재 사용 실태를 보면 장형 부정은 거의 쓰이지 않고 대부분 단형 부정이 쓰이며 단형과 장형의 의미 차이는 없는 것으로 보인다. 부정소의 선택 제약에 대한 교육이 자연스러운 국어사용을 위하여 이루어져야 한다(이주행 2004:353~363 참조).

3.2.2.6 문장의 호응과 모순

모든 언어의 문장은 어법적으로 독특한 표현을 한다. 따라서 어법적으로 잘못 쓰면 비문법적 표현이 된다. 주로 호응과 의미적인 모순이 중심이 되는데, 호응이 바르게 이루어지고 의미의 모순이 없어야 문법에 맞는다. 첫째 성분 간 바르게 호응이 되어야 하고, 둘째 관용적 표현에서의 호응이 바르게 되어야 한다. 셋째는 의미적인 모순이 없어야 한다.

1) 성분 간의 호응

      (52) ㄱ. 교육부는 법 개정을 추진할 전망이다.
           ㄴ. 나는 부산이 이길 것을 확신한다.
           ㄷ. 성남이 서울에 4 대 2로 이겼다.
           ㄹ. 부산이 성남에 2 대 4로 졌다.

위의 예문 (52ㄱ)은 주어와 서술어 호응이 잘못되어 있다. '이다'로 끝나는 문장은 주어와 서술어가 동격이어야 한다. 그런데 이 문장에서는 '교육부는 …전망이다'가 되어 주술이 맞지 않는다. (52ㄴ)은 목적어와 서술어의 호응에 문제가 있는 것으로 부주의에 의한 것이고, (52ㄷ)과 (52ㄹ)은 서술어에 호응하는 성분이 잘못되어 있다. '이기다'는 타동사이므로 목적어가 와야 한다. 위의 문장은 다음과 같이 써야 바른 문장이다.

      (53) ㄱ. 교육부는 법 개정을 추진할 것으로 전망된다.
           ㄴ. 나는 부산이 이길 것으로 확신한다.
           ㄷ. 성남이 서울을 4 대 2로 이겼다.
           ㄹ. 부산이 성남에게 2 대 4로 졌다.

2) 관용 표현의 호응

호응 표현에서 관용구의 사용에 주의하여야 한다. 바르게 호응하는 짝으로 표현하여야 한다.

      (54) ㄱ. 버스에 짐과 사람을 실었다.
           ㄴ. 눈귀가 멀어 보지도 듣지도 못한다.
           ㄷ. 제비 한 쌍은 올해 새끼 다섯을 낳았습니다.

이상의 예문 (54ㄱ), (54ㄴ), (54ㄷ) 등은 다음의 (55)처럼 고쳐야 맞는다.

(55) ㄱ. 버스에 짐을 싣고 사람을 태웠다.
ㄴ. 눈이 멀고 귀가 먹어 보지도 듣지도 못한다.
ㄷ. 제비 한 쌍은 올해 새끼 다섯을 깠습니다.

'모자를 쓰다, 안경을 끼다/쓰다, 장갑을 끼다, 옷을 입다, 권총을 차다, 허리띠를 두르다, 대님을 치다' 등 국어에는 이런 관용 표현이 매우 많이 있다. 또 비문법적으로 사용하고 있는 호응 표현으로 다음의 (56)과 같은 것들이 있다

(56) ㄱ. *나는 진작 일을 끝냈다
ㄴ. *나는 결코 그 일을 해 내고야 말았다.

이상의 예문 (56ㄱ)의 '진작'은 기대나 생각대로 잘 되지 않은 지나간 사실에 대하여 뉘우침이나 원망의 뜻을 나타내는 문장에 쓰이므로, '진작 …았어야/었어야 했다', '…았을/었을 때 진작 -ㄹ/을 일이지/것이지'로 써야 한다. (56ㄴ)은 '절대로'의 뜻으로 '아니다, 없다, 못하다' 따위의 말과 함께 쓰인다. 다음의 (57)이 맞는 문장들이다.

(57) ㄱ. 나는 진작 일을 끝냈어야 했다.
ㄴ. 어제 만났을 때 진작 말을 할 것이지.
ㄷ. 그는 결코 사악한 사람이 아니다.
ㄹ. 나는 너를 결코 용서할 수 없다.

ㅁ. 그의 능력으로는 결코 그 임무를 완수할 수 없다.

3) 의미의 모순

    (58) ㄱ. 불은 진화(鎭火)되지 않고 있다가 다시 불꽃이 일었다.
        ㄴ. 조부모를 따라 북한으로 북송(北送)되었다.
        ㄷ. 항공과 육로는 물론 단절된 철도 연결도 시급합니다.
        ㄹ. 청소년 및 15세 이하는 시청을 금합니다.

위의 예문 (58ㄱ)~(58ㄹ)은 의미의 상호 작용으로 문장의 의미가 중복되거나 모순되어서 내용이 불일치하므로 비문법적으로 되었다. (58ㄱ)의 '불은 진화되지 않고'는 '불은 꺼지지 않고'로, (58ㄴ)의 '북한으로 북송(北送)되었다'는 '북송(北送)되었다'로 바꾸어 써야 의미가 중복되지 않는다. (58ㄷ)은 '철도'도 '육로'이므로 '항공로(항로)와 해로는 물론 단절된 철도 연결도 시급합니다'로, (58ㄹ)의 '청소년'은 당연히 15세 이하이므로 중복이 된다. '청소년 이하는 시청을 금합니다'라고 하거나, '청소년'의 의미가 명확하지 않으면 '15세 이하는 시청을 금합니다'로 바꾸어 써야 한다.

3.2.3 문장 성분의 구조와 품사

3.2.3.1 문장 성분의 구조

문장 성분은 어절과 일치한다. 어절은 음운론적 단위인데 국어에서 띄어쓰기를 할 때 기본 단위가 된다. 문장 성분을 보면 구성 요소와 기능에 차이가 있다.

(59) ㄱ. 사자가 얼룩말의 다리를 입으로 물었다.

　　　ㄴ. 나는 짙푸른 숲속을 지나갔다.

　　　ㄷ. 모인 사람이 모두 여덟이다.

　　　ㄹ. 여보, 저 보따리를 이리로 좀 옮겨 주세요.

이상의 (59ㄱ)～(59ㄹ)을 보면 문장 성분 간의 관계를 나타내는 형태인 '가/이'가 결합하면 주어, '을/를'이 결합하면 목적어, '의'가 결합하면 관형어, '으로'가 결합하면 부사어, '이다'가 결합하면 서술어임을 알 수 있다. 이런 관계를 나타내는 형태(form)가 관계언(關係言)이다. 이 관계언과 결합하는 형태가 체언(體言)이다. '저, 매우'처럼 다음에 오는 성분을 꾸미는 형태는 수식언(修飾言)이다. '여보'처럼 다른 성분에 얽매이지 않는, 독립적인 성분이 독립언(獨立言)이다. '물었다, 짙푸른'처럼 형태가 변하는 것은 용언(用言)이다.

3.2.3.2 품사

(60) 명수는 그가 가장 좋아하는 음식인 칼국수를 먹었다.

위의 문장 (60)은 '명수＋는＋그＋가＋가장＋좋아하는＋칼국수＋를＋먹었다'의 아홉 개의 단어로 구성되어 있다. '명수'는 사람의 이름이고 '음식'은 '끼니로 먹을 수 있는 것'을 뜻하는 이름이고, '칼국수'는 음식의 이름이다. 이들은 대상은 다르지만, 사물의 이름을 표시한다는 점과 '는, 인, 를'과 같은 문법 관계를 나타내는 말이 결합되어 있다는 점에서 공통된 성질을 띠고 있다. '그'는 '명수, 음식, 칼국수'와 '같으나 이름을 대신하여 표현한다는 점에서 다르다. 좋아하는, 먹었다'는 움직임

의 의미를 표시하는데, '좋아한다, 먹는'처럼 형태를 바꿀 수 있다는 점
에서 또 다른 공통점을 지니고 있다.

　이와 같이 일정한 기준에 따라 단어들을 공통된 성질끼리 묶어서 분
류한 것이 품사이다. 학교 문법에서 형태·기능·의미에 따라 다음과
같이 분류한다.

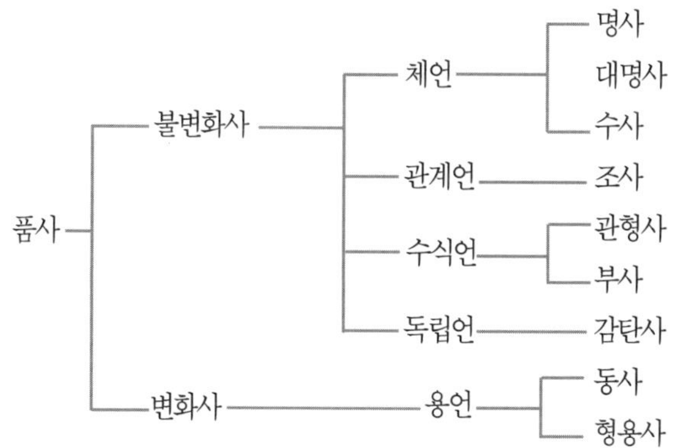

1) 체언 : 명사, 대명사, 수사

　체언은 문장의 주체가 되는 자리에 쓰이는데, 의미에 따라 명사, 대
명사, 수사로 나눈다. 명사, 대명사, 수사는 거의 공통된 성질을 지니고
있다. 조사와 결합하여 문장 안에서 주어, 목적어, 보어, 부사어, 관형어,
서술어, 독립어 등 모든 성분의 기능을 할 수 있다.

　영문법에서 대명사 특히 인칭 대명사는 성분이 바뀜에 따라 'I, my,
me'처럼 굴절하고, 앞에 수식어가 오지 않는다. 국어에서 대명사는 성분
이 달라져도 형태의 변화가 없고, 앞에 수식어가 오기도 한다. 다만 명
사에 비하여 관형어와의 구성에 제약을 더 받을 뿐, 사람이나 사물을 대
신 가리키므로 사람이나 사물을 수식할 수 있는 관형어가 당연히 올 수

있다.

      (61) ㄱ. 당황한 나

         ㄴ. 우등생인 너

         ㄷ. 어린 그

         ㄹ. 억울한 우리

         ㅁ. 불쌍한 이분

         ㅂ. 내가 서 있는 여기

대명사 가운데 '이들, 그들, 이이, 그이, 그분, 어느것, 아무곳, 어느 때' 등은 사전에 올라 있기는 하지만, 한 단어로 보아야 하는지, 두 단어로 보아야 하는지 다시 생각해 볼 문제이다. 또한 '이이, 이것, 여기'는 근칭, '그이, 그것, 거기'는 중칭, '저이, 저것, 저기'는 원칭으로 구분하는데, '그이, 그것, 거기'는 부재칭(不在稱)으로도 볼 수 있다.

      (62) ㄱ. 어제 만났던 그이가 내 사촌 형이다.

         ㄴ. 아까 네가 무엇을 잃어버렸다고 했는데, 그것이 무엇이냐?

         ㄷ. 네가 부산에서 왔다는데, 그곳은 비가 얼마나 왔니?

이상의 (62ㄱ)~(62ㄷ)에서 보듯이 '그이, 그것, 거기'는 현재 볼 수 없는 사람, 물건, 장소 등을 가리킨다. 수사도 성분이 달라져도 형태의 변화가 없고, 앞에 수식어가 오기도 한다. 다만 명사나 대명사에 비하여 관형어와의 구성에 제약을 더 받는다. 이는 의미상 수를 나타내는 단어의 앞에 수식어를 붙일 수가 없기 때문이다.

이 세 품사는 문장 속에서 기능의 차이가 없어서 하나의 품사로 묶어도 별 무리가 없다.

2) 관계언 : 조사

관계언은 체언과 결합하여 다른 성분과의 문법적인 관계를 나타낸
다. 이를 조사라고 한다. 조사는 기능과 의미에 따라 격조사, 접속 조사,
보조사 등으로 나눈다. 격조사는 체언이 문장 안에서 일정한 자격을 가
지도록 하여 준다.

(63) ㄱ. 체언 + '가/이, 께서, 에서'　　　(주격 조사)　　주어
　　 ㄴ. 체언 + '을/를'　　　　　　　　 (목적격 조사)　목적어
　　 ㄷ. 체언 + '의'　　　　　　　　　　(관형격 조사)　관형어
　　 ㄹ. 체언 + '에, 에서, 에게, 으로…'　(부사격 조사)　부사어
　　 ㅁ. 체언 + '이/가'　　　　　　　　 (보격조사)　　 보어
　　 ㅂ. 체언 + '이다'　　　　　　　　　(서술격 조사)　서술어
　　 ㅅ. 체언 + '아/야, 여, 이어, 이시어'　(호격 조사)　 독립어

　　 조사는 불변화사인데 서술격 조사 '이다'는 변화사인 용언처럼 어미
변화를 한다. 예외적인 특성을 지닌 '이다'는 국어에서 품사 설정에 논
란을 일으킨다. 하나는 '이'를 접사로 보아 체언을 서술어로 바꾸어 주
는 기능을 한다고 볼 수 있다. 그렇지만 '인생은 60부터이다'에서는 체
언을 서술어로 바꾼다고 보기 힘들다. '60부터'가 명사처럼 쓰인 것이라
서 '이다'를 붙여 서술어로 만든 것이라고 설명할 수 있기는 하다. '그
것은 소다'에서는 '이'가 없이도 '소다'가 서술어 기능을 하고, 또 '그것
은 소였다'에서는 '이'가 나타난다. 접사라면 '이'가 제멋대로 나타나기

도 하고 없어지기도 할 수는 없다. 또 하나는 '이다'를 하나의 품사로 설정하여 형용사 또는 '아니다'와 함께 지정사로 보는 것이다. 이럴 경우 '이다'를 앞의 체언과 띄어 써야 한다. 다른 견해로 '이다'를 서술사(敍述詞)로 설정하는 것도 한 방법이 될 수 있다. 이 때 '아니다'는 형용사 그대로 두고, '이다'가 유일하게 체언을 서술어로 만드는 기능을 지녔으므로 '서술적 기능을 담당하는 품사로 앞 말에 붙여 쓴다'라고 규정하면 된다. '이다'를 '어미변화를 하는 조사'라는 예외적인 규정을 두는 것과 하나의 품사로 설정하는 것과 어느 것이 합리적이고 타당한지 한번 논의를 할 필요가 있다고 본다.

3) 용언 : 동사, 형용사

국어 문장 속에서 동사와 형용사는 차이점보다는 공통성이 더 많다. 대부분의 어미변화가 같고 성분적 기능은 어미의 활용을 통하여 주로 서술어로 쓰이고 그밖에 주어, 목적어, 부사어, 관형어 등으로도 쓰인다. 또한 수식어로 부사어만을 취하는 특성이 있다. 이렇기 때문에 형용사를 동사에 포함시켜 같은 품사로 보기도 한다. 이때 동사는 동작 동사라 하고 형용사는 상태 동사라 한다.

동사와 형용사는 다음과 같은 차이가 있다. 동사의 어간에는 진행형(-ㄴ/는다, -고 있다), 명령형(-어라/아라, 형용사에서는 감탄어미임), 청유형(-자), '목적'을 나타내는 연결 어미(-러), 의도를 나타내는 연결 어미(-고자/려고) 등이 결합할 수 있는데 형용사 어간에는 이런 어미들이 결합하지 못한다. 이들의 차이는 의미의 특성 때문에 나타나는 것이다. 같은 동사 안에서도 의미의 특성에 따라 어미변화에 제약을 받는 경우가 있으므로 동사와 형용사간의 이런 차이를 보는 시각에 따라 품사를 동사와 형용사로 나눌 수도 있고 동사에 합칠 수도 있다. 합칠 경우 동사는 동작 동사, 형용사는 상태 동사로 하위 구분한다.

영문법에서는 이 두 품사가 차이가 뚜렷하다. 'He goes to the school'처럼 동사는 주어 다음에 오고, 'He is brave'처럼 형용사는 'be' 동사를 앞에 두고 주어와 연결된다. 동사는 과거분사형으로 명사를 수식하고, 형용사는 기본형 그대로 명사를 수식한다.

▶ 불규칙 활용

용언이 활용할 때에 어간이나 어미의 기본 형태가 달라지는 경우가 있는데 이를 불규칙 활용이라고 한다. 불규칙 용언에는 어간이 바뀌는 것, 어미가 바뀌는 것, 어간과 어미 모두가 바뀌는 것 등이 있다. 이들은 '거라, 너라'를 제외하고는 모음 앞에서 불규칙 활용을 한다.

(64) ㄱ. 어간이 불규칙적으로 활용하는 용언

	규칙 동사	불규칙 동사
◆ 'ㄷ' → 'ㄹ'	받다→받아, 얻다→얻어	듣다→들어, 긷다→길어
◆ 'ㅂ' → '오/우'	업다→업어, 굽다→굽어	깁다→기워, 곱다→고와
◆ 'ㅅ' → 탈락	솟다→솟아, 씻다→씻어	긋다→그어, 낫다(勝)→나아
◆ 'ㅜ' → 탈락	주다→주어, 쑤다→쑤어	푸다→퍼

ㄴ. 어미가 불규칙적으로 활용하는 용언

| ◆ '아' → '여' | 따다→따, 자다→자 | 하다→하여 |

    ◆ '어' → '러'　　치르다 → 치러, 들르다 → 들러　이르다(至) → 이르러,
　　　　　　　　　　　　　　　　　　　　　푸르다 → 푸르러

    ◆ '어라/아라' → '거라'　보다 → 봐라, 먹다 → 먹어라　　가다 → 가거라

    ◆ '어라/아라' → '너라'　들다 → 들어라, 잡다 → 잡아라　오다 → 오너라

   ㄷ. 어간과 어미가 불규칙적으로 활용하는 용언

    ◆ '어' → '러/라' 따르다 → 따라, 들르다 → 들러 구르다 → 굴러, 자르다 → 잘라
    ◆ '어(서)/아(서)' → 'ㅎ' 탈락　좋다 → 좋아(서)　그렇다 → 그래(서),
　　　　　　　　　　　　　　　　　　　　　파랗다 → 파래(서)

　　이들 가운데 '우' 불규칙 동사 '푸다(汲)'가 유일하다. '푸다'의 중세
형태는 '프다'인데, '쓰다, 치르다'가 어미 '어' 앞에서 '으'가 탈락하여
'써, 치러'가 되듯이 '프다'도 '어' 앞에서 '으'가 탈락하여 '퍼'가 된다.
후에 '프다'가 원순 모음화하여 '푸다'가 되었어도 '프다'에서 온 '퍼'
형태는 습관적으로 사용되어 온 것이다. 이를 해결하는 방법으로 첫째
현재대로 '우' 불규칙으로 하는 것이고, 둘째는 생성 음운론적 입장에서
기본형을 '프다'로 잡아 모음 앞에서 '으'가 탈락하는 규칙 현상으로 보
는 것인데, 현재 이 단어의 기본형은 '푸다'로 잡고 있으므로, 자음으로
시작되는 어미 앞에서는 '푸-'가 된다. 셋째는 '푸＋어→풔'를 인정하여
규칙으로 하는 것이다. 공시적으로는 이 불규칙 현상을 설명하기가 어렵
기 때문이다.

　　명령형 어미 '거라'는 다만 '가다'에만 붙는 형태라서 불규칙으로 잡
는데, 현재 거의 모든 동사에 사용 된다. '가다, 오다'를 포함하여 기본
적으로 모든 동사의 명령형 활용은 '어라/아라'이다. 그러므로 '거라'는

규칙 활용 어미라고 보아야 한다. '너라'는 '오다'에만 결합되는데 현재 '아라'와는 다른 의미를 지니고 있다. '이리 오너라'처럼 윗사람이 아랫사람에게 쓰는 옛 말투로 지금은 잘 쓰이지 않고 사극(史劇)이나 역사 소설에나 등장한다. 따라서 '너라'는 불규칙이라기보다는 예스런 투로 쓰이는 추가적인 명령형 어미라고 볼 수 있다.

▶ 활용과 어미

국어의 어미는 매우 발달되어서 모국어 화자들도 잘못 쓰는 경우가 많다. 특히 연결 어미들은 미묘한 의미와 기능의 차이가 있어서 구별하여 사용해야 한다. 그런데도 많은 화자들이 혼동하여 사용하고 듣는 사람들도 그 차이를 무시하고 같은 의미와 기능으로 받아들인다. 다음과 같은 어미들은 현재 거의 동일하게 쓰이고 있다.

    (65) ㄱ. 오거나 말거나/오든지 말든지
        ㄴ. 나는 그 사람을 만나보려고/만나보고자 한다.
        ㄷ. 밥을 먹어서/먹으니까/먹으므로/먹으매 배가 부르다.
        ㄹ. 미국에 가면/가거든 편지를 해라.
        ㅁ. 나는 실패하더라도/실패할지라도 다시 도전하겠다.

종결 어미 가운데에도 혼동이 일어나서 제자리가 아닌 다른 자리에 잘못 쓰이는 경우가 있다. 특히 의문 종결 어미 '-으냐, -냐, -으니, -니'가 현재 달리 사용되고 있다. 이들은 다음의 (66)~(70)과 같이 사용되는 것이 맞는다.

(66) '-으냐?'는 '있다, 없다' 외의 자음으로 끝나는 형용사 어간에 붙는다.

    ㄱ. 기분이 좋으냐?

    ㄴ. 산이 높으냐?

    ㄷ. 책이 많으냐?

(67) '-으니?'는 '-으냐?'를 더욱 친밀하고 부드럽게 이를 때 자음으로 끝나는 형용사에 붙인다.

    ㄱ. 기분이 좋으니?

    ㄴ. 산이 높으니?

    ㄷ. 책이 많으니?

(68) '-냐?'는 모음으로 끝나는 형용사와 '이다'의 어간에 붙는다.

    ㄱ. 맛이 쓰냐?

    ㄴ. 상을 받아서 기쁘냐?

    ㄷ. 그것은 책이냐?

(69) '-니?'는 '-냐?', '-느냐?'보다 친밀감을 나타낼 때 '이다'나 용언의 어간 또는 '-았-', '-었-', '-겠-'의 아래에 붙인다.

    ㄱ. 맛이 쓰니?

    ㄴ. 상을 받아서 기쁘니/기뻤니?

    ㄷ. 그것은 책이니?

(70) '-느냐?'는 동사, '있다, 없다', '-았-, -었-, -겠-' 아래에 붙는다.

    ㄱ. 집에 가(겠)느냐?,

    ㄴ. 칼이 있느냐?

    ㄷ. 영화가 좋았느냐?

현재 '-으냐?'는 '-냐?'로, '-으니?'는 '-니?'로, '-으냐?'는 '-냐?'로 널리 쓰이고 있어서 위와 같은 사용상의 구분은 사라졌다. 다만 흔치 않게 '-느냐?'만이 연로(年老)한 사람들이 아랫사람에게 말할 때 사용하고는 있다. 이와 같이 어미들이 원칙에서 벗어나 쓰일 경우, 원칙을 지켜야 할지 현실을 인정하여야 할지 합리적인 방향으로 선택을 하여야 한다.

3.2.4 단어와 형태소

3.2.4.1 단어의 구조

단어 가운데 어근 하나로 이루어진 것을 단일어, 어근 하나에 접사가 붙은 것은 파생어, 어근 두 개 이상으로 이루어진 것을 합성어라고 한다. 학교 문법에서는 단어를 형태 결합 구조상 단일어와 복합어로 나누고 복합어는 다시 파생어와 합성어로 구분한다.

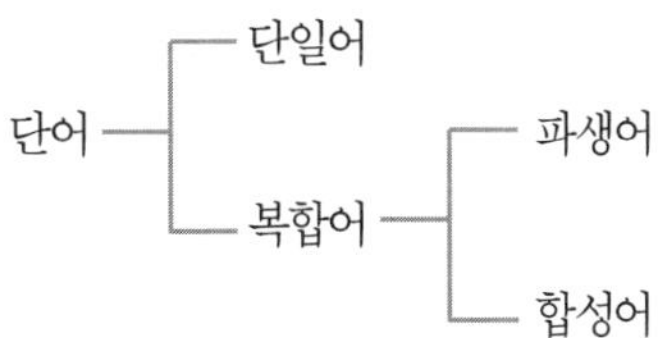

단어 구조를 살펴보면, 단일어와 복합어 구별이 곤란한 것들이 있다. '다니다'는 어원적으로 '돋다'와 '니다'가 합성되어 만들어진 단어 '돋니다'에서 온 것이고, '거닐다'는 '걷다'와 '니다'가 합성되어 만들어진 단어이다. '가운데'의 어원적 형태는 '갑(용언 어간)＋은(관형사형 어미)뒤＋(체언 어근)'이고, '고삐'도 '고'(체언 어근)에 '삐'(체언 어근)이 합성된 단어이다.

이들은 역사적으로 보면 '합성어'이지만, 음운적인 변화가 심하여 어원적 형태와의 유연성을 상실하였거나 어원적 형태가 소멸되어 현재 존재하지 않고 형태나 의미적 분석이 불가능한 경우이므로 단일어로 규정하는 것이 타당하다.

그런데 어원적 형태가 불분명하며 오직 '하다'와만 결합하여 나타나는 형태들이 있다. '깨끗하다, 씩씩하다, 딱하다, 착하다…' 등이다. '깨끗, 씩씩' 등은 자립적으로 사용되지 않는 형태들이지만 '깨끗은 하다, 씩씩도 하다'처럼 분리하여 사용되기도 하므로 복합어로 볼 수 있다. '딱하다, 착하다'들은 분리하여 사용하지 않으나 앞과 같은 구조로 보아 복합어로 처리하는 것이 타당하다.

이 때 '깨끗하다'의 '하-'가 어근이냐 접사냐 하는 것이 문제가 된다. 어근이면 합성어이고 접사이면 파생어가 된다. 이런 점에서 어근과 접사에 대한 판별 기준을 확실하게 할 필요가 있다. '하-'는 '우리말본' (pp.673~674)에서 '이름씨를 움직씨 또는 그림씨로 만드는 뒷가지(파생어)'라고 했는데, '일하다, 나무하다, 고요하다, 착실하다' 등은 합성어로 볼 수 있겠으나 접미사로 풀이함이 편리하다고 생각하여 그리했다고 하고 있다.

'일하다, 나무하다'처럼 명사와 결합한 '하다'는 의미에 변화가 없을 뿐더러 독립성을 상실하지 않아 의존적으로도 바뀌지 않으므로 접미사가 되어야 할 근거가 약하다. '하다'는 동사로서 단독적으로 사용이 가능하고 의미적, 기능적 변화가 없으므로 그대로 접사로 쓰일 수는 없다. 따라서 명사 '일, 나무'와 동사 '하다'의 결합은 합성어이다.

'늦벼, 알몸, 돋보다, 어머님, 1원꼴, 진실로' 같은 단어에서 '늦, 알,

돈, 님, 꼴, 로'를 접사로 처리하기도 하고, '늦, 돋'은 동사의 어근, '알, 님, 꼴'은 명사, '로'는 조사로 처리하기도 한다(최현배, 1978: 661~669, 고영근, 1973, 서병국, 1975). 이들 형태를 의존성에 치중하면 접사에 접근되고 분포나 의미성에 치중하면 어근에 접근한다. '늦, 알, 돋, 꼴'은 동사의 어근이거나 명사로써, 의미의 변화가 없고 접사의 특성인 문법적인 기능의 변화도 없다. '님'은 존대의 의미로 변하고 의존적으로 쓰여 명사 뒤에 결합하므로 접사라고 할 수 있고, '로'도 본디 처소, 방향, 도구 등의 의미를 가진 조사이나 '진실로, 절대로'에서 보듯 부사를 만드는 접사 구실을 하고 있다. 이렇듯 복합어에서는 단어 내부 구조를 어떻게 규정하느냐에 따라 파생어와 복합어가 결정된다. 그러므로 접사인지 어근인지를 구분하는 기준을 세울 필요가 있다.

또 어미와 접사 사이에서도 어디에 포함시켜야 할지 분명히 해야 할 단어들도 있다. '쓰기, 말하기, 읽기, 듣기' 같은 단어들은 동사에 명사형 어미가 결합한 형태이므로 지난 시기에는 사전에 표제어로 올리지 않았었다. 그런데 같은 단어의 같은 형태인 '-기'를 지금은 명사화 접사로 보아 이 단어들을 사전에까지 올려놓았다. 어떻게 '어미'가 시대에 따라 '접사'가 될 수 있는가? '-기'가 어떤 경우에 명사형 어미이고 어떤 경우에 명사화 접사인지 판정 기준은 무엇인가? 이런 문제를 해결하지 않고 파생어와 합성어를 판정하기는 불가능하다. '-기'는 어디까지나 어미이므로 어미와 접사 사이에서 이리저리 융통성을 발휘하는 것은 아니다. 한 가지 생각해 볼 수 있는 것은 이 어미 '-기'가 결합한 '쓰기' 같은 어휘들이 오랫동안 사용하는 가운데 명사로 굳어졌다고 보는 주장이다. 이때는 '-기'를 접사로밖에 볼 수 없다. 그렇다면 어미 '-기'가 접사로 된 까닭을 설명할 방도가 없다. 또 한 가지 방법은 '쓰기' 다음에 명사화 접미사가 결합되었다는 이론적인 주장이다. 접사가 실제 결합되어 있는 것이 아니고 다만 이론상으로만 붙어 있다고 보는 것이다. 이런 접사를 '영 파생 접사'라고 할 수 있다. 현시적인 접사가 없더라도 이 영 파생 개념을 적용하면 현시적인 접사가 없이 품사가 바뀐 경우에 대한 설명이 가능해 지므로 매우 유용하다. 명사와 부사의 품사를 아울러 가진 '밤낮'은 '밤'과 '낮'의 두 명사가 결합한 합성어이다. 국어 합성어의 품사는 합성 성분 중 후위 성분의 품사를 따른다. 그러므로 '밤낮'은 명사이어야 한다. 그런데 '밤과 낮'이란 의미일 때는 명사이고, '항상'이란 의미일 때는 부사이다. 단어의 문법 범주를 바꾸는 기능은 접미사가 한다. 그러므로 '밤낮'이 부사가 되는 것은 부사화 접미사의 작용이라고 볼 수 있다. 어근의 품사가 무엇이든 간에 접미사와 결합하면 그 접미사가 지배하는 품사가 된다. 명사 '밤낮'이 부사 '밤낮'으로 되는 것도 부사화 영 파생 접미사가 결합되어 이루어진 것으로 볼 수 있다(이석주, 1989:55).

'장난꾸러기'는 명사 '장난'에 명사를 만드는 접미사 '-꾸러기'가 붙은 것이고, '꽃답다'는 명사 '꽃'에 형용사를 만드는 접미사 '-답다'가 붙은 것이고, '먹이'는 동사 어근에 명사를 만드는 접미사 '-이'가 붙은 것이고, '쓸쓸히'는 형용사 어근에 부사를 만드는 접미사 '-히'가 붙은 것이다. 어근의 품사와 같은 품사를 지배하는 접미사가 붙으면 단어 품사는 어근의 품사와 같게 되고, 어근의 품사와 다른 품사를 지배하는 접미사가 붙으면 단어 품사는 어근의 품사와 다르게 된다. 그러니 접미사를 앞 성분의 품사를 변하게 하는 접사와 품사를 변하게 하지 않는 접사로 구분할 수는 없다.

단어 가운데 어근 하나로 이루어진 것을 단일어, 어근 하나에 접사가 붙은 것은 파생어, 어근 두 개 이상으로 이루어진 것을 합성어라 하고, 단어를 형태 결합 구조상 단일어와 복합어로 나누고 복합어는 다시 파생어와 합성어로 구분할 경우 더욱 근본적인 문제가 발생한다. 예를 들어 단어 '네눈이'는 '네(어근)+눈(어근)+이(접사)'의 구조로 되어 있으므로 어근 하나에 접사가 붙은 '파생어'가 아니다. 또한 어근 두 개 이상으로 이루어진 '합성어'도 아니다. '된(접사)+장(어근)+찌(어근)+개(접사)'의 구조로 된 '된장찌개'도 마찬가지이다. 이밖에 '놀음놀이', '먹이사슬', '말놀음질하다' 등도 소속이 없게 된다. 이를 분명히 하기 위해서는 다음과 같은 분류가 합리적이다.

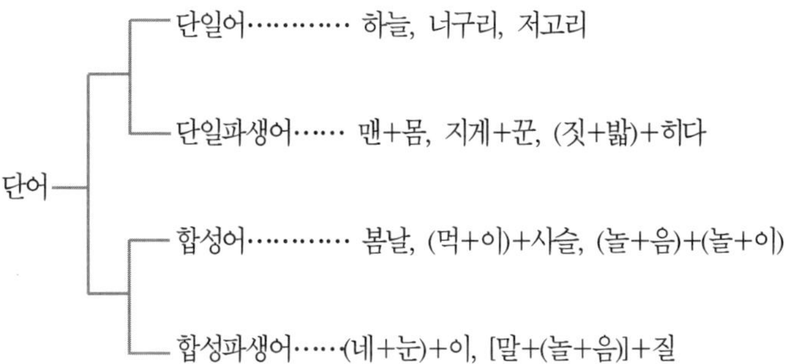

단일어는 하나의 어근으로 이루어진 단어이고, 단일파생어는 하나의 어근에 접사가 붙어 이루어진 단어이다. 합성어는 두 개 이상의 어근으로 이루어지되 접사가 있을 경우 직접구성성분 분석을 할 때, 제1차 성분분석에서 후위 구성성분 안에서 어근과 결합되어 있는 단어이고, 합성파생어는 두 개 이상의 어근과 접사가 결합되어 있되 직접구성성분 분

석을 할 때, 제1차 성분분석에서 하나의 구성성분이 접사인 단어이다.

3.2.4.2 단어 형성법

1) 합성법(Compounds)

합성어는 두 개의 직접 구성 성분이 각각 어근을 포함하고 있는 단어이다. 보통 두 개 또는 그 이상의 단어가 결합하여 이루어진다. 언어에서 둘 이상의 형태가 결합하여 이루어진 모든 구성 즉 문장, 성분, 단어 등은 이분법으로 분석된다.

'집안'은 '집+안'으로 구성되어 있고 '장국밥'은 어근이 3개이지만 '(장+국)+밥'으로 구성되어 있다. '동서남북'은 네 단어가 같은 비중으로 결합되어 있어서 2분법으로 분석할 수 없다. 그런데 이 단어를 사용하는 양상을 보면 '동'과 '서', '남'과 '북'의 사이보다 '동서'와 '남북'의 사이에 더 긴 휴지를 두어 '(동+서)+(남+북)'으로 인식한다. 이는 언중들이 2분법으로 언어의 구조를 분석하려는 의식이 있기 때문이다.

합성법에 따라 형성된 단어 즉 합성어는 합성어의 각 성분의 의미가 전체 의미에 어느 정도 포함되어 있으나 많은 경우 그렇지 않은 것이 있다.

'큰손'은 '어떤 상황에서 커다란 영향을 미치는 사람'을 가리키고, '오리발'은 '물갈퀴'를 가리키기도 하나 보통 '엉뚱하게 딴전을 부리는 태도'를 속되게 이르는 말이다. 그러므로 합성어의 의미의 대부분은 단일어를 습득하듯이 배우게 된다. '찬밥', '흰떡', '큰집', '돌아가다', '검푸르다'들도 부분의 의미가 전체의 의미가 아니다. 합성어는 후위 성분의 품사가 그 단어의 품사가 된다.

합성어는 구성 성분 간의 의미 합성 방식에 따라 통사론적 구성인 합성어와 형태론적 구성인 합성어로 나타난다. 통사론적 합성어는 구성 성분 상호간의 관계가 통사론적 구성과 같다. 의미상 '등불'은 '등'이 '불'을 꾸미고 있으므로 '수식 구성'과 같고 이런 점에서 '콧물, 좁쌀, 여남은, 까막까치, 사흗날, 쇠고기' 등은 음의 첨가, 탈락 또는 변동이 나타나지만 수식 구성이고 '쥘손, 디딜방아, 아닌밤중'도 같은 구성이다.

'개돼지'는 '개와 돼지'의 구성이므로 등위 구성과 같고, '생각하다' 는 '생각을 하다'의 구성이므로 목술 구성과 같다. '콧물, 좁쌀, 여남은, 까막까치, 사흗날, 쇠고기' 등은 음의 첨가, 탈락 또는 변동이 나타나지 만 수식 구성이므로 통사론적 구성이고, '쥘손, 디딜방아, 아닌밤중'도 수식 구성이므로 통사론적 구성이다. '너도밤나무'가 '너도 밤나무이다' 에서 역성법에 의해 만들어진 명사라면 통사론적 합성어이고 어원적으 로는 주술 구성으로 보아야 한다. 주술 구성은 단어화하지 않는다는 것 이 일반적인 주장이다. 주술 구성이 단어화한다면 문 구조의 의미 나아 가서는 구조화의 의미를 잃는 것이 되므로 문 구조가 보존되는 것은 형 태론과 통어론의 영역이 조화되고 있음을 보이는 것이다.[4] 따라서 '너 도밤나무'는 예외적인 생성 과정을 통하여 나온 합성어로 볼 수 있다.

'가로막다'는 '가로 막다'의 구성이므로 수식 구성(부용 구성)이고, '눈 멀다'는 '(누가) 눈이 멀다'의 구성이므로 보술 구성이다. 합성어의 성분 간 연결 관계 가운데 문장의 연결 관계와 같은 구성이 있는데 이를 통 사론적 구성이라고 한다. 또한 형태론적 합성어는 구성성분 상호간의 관 계가 형태론적 구성과 같다. '엉덩춤'은 '엉덩'이라는 의존 형태인 어근

---

4) 이런 주장은 유목상(1976) 및 E. O. Selkirk(1982: p.34, p.128 fn. 13) 참조.

과 체언 '춤'이 형태론적으로 결합된 합성어이다. '늦더위, 흔들의자, 뾰족구두, 어둑새벽, 오르내리다'도 마찬가지이다. '풀쳐생각, 비켜덩이, 나란히꼴, 어찌씨' 등은 '부사어와 체언의 결합 형태인데 국어의 통사론적 구성에서는 이런 결합 구조가 출현하지 않으므로 형태론적 합성어이다. '마구잡이, 두루치기, 바로꽂이'는 부사어와 체언의 결합 형태처럼 보이므로 앞의 '풀쳐생각'과 같은 구성으로 보이나 이들 사이에는 엄연한 차이가 있다. '풀쳐생각'의 후행 성분은 명사인데 '마구잡이'류는 후행 성분이 파생명사이다. 이'마구잡이'류들을 생성적 과정에 따라 파악해 보면, '마구잡이'는 '마구+잡다'라는 통어론적 관계를 전제 조건으로 하며 '잡이'는 단독으로 체언화한 것이 아니고 합성 전사(合成前詞)인 '마구'와 구조 관계를 지니는 가운데 체언화한 합성 후사(合成後詞)이다. 접미사는 뒷부분(합성 후사) 안의 내부 변화에서 검출되는 것이므로 이들은 통사론적 합성어이다. 합성법으로 만들어지는 신조어가 단어 형성법 가운데 가장 생산적이다

2) 파생법(Derivatives)

파생어는 일반적으로 어근에 접사가 붙어서 만들어진다. 국어에는 어근 앞에 붙는 접두사와 어근 뒤에 붙는 접미사가 있다. 그런데 '앉은뱅이, 넘어뜨리다, 살랑거리다, 꾸물대다'처럼 어미 다음에 붙는 경우도 있다. 이는 접사가 어원적으로 어근이었기 때문에 남아 있는 자취라고 할 수 있다. 용언에 붙는 피동 접미사이나 사동 접미사는 문장의 통사 구조를 바꾸므로 통사적 접사(統辭的 接辭, syntactic affix)라 하고 어근에 의미만 첨가하는 접사를 어휘적 접사(語彙的 接辭, lexical affix)라 한다.

184

파생 접사는 두 개 이상의 단어에 출현하여야 하는 것이 원칙이다. 그런데 어떤 것은 한 군데에만 나타나는 접사가 있다. '배꼽, 대머리'에서 '배, 머리'가 어근인 것은 틀림없다. '-꼽, 대-'는 다른 데에는 출현하지 않는 형태이므로 접사로 인정하기가 곤란하기는 하다. 접사로 나나 있는 예가 없지만 어근에 의미를 첨가하는 기능을 하므로, 이런 경우에는 오직 한 단어에만 붙는 접사로 처리 하는 것이 합리적이다.

'깜박이'(자동차 방향 지시등), '믿기다'(믿겨지지 않는다) '맑히다'(한강물 맑히기 운동) 등은 근래 만들어진 파생어이다.

3) 생략법(Abbreviations)

단어나 구의 생략형이 어휘화하기도 한다. 단어나 구가 길거나 발음하기 불편한 경우 형태의 일부 생략하여 사용하는 방법인데 합성어의 전후 성분에서 한 음절씩을 따서 합한 형태로 나타나기도 한다.

> (71) ㄱ. 아침 밥 → 아침
>
> ㄴ. 머리카락 → 머리
>
> ㄷ. 콧물 → 코
>
> ㄹ. 동아시아 → 동아
>
> ㅁ. 민주자유당 → 민자당
>
> ㅂ. 민주공화당 → 공화당
>
> ㅅ. 대한민국 → 한국
>
> ㅇ. 전기 축음기 → 전축
>
> ㅈ. 전자 계산 → 전산
>
> ㅊ. 바겐 세일 → 세일
>
> ㅋ. 피고인 → 피고

ㅌ. 종합 부동산세 → 종부세

생략법은 한자어 합성에서는 구성 성분에서 각각 첫음절씩을 따서 만들고 고유어 합성에서는 주로 후위 성분을 잘라버리고 구 형태(句形態)에서는 각각 첫음절을 따서 결합한다. 그런데 구성 성분 첫음절로 결합했을 때, 결합된 의미가 불분명하거나(예:전자 계산→전계), 의미가 부적절하면(예: 민주공화당→민공당, 북한의 '인민공화국'을 줄여서 '인공'이라고 하는 말과 유사함) 끝 글자를 취합한다. 이 생략법은 구성 성분의 첫 문자를 취합하여 한 단어처럼 사용되는 형태를 만드는 두문자 취합어(頭文字聚合語, Acronym)와 유사하다.

> (72) ㄱ. NATO ← North Atlantic Treaty Organization
>
> ㄴ. UNESCO ← United Nations Educational, Scientific and Cultural Organization
>
> ㄷ. radar ← radio detecting and ranging
>
> ㄹ. scuba ← self-contained underwater breathing apparatus

이것들은 단어처럼 발음한다. 그런데 'U.S.A., UN'은 낱글자로 발음하는데 대개 3글자까지는 낱글자로 발음하고 4글자가 넘으면 단어처럼 발음한다. 그런데 국어에서는 영어 같은 언어와는 달라서 두문자어(頭文字語)가 아닌 두음절어(頭音節語)만이 가능하다.

4) 고유명사에서 온 단어(Words from Names)

개인이나 장소의 이름 등 고유 명사를 일반화하여 보통 명사·동사

형용사 등으로 사용하기도 한다.

  (73) ㄱ. 샌드위치(Sandwich 백작 4세) → 음식 이름

       ㄴ. 로봇(Robot, 체코 작가 Karel Capek의 희곡에 나오는 기계 인간)

          → 기계 인간

       ㄷ. 점보(Jumbo, 아프리카에서 미국으로 가져온 거대한 코끼리 이름)

          → 거대한

       ㄹ. 데님(denim ← de Nimes, 프랑스 남부 도시 Nimes에서 수입된 천)

          → 능직(綾織)의 면직물

근래에는 상품 이름에서 보통 명사화하는 것들이 많다.

  (74) ㄱ. 클리넥스(kleenex) → 화장지

       ㄴ. 제록스(Xerox) → 복사, 복사하다

       ㄷ. 미원(味元) → 조미료

       ㄹ. 안성맞춤(安城-) → 조건이나 상황이 어떤 일에 딱 들어맞음

5) 차용법(Borrowings)

필요한 단어를 외국어에서 빌려 사용하는 것인데, 차용 방법에는 음 차용법, 의미 차용법, 소리와 의미 차용법 등이 있다.

  (75) ㄱ. 음 차용 : 택시(← taxi), 컴퓨터(← computer), 골프(← golf)

       ㄴ. 의미 차용 : 축구(← football), 사사구(死四球 ← four ball)

       ㄷ. 소리와 의미 차용 : 낙희(樂喜 ← luky),

              상항(桑港 ← San Francisco)

6) 역성법(逆成法, Back-formations)

역성은 기존 어휘에서 접사라고 생각되는 부분을 제거하여 새 단어를 만드는 방법이다. 명사 'editor'에서 '-or'를 사람을 가리키는 접사로 잘못 분석하여 'edit'를 동사로 사용하고 마찬가지로 'peddler'도 끝 부분 'er'도 접사로 보아서 'peddle'을 동사로 사용한다. 'pease'를 복수로 보아 단수 'pea'를 만들고 'inept'를 부정으로 보아 긍정 'ept'를 사용한다. 이들이 역성법의 예들이다. 'bikini'의 'bi'를 '둘'을 의미하는 형태로 잘못 알고 토플리스 수영복을 'monokini'라고 하기도 한다. 이들은 형태소 분석을 잘못하여 나타나는 현상인데 오분석(誤分析)이라고도 한다.

국어에는 '플 → 파리', '낛 → 낙시'처럼 주격 조사 '이'가 결합하여 한 형태로 된 것들이 있고 '쌔혀다 → 쌔혀', '뻥 튀기다 → 뻥튀기'처럼 어미를 제거한 형태가 있다. 부사어 '쌔혀'는 부사형 어미 '어'와의 유사성 때문에 명사 '뻥튀기'는 명사화 접사 '-기'와의 유사성 때문에 나타난 결과이다.

이 밖에 단어 형성법으로 혼성법(混成法, Blends)이 있는데 혼성법은 두 단어를 각각 앞부분과 뒷부분을 떼어내어 붙여서 두 단어의 의미가 결합된 새로운 의미의 단어를 만드는 방법이다.

(76) ㄱ. smoke + fog → smog

　　　ㄴ. motor + hotel → motel

　　　ㄷ. potato + tomato → pomato

　　　ㄹ. computer +utopia → computopia

　　　ㅁ. Korean + american → Komerican

　　　ㅂ. urine + analysis → urinalysis

국어에서는 예들을 들고 있다.

(77) ㄱ. 배우다 + 가르쳐주다 → 배워주다

ㄴ. 거러지, 거지 + 비렁이 출판사이

ㄷ. 거러지, 거지 + 비렁뱅이 → 거렁뱅이

ㄹ. 개가(改嫁) + 후살이 → 개살이

ㅁ. 잎담배 + 엽초(葉草) → 잎초

ㅂ. 막걸리 + 탁배기 → 막배기

ㅅ. 양말 + 발 → 양발

이것들은 비슷한 의미를 가진 두 단어가 혼성법의 방식으로 결합되어 유사한 의미의 단어를 만들었다. 국어에 나타나는 이 방식은 새 의미를 생성하는 것이 아니고 유사한 의미를 지닌 두 단어를 서로 혼동하여 오류의 결과로 나타난 결합 것이므로 이들은 틀린 단어이다. 이런 점에서 국어에는 혼성법에 의한 단어 형성이 나타나지 않는다.

3.2.4.3 형태소

형태소(形態素, morpheme)는 의미를 지닌 가장 작은 언어 단위이다. 여기서 의미란 실사(實辭)의 의미인 어휘적 의미와 조사, 어미 그리고 파생 접사를 포함한 문법적 의미를 포함한다. 어휘적 의미를 지닌 형태소를 실질형태소라 하고, 문법적 의미를 지닌 형태소를 형식 형태소라 한다. 형태소는 문법 단위 중에서 최소의 단위이다.

그런데 실제로 문장이나 단어에서 형태소를 분석하는 것이 쉽지만은 않다.

(78) ㄱ. 장마가 끝나고 더 더워졌구나.
　　　ㄴ. 해바라기 꽃이 많이 피어 기쁩니다.

'장마'는 본디 '마'에 접두사로 붙은 것이어서 두 개의 형태소이다. 그런데 지금은 '마'가 소멸되어 쓰이지 않으니 구태여 두 형태소로 볼 수 없으므로 하나의 형태소로 보아야 한다. '해바라기'는 '해+바라기' 구성인데 '바라기'는 '바라+기'의 구성일 것이나, 현재는 '바라다'라는 형태가 없어졌다. '열매'도 '열+매', '엶+애' 또는 '열매' 사이에서 망설이게 만든다. '기쁘-'의 구성은 는 '깃그+브-'이다. '깃그-'도 '마'와 마찬가지로 중세국어에서는 사용되었으나 현재는 쓰이지 않는다. 따라서 '기쁘-'도 단일 형태소로 간주하는 것이 좋다. '기쁩니다'의 '-ㅂ(습)-'은 겸양 어미로, '합지요', '맞습디다'처럼 후행 어미가 교체된다. 또한 '-니-'는 홀로 쓰이지 않고 항상 '-습니-'로만 쓰인다. '-ㅂ(습)니-'는 '합니까', '맞습니다'처럼 종결 어미가 교체한다. 이런 면에서 '-ㅂ(습)-', '-니-'. '-다'는 각각 형태소이나, 일반적으로는 '-니다'와 '-니까'를 한 형태소로 인식하고 있으며 나아가 '-ㅂ(습)니다', '-ㅂ(습)니까'까지도 한 형태소로 느끼고 있는 사람들이 많다. 이 까닭은 이들 형태가 주로 한 단위로 합해진 형태로 자주 쓰이기 때문이다. 따라서 이들을 한 형태소로도 볼 수도 있다.

형태소를 분석할 때, 어원적 형태로부터 음운적인 변화가 심하여 어원적 형태와의 유연성을 상실하였거나, 어원적 형태가 소멸되어 현재 존재하지 않고 의미적 분석이 불가능한 경우에는 단일 형태소로 규정하는 것이 타당하다.

지금까지 설명한 내용에서 알 수 있듯이 '국어문법'에도 변화가 보

190

인다. 시간이 흐름에 따라 현재의 국어현상과 차이가 나타나기 때문이
다. 문법교육이 현실과 괴리되지 않게 하기 위해서는 필요한 경우 변화
를 받아들여야 한다.

참고 문헌

고영근(1973), 현대국어의 접미사에 대한 구조적 연구(Ⅰ,Ⅱ,Ⅲ,Ⅳ), 서울대논문집
　　　(인문사회과학) 제18집.

김상대(2001), 국어 문법의 대안적 접근. 국학자료원.

민현식(2006), 사범대학 문법 교육과정의 구성과 문법 교육의 개선에 대한 연구,
　　　국어 교육연구17, 서울대 국어교육연구소

박갑수·이주행·이석주(1990), 신문 기사의 문체, 한국언론연구원.

박갑수(2005), 국어 교육과 한국어 교육의 성찰, 서울대출판부.

박영순(1998), 한국어 문법 교육론, 박이정.

왕문용·민현식(1993), 국어 문법론의 이해, 개문사.

이관규(1999), 학교 문법론, 월인.

이관규(2005), 국어 교육을 위한 국어 문법론, 집문당.

이석주(1989), 국어 형태론, 한샘.

이석주·이주행(2007), 한국어학 개론(신정판), 보고사.

이주행(2006), 한국어 문법, 월인출판사.

정길남(2003), 국어 오류 분석, 한국문화사.

주세형(2006), 문법 교육론과 국어학적 지식의 지평 확장, 역락.

최현배(1978), 우리말본, 정음사.

한국어교육학회(2005), 국어 교육론2, 한국문화사.

Thornbury, S.(1999)/이관규 외 역(2004), 문법을 어떻게 가르칠 것인가? 한국문화사.

제 4 장

사회언어학과 문법 교육

> ✔ 누구든지 일정한 언어로 의사소통을 잘하려면 무엇보다도 먼저 그 언어의 문법을 익혀야 한다. 사회언어학은 의사소통을 하는 데 대단히 유용한 지식을 제공하여 주기 때문에 효과적인 문법 교육을 하려면 반드시 이 분야에 관한 지식을 활용하여야 한다. 이 장에서는 사회언어학이란 무엇이며, 한국의 사회 변인별 언어의 특성과 사회언어학을 고려한 한국어 문법 교육의 방안에 대해서 살펴보기로 한다.

4.1 사회언어학이란 무엇인가

사회언어학이란 언어를 사회적 변인—사회 계층, 세대, 성, 종교, 인종, 언어 상황 등—과 관련지어 연구하는 응용언어학의 한 분야이다. 즉 이것은 사회적 변인에 따라 동일한 사실을 언어로 표현하는 방법이 달라지게 되는 상황을 연구하는 것이다. 언어 구조와 사회 구조를 상호 연관시켜서 언어의 의미를 사회적 맥락에서 파악하고, 순수언어학에서 설명할 수 없는 언어 현상을 설명할 수 있는 이론을 모색하는 학문이다. 그래서 사회언어학은 실용언어학의 일종이기도 하다.

변형생성문법론자들은 동질적인 언어 사회에서 이상적인 화자(ideal speaker)가 두뇌에 지니고 있는 언어 능력(言語能力, linguistic competence)을 중시하지만 구체적인 상황에서 실제로 언어를 사용하는 행위 즉 언어 수행(言語遂行, linguistic performance)을 중시하지 않는다. 그러나 사회언어학 자들은 언어 능력보다 언어 수행 혹은 의사소통 능력(意思疏通能力, comm-unicative competence)[1]을 중시한다.

사회언어학의 연구 목표는 언어와 사회의 공동 변이(co-variance)를 찾아 기술하고, 언어 수행 이론을 수립하는 데 있다. 대화 정황(speech event)에서 대화 참여자들 간의 사회적 관계에 따라 언어가 다르게 실현되기 때문에 언어 구사는 쉽지 않은 것이다. 우리는 조부모, 부모, 형제, 친구, 상사, 부하 등에게 각각 다르게 말한다. 다른 사람 특히 낯선 사람이 대화에 끼어들면 대화 패턴이 일반적으로 변하게 된다. 이와 같이 듣는 사람이 누구냐에 따라 말이 달라진다.

각 언어는 많은 변이형(variety) 속에 존재하며, 어떤 의미에서 언어는 변이형들의 총계임을 뜻한다(Wardhaugh, 1998 : 21). 변이형이란 이용 가능한 공시적 기술의 기법으로 분석되는 아주 동질적이며, 모든 형식적인 의사소통 맥락의 기능에 넓은 의미 영역으로 요소와 요소의 배열 또는 과정의 광범위한 목록을 가진 인간 발화 유형—음성, 단어, 문법적 특징 등—의 집합체를 뜻한다(Ferguson, 1971 : 30). 우리가 사회적 변이형의 연구에 사용되는 다양한 과정을 확실하게 이해하려면 적어도 지역방언학

---

1) Hymes(1972 : 277)에서는 의사소통 능력이란 언제 말하여야 하고 언제 말하지 않아야 하는지, 누구와, 언제, 어디서, 어떤 방식으로 말하여야 하는지를 아는 능력이라고 한다.

194

(regional dialectology)에 대한 연구를 먼저 이해하여야 한다. 언어의 사회적 변이형에 대한 연구는 지역적 변이형에 대한 연구에서 비롯된다. 그런데 대부분의 사람은 발화에 영향을 끼치는 것이 출신 지역일 뿐만 아니라 사회적·문화적 배경, 나이, 성별, 인종, 직업, 집단 충실도(group loyalty) 등이라는 것을 알기 때문에 지리적 기원에만 의존하는 전통적 편견은 심각한 문제를 야기한다.

사회언어학은 연구 대상과 방법에 따라 거시사회언어학(巨視社會言語學, macro-sociolinguistics)과 미시사회언어학(微視社會言語學, micro-sociolinguistics)으로 나뉜다. 거시사회언어학은 모든 언어학적인 현상을 국가적 차원에서 보는 사회언어학의 한 분야이다. 이것은 여러 언어가 존재하는 국가에서 어떤 언어 정책을 수립하느냐 하는 문제나, 단일 언어 국가에서 지역별·연령별·성별·사회계층별로 언어가 어떻게 다르냐 하는 것을 고찰한다. 미시사회언어학은 언어의 사회적·문화적 의미를 규명하는 데 목적이 있는 사회언어학의 한 분야이다. 미시사회언어학에서는 같은 의미를 나타내는 말이라고 하더라도 말이 행하여지는 때와 장소, 청자와의 관계에 따라 어떻게 달라지는지에 대해서 고찰한다.

4.2 한국 사회 변인별 언어의 특성

사회 변인에는 사회 계층·성·연령·종교·인종 등이 있는데 이 글에서는 사회 변인들 중에서 종교를 제외한 나머지 사회 변인별 언어 특성에 대해서 살펴보기로 한다.

4.2.1 사회 계층과 언어

어느 나라든지 다양한 사회 계층(social stratification)이 있다. 사회 계층이란 일정한 사회에서 전체 구성원이 불평등함을 반영하는 집단 간의 층위 구조를 뜻한다. 사회 구성원 간의 불평등함은 소득, 직업, 경제적·사회적 권력에 대한 접근 가능성 등에 기초한다. 이러한 요소들은 복잡한 방식으로 상호 작용한다. 사회 계층은 경제적·사회적·정치적 관계에 의해 구조화되는 계급(class)의 형태를 보인다. 언어는 계급적 차이를 반영하고 이것을 강화하기도 한다. 대부분의 화자는 상위 혹은 하위 계급의 언어를 모두 사용하지만, 이들을 구분하는 것은 사용상의 빈도이다.

사회학자와 사회언어학자에 따라 사회 계층을 분류하는 기준은 일정하지 않다. 사회 계층의 분류 준거로 Labov(1966)에서는 학력·직업·수입 등을, Warnner(1967)에서는 교육·거주지·수입·가족 배경 등을, Trudgill(1974)에서는 직업·학력·수입·주택의 양식·거주지·부친의 직업 등을 들고 있다. Shuy, Wolfram and Riley(1968)에서는 거주지·학력·직업 등을, 김영모(1982)에서는 재산·학력·직업·수입·가문·인격 등을 사회 계층의 준거로 제시하고 있다. Wolfram & Fasold(1974 : 44)에서는 단순한 경제적 요인에 의한 측정보다 사회적 요인—교회 신도·여가 활동·지역 사회 조직—에 따른 것이 더욱 직접적으로 사회 계층에 연관된다고 한다. 인간은 환경의 영향을 받는 존재이므로 거주지·가족 배경·가문 등도 사회 계층을 분류하는 데 중요한 준거가 된다.

한국의 사회 계층별 언어 실현 양상을 음운·어휘·문장·담화 등으로 나누어 간략히 살펴보기로 한다.

음운 어두 평음을 경음으로 ―'생선[생선]'을 [쌩선]으로, '좀[좀]'을 [쫌]으로, '새롭다[새롭따]'를 [쌔롭따]로, '좁다[좁따]'를 [쫍따]로―발음하는 현상을 어두 경음화 현상(語頭硬音化現象)이라고 한다. 이러한 현상은 한국의 모든 사회 계층에서 찾아볼 수 있다. 이주행(1999)에서는 어두 평음을 경음으로 발음하는 비율은 상류 계층 25%, 중상류 계층 33.3%, 중중류 계층 33.3%, 중하류 계층 66.7%, 하상류 계층 50%, 하중류 계층 33.3%, 하하류 계층 33.3%라고 한다. 중하류 계층에 속하는 사람이 다른 계층에 속하는 사람에 비하여 어두 평음을 경음으로 발음하는 사람이 가장 많다. 피어슨(Pearson)의 검정 통계량 x^2=6.089이고, 자유도(df)는 6이며, p-값은 0.413으로 검정 결과 한국 사회 계층 간에 어두 경음화 현상은 별로 유의미한 차이가 없는 것으로 보인다. 그런데 오늘날 20대 이하의 젊은이와 어린이 가운데 상당수가 어두 평음을 경음으로 발음한다. 언어 변화를 주도하는 하중류 계층과 20대 이하 세대가 어두 평음을 경음으로 발음하는 현상을 통해 볼 때 어두 경음화 현상은 날이 갈수록 모든 사회 계층에 걸쳐 보편화되어 갈 것이다. 어두 경음화 현상이 강세를 보이는 것은 초등 학교·중학교·고등 학교 등에서 한국어 발음 교육을 소홀히 하고, 오늘날 대한민국의 사회가 그만큼 삭막하기 때문이다.

'가려고[가려고]' → [갈려고]/[갈려구]로, '배부르다[배부르다]' → [배불르다]로, '모르지[모르지]' → [몰르지], '하려고[하려고]' → [할려구] 등과 같이 'ㄹ'음을 첨가하여 발음하는 현상은 상류 계층 16.7%, 상중류 계층 25.0%, 중중류 계층 33.3%, 하중류 계층 75%, 상하류 계층 58.3%, 중하류 계층 41.7%, 하하류 계층 41.7% 등의 비율을 보인다. 이 현상은 대한민국의 사회 계층 중에서 하중류 계층에서 가장 많이 실현된다. 피어슨 검정 통계량 x^2=11.657, 자유도=6, P-값=0.070으로 검정 결과 '르'음 첨가 현상은 한국 사회 계층 간에 어느 정도 유의미한 차이가 있는 것으로 보인다. 이 현상은 오늘날 한국어 음운 규칙에 어긋나는 것이지만, 언어 변화의 흐름선상에서 볼 때 앞으로 보편적인 현상으로 굳어질 가능성이 있다.

연음 법칙(連音法則)에 따라 '꽃에'를 '[꼬체]'로, '꽃을'을 '[꼬츨]'로, '꽃이'를 '[꼬치]'로, '끝을'을 [끄틀]로, '부엌에'를 [부어케]로, '무릎이'를 [무르피]로 발음하지 않고, '꽃에'→[꼬세], '꽃을'→ [꼬슬], '꽃이'→[꼬시], '끝을'→[끄슬], '부엌에'→[부어게], '무릎이'→[무르비] 등과 같이 연음 법칙에 어긋나게 발음하는 사회 계층별 비율은 상류 계층 25%, 상중류 계층 33.3%, 중중류 계층 41.7%, 하중류 계층 83.3%, 상하류 계층 66.7%, 중하류 계층 50%, 하하류 계층 41.7%이다. 연음 법칙에 어긋나게 가장 많이 발음하는 계층은 하중류 계층이다. 피어슨의 검정 통계량 x^2=11.626, 자유도=6, p-값=0.071로 검정 결과 사회 계층 간에 유의미한 차이가 어느 정도 유의미한 차이가 있는 것으로 보인다. 연음 법칙에 어긋나게 발음하는 현상은 근대 한국어에서 7종성 법칙에 따라 발음하던 전통이 현대 하중류 계층에서 간이화 욕구로 말미암아 되살아나고 있음을 엿볼 수 있다. 그리고 모든 사회 계층에 걸쳐 연음 법칙에 어긋나게 발음하는 이가 골고루 분포하는 요인은 초등 학교·중학교·고등 학교 등에서 한국어 음운 규칙에 관한 교육을 실제 언어 생활과 관련지어 철저하게 실시하지 않고, 한국어 발음을 정확히 발음하려는 의식이 결여되어 있으며, 되도록 좀 더 쉽게 발음하고자 하는 데서 찾아볼 수 있을 것이다.

'손잡이[손자비] →[손재비]', '고기[고기] →[괴기]', '먹이대[머기대] → [메기대]', '창피하대[창피하대] →[챙피하대]' 등과 같이 움라우트(Umlaut) 현상에 따라 발음하는 비율은 상류 계층 16.7%, 상중류 계층 25.0%, 중중류 계층 25.0%, 하중류 계층 41.7%, 상하류 계층 58.3%, 중하류 계층 75.0%, 하하류 계층 83.3%이다. 대한민국의 사회 계층 중에서 움라우트 현상에 따라 발음하는 이가 가장 많은 사회 계층은 하하류 계층이다. 이 현상은 상류 계층에서 하류 계층에 이를수록 많이 나타난다. 피어슨의 검정 통계량 x^2=20.007, 자유도=6, p-값= 0.003으로 움라우트 현상은 검정 결과 한국 사회 계층 간에 유의미한 차이가 있음을 보인다.

앞에서 살펴본 바와 같이 한국에서 움라우트 현상을 제외하고, 어두 평음을 경음으로 발음하거나, 'ㄹ'음을 어간에 첨가하여 발음하거나, 연음 법칙에 어긋나게 발음하는 사람이 가장 많은 사회 계층은 하중류 계층이다. 이러한 사실로써 대한민국에서 한국어 음운의 변화를 주도하는 사회 계층은 하중류 계층임을 알 수 있다. 이상에서 살펴본 음운 현상 중 피어슨의 검정 결과 어두 경음화 현상을 제외하고, 'ㄹ'음 첨가 현상·연음 법칙에 어긋나게 발음하는 현상·움라우트 현상 등이 한국 사회 계층 간에 유의미한 차이를 보인다. 따라서 'ㄹ'음 첨가 현상·연음 법칙에 어긋나게 발음하는 현상·움라우트 현상 등을 화자의 사회적 지위를 짐작하게 하여 주는 사회 표지(social marker)로 간주할 수 있다.

어휘 '벌거지(벌레), 애덜(애들), 맨들어야(만들어야), 인자/인저(인제), 댕겼으니까/땡겼으니까(당겼으니까), 때려 부려(때려 버려)'[2] 등과 같은 비표준

---

2) ( )의 단어는 표준어임.

어를 사용하는 비율은 상류 계층 58.3%, 상중류 계층 66.7%, 중중류 계층 66.7%, 하중류 계층 75.0%, 상하류 계층 91.7%, 중하류 계층 100%, 하하류 계층 100%이다. 하류 계층에서 상류 계층으로 갈수록 표준어를 사용하는 비율이 높다. 이것은 학력이 높을수록 상황에 따라 코드 전환을 할 수 있는 의사소통 능력을 지니고 있음을 뒷받침하는 것이다. 피어슨의 검정 통계량 x^2=13.275, 자유도=6, p-값=0.039로 검정 결과 비표준어 사용은 한국 사회 계층 간에 유의미한 차이가 있음을 보인다. 한편 선진국에 비하여 표준어를 사용하는 비율이 사회 계층 간에 큰 차이가 없다[3]. 비표준어를 사용하는 사람의 비율이 무려 상류 계층에서 58.3%를 차지하고, 중류 계층에서 69.5%를 차지한다. 상류 계층과 중류 계층에 속하는 제보자의 출생지와 성장지가 서울과 경기도인 사람은 일반적으로 표준어를 구사하는데, 출생지와 성장지가 그 밖의 지역인 경우에는 비표준어를 구사한다. 이와 같이 표준어를 구사하여야 할 상황에서 표준어를 사용하지 못하는 것은 국민의 상당수가 초등 학교·중학교·고등 학교 등에서 표준어 교육을 철저히 받지 못하고, 대부분의 국민이 표준어의 중요성을 인식하지 않고 있기 때문이다. 표준어를 구사하여야 할 상황에서 표준어를 구사하지 못하는 것은 국민들 간의 의사소통을 통한 국가 발전의 측면에서 볼 때 매우 심각한 문제라고 할 수 있다.

'여가(餘暇)' 대신에 '레저(leisure)'를, '규칙(規則)' 대신에 '룰(rule)'을, '지도자(指導者)' 대신에 '리더(leader)'를, '이상(理想)' 대신에 '비전(vision)'

---

3) 이미 Trudgill(1974), Holmes(1992) 등에 의해 영어가 한국어인 영국·미국·호주 등지에서도 상위 계층에서 하류 계층으로 갈수록 비표준어를 더 많이 사용함이 밝혀진 바가 있다.

을, '판매(販賣)' 대신에 '세일(sale)'을, '(값을) 깎다'나 '할인하다' 대신에
'디스카운트하다'를 사용하는 것 즉 고유어나 한자어와 공존하는 외래어
를 사용하는 비율은 상류 계층 41.7%, 상중류 계층 41.7%, 중중류 계
층 50.0%, 하중류 계층 75.0%, 상하류 계층 33.3%, 중하류 계층 8.3%,
하하류 계층 0.0%이다[4]. 피어슨의 검정 통계량 x^2=20.119, 자유도=6,
p-값=0.003으로 검정 결과 고유어나 한자어와 공존하는 외래어를 사용
하는 것은 한국 사회 계층 간에 유의미한 차이가 있음을 보인다. 대한
민국의 사회 계층 중에서 하중류 계층에 속하는 사람이 고유어나 한자
어와 공존하는 외래어를 가장 많이 사용한다. 이러한 요인은 하중류 계
층에 속하는 사람이 다른 계층에 비하여 상대방이 자신을 실제보다 높
은 사회 계층에 속하는 사람으로 인식하여 주길 바라는 욕구, 언어 습관
등에서 찾아볼 수 있을 것이다. 그들은 Wardhaugh(1998 : 254)가 말한
바와 같이 자기들보다 더욱 높은 사회 계층에 속하는 사람들과 같아지
고 싶어 하는 욕구로 말미암아 고유어나 한자어와 공존하는 외래어를
의도적으로 사용하는 것이다.

외국어 어휘를 한국어에 혼용하는 비율은 상류 계층 83.3%, 상중류
계층 66.7%, 중중류 계층 50.0%, 하중류 계층 50.0%, 상하류 계층 25.0%,
중하류 계층 0%, 하하류 계층 0%이다. 피어슨의 검정 통계량 x^2=
31.244, 자유도=6, p-값=0.001로 검정 결과 외국어 어휘를 한국어에
혼용하는 것은 한국 사회 계층 간에 유의미한 차이가 있음을 보인다. 중
하류 계층과 하하류 계층은 외국어를 전혀 사용하지 않는데, 상하류 계

---

4) 제보자 중에서 '국제 통화 기금'을 사용하여야 할 화맥에서 이 단어를 사용하는 사
람은 한 명도 없었고, 제보자에 따라 '아이 엠 에프(IMF)' 혹은 '아임에프' 혹은
'아이에프'라는 단어를 사용하였다. 이것은 우리나라의 온 국민이 주체성이 없는
언어 생활을 하는 것과 대중 매체의 위력을 입증하는 사례라고 볼 수 있다.

층에서 상류 계층으로 갈수록 외국어를 사용하는 사람이 많다. 이들이 주로 사용하는 외국어는 영어이다. 기원 전 3세기경부터 19세기말까지 중국어를 아는 사람들이 모화사상(慕華思想)에 젖어 중국어 어휘를 한국어에 섞어 사용한 것과 같이 8 · 15 광복 이후 오늘날에 이르기까지 남한의 식자층은 영어를 한국어에 혼용하는 경향이 농후하다. Trudgill이 일찍이 최고의 사회 집단에서 시작하는 언어의 혁신(linguistic innovation)은 마침내 가장 낮은 사회 집단에도 영향을 끼친다고 말한 바가 있다(Trudgill, 1975 : 35). 한국어에 외국어 어휘를 함부로 섞어 사용하는 것은 한국 문화 발전에 걸림돌로 작용할 뿐만 아니라 한국인끼리 의사소통을 할 적에도 장애 요인으로 작용한다.

미래학자들은 21세기에는 문화 경쟁이 날이 갈수록 치열해지고, 민족주의가 더욱 깊게 뿌리를 내릴 것이라고 한다. 정부 당국에서는 한국인끼리 의사소통을 할 적에 외국어 어휘를 한국어에 섞어 쓰지 못하도록 계도하고, 공적인 상황에서 불필요하게 외국어 어휘를 사용하는 사람에게는 불이익이 있도록 조치를 하여야 한다.

화자(話者)는 담화(談話)를 할 적에 담화의 구성 요소들을 연결시키거나, 쉼 또는 멈칫거림을 줄이기 위하여 채움말(filler)[5]을 사용한다. 화자는 전달하고자 하는 메시지(message)에 대한 기억을 되살리기가 어렵거나, 그것을 정확하게 표현하기가 어려울 적에 채움말을 사용한다. 어떤 담화

---

5) 문효근(1983 : 11)에서는 '군소리'와 '군말'을 '머뭇거림꼴(hesitation form)'이라 하고, 이것들은 일상의 대화에서 남의 이름이나 물건의 이름을 얼른 생각해 내지 못하거나, 말하기에 난처한 입장에 있거나, 적절한 표현의 방법을 못 찾거나 그 밖에 자기의 태도를 분명히 밝히기를 싫어하거나 하는 나머지, 머뭇거리면서 내는 것을 뜻한다고 한다. 한편 문효근(1983 : 8)에서 군소리는 그 뿌리를 언어 기호에 두고 있지 않은 한갓 호흡 조절에 따르는 생리적 문제와 관계가 있는 것이라고 한다.

에서 채움말을 많이 사용할수록 그 담화의 생산은 용이해지지만, 그 담화의 질은 더욱 떨어진다. 채움말은 불안, 허위, 의심 등을 나타내는 표지(marker)가 되기도 한다. 유창한 화자일수록 채움말을 불필요하게 사용하지 않고 말을 한다. 한국 사회 계층별로 채움말을 사용하는 비율은 상류 계층 41.7%, 상중류 계층 41.7%, 중중류 계층 50.0%, 하중류 계층 58.3%, 상하류 계층 75.0%, 중하류 계층 91.7%, 하하류 계층 100.0%이다[6]. 피어슨의 검정 통계량 x^2=18.011, 자유도=6, p-값=0.006으로, 검정 결과 채움말 사용은 한국 사회 계층 간에 유의미한 차이가 없는 것으로 보인다. 그런데 상위 계층에서 하위 계층으로 갈수록 채움말을 사용하는 비율이 높은 편이다. 각 사회 계층에서 공통적으로 많이 사용하는 채움말을 살펴보면, 상류 계층과 상중류 계층에서는 '어, 저, 뭐'를, 중중류 계층에서는 '그, 어, 저, 뭐'를, 하중류 계층에서는 '그, 어, 저, 음, 인제, 그냥[7], 뭐'를, 상하류 계층에서는 '음, 어, 저, 좀/쫌, 저기, 막, 뭐'를, 중하류 계층에서는 '어, 저, 이제, 인저[8], 뭐'를, 하하류 계층에서는 '응, 음, 어, 저, 막, 글쎄, 거시기, 뭐' 등임을 알 수 있다. 모든 사회 계층에서 공통적으로 가장 많이 사용하는 채움말은 '어, 저, 뭐' 등이다.

'{미친, 나쁜, 빌어먹을} 놈, 처먹다, 지랄하다' 등과 같은 비속어를 사용하는 비율은 상류 계층 8.3%, 상중류 계층 16.7%, 중중류 계층 25.0%, 하중류 계층 33.3%, 상하류 계층 50.0%, 중하류 계층 75.0%,

---

6) 채움말의 비율은 "사회 계층별로 각 제보자가 채움말을 사용한 문장/ 각 제보자가 구사한 총 문장수 ÷ 100"로 각 제보자의 채움말 사용 비율을 산출한 뒤에 10명의 것을 합산하고 10으로 나누어 도출한 것이다.
7) 주로 여자가 '그냥'을 채움말로 사용한다.
8) '인저'는 '인제'의 비표준어임.

하하류 계층 83.3%이다. 비속어를 사용하는 사람이 가장 많은 사회 계층은 하하류 계층이다. 상류 계층에서 하류 계층으로 갈수록 저속한 언어를 구사하는 이가 많다. 하류 계층에 속하는 사람들 중에는 상황을 고려하지 않고 생각나는 대로 꾸밈없이 말하는 경향이 농후한데, 상류 계층에 속하는 사람들은 상황을 고려하여 북받치는 감정을 억제하고 말하는 경향이 농후하다. 피어슨의 검정 통계량 x^2=24.686, 자유도=6, p-값=0.001로, 검정 결과 속어 사용은 한국 사회 계층 간에 유의미한 차이가 있음을 보인다.

이제까지의 고찰을 통해서 볼 때 비표준어, 채움말, 비속어 등은 상류 계층에서 하하류 계층으로 갈수록 많이 사용함을 알 수 있다. 외래어는 하중류 계층에서 가장 많이 사용하고, 외국어 어휘는 상류 계층에서 가장 많이 사용한다. 외래어를 하중류 계층에서 사용하는 것은 좀 더 높은 사회 계층에 속하는 사람이 되고 싶어하는 욕구 때문인데, 상류 계층에서 외국어 어휘를 즐겨 사용하는 것은 위세적인 동기 때문이다. 채움말을 제외한 비표준어·외래어·외국어 어휘·비속어 등의 사용은 모두 p-값이 0.05 이하이므로 한국 사회 계층 간에 유의미적인 차이가 있음을 보인다. 따라서 이것들은 사회 표지로 간주할 수 있다.

문장 한국의 사회 계층별 문장의 특성은 제보자(informant)가 구사하는 비문법적인 문장과 그가 발화하는 문장의 길이에 국한하여 살펴보고자 한다.

제보자들이 구사한 비문법적인 문장을 분석하여 보면, 그들이 (1) 격조사를 잘못 사용하거나, (2) 연결 어미를 잘못 사용하거나, (3) 단어를 잘못 사용함으로써 비문법적인 문장이 된 것이다9).

한국의 각 사회 계층에서 비문법적인 문장을 구사하는 비율[10]은 상류 계층 8.4%, 상중류 계층 12.8%, 중중류 계층 16.5%, 하중류 계층 23.2%, 상하류 계층 34.5%, 중하류 계층 49.7%, 하하류 계층 58.9%이다. 상류 계층에서 하류 계층으로 갈수록 비문법적인 문장을 구사하는 비율이 높다. 하하류 계층에 속하는 제보자 중 어떤 이는 종결 어미를 거의 사용하지 않고 연결 어미로 문장을 맺기 때문에 메시지를 이해하기가 힘든 경우도 있다[11].

담화를 형성하는 문장의 평균 길이는 상류 계층이 77.7음절, 상중류 계층이 47.3음절, 중중류 계층이 32.5음절, 하중류 계층이 27.3음절, 상

---

9) 제보자들이 구사한 비문법적인 문장의 보기를 들어보면 다음과 같다.
   (1) 격조사를 잘못 사용한 것 : ① 원래 쎄일이 일월달하구 사월달하구 칠월달하구 십이월달 이렇게 했어요. ② 나이가 먹어 가지구 챙피해서 한 귀퉁이에서 내가 숨어서 있었어.
   (2) 연결 어미를 잘못 사용한 것 : 사회 전체도 힘들지만 남편이 사업을 해서 우리도 힘들어요.
   (3) 단어를 잘못 사용한 것 : 소득들이 다 평균적으로 다 떨어졌으니까 그 예전 같은 생활 수준 유지하기가 힘들죠.
10) 비문적인 문장의 사용 비율은 사회 계층별로 각 제보자가 구사한 총 문장에서 비문법적인 문장이 차지하는 비율을 계산한 다음에 사회 계층별 모든 제보자의 비문법적인 문장 사용 비율을 합산하여 제보자의 총수인 12로 나누어 산출한 것이다.
11) 다음 예문은 하류 계층에 속하는 ITH(51세, 여자, 미화원)의 말을 음성 전사한 것이다.
   "다른 게 아니고 응 학생들한테 부탁하고 싶은 거는 미화원 아줌마로써 먼저 으음 학생들이 공부하는 교실은 내 집같이 깨끗이 해야 되는데 응 국민학생도 아니고 응 하물며 대학생이 이런 사람 볼 때는 국민학생만치도 못하고 응 자기가 소유하고 있는 그 쓰레기 뭐시든지 응 분리수거라든지 가정에서 지금 아엠에프를 다 알고 있잖아요 응 근데 학생들이 너무나 지저분시럽고 그런 데서 자기들이 공부한다는 게 그 머릿속에 들어가는가 이해가 안 가고 또 아줌마들은 다른 것이 아니고 응 또 분리수거가 있잖아요 그리구 그 분리수거두 학생들이 좀 잘 해 줬으면 좋겠구. 또 아엠에프로 인하여 요즘 응 또 전기가 굉장히 가정에서두 아끼구 응 모든 것을 다 아끼는 상황에서 학생들이 더 앞장서서 그런 걸 아껴 줘야 되는데."

하류 계층이 21.4음절, 중하류 계층이 11.3음절, 하하류 계층이 10.5음절이다. 상류 계층에 속하는 사람일수록 장문(長文)으로 말하는데, 하류 계층에 속하는 사람일수록 단문(短文)으로 말한다.

이상의 고찰을 통해서 상류 계층에서 하류 계층으로 갈수록 비문법적인 문장을 구사하는 비율이 높고, 상류 계층에 속하는 사람일수록 장문(長文)으로 말하는데, 하류 계층에 속하는 사람일수록 단문(短文)으로 말함을 알 수 있다. 이것은 각 사회 계층의 언어 구사 능력을 반영하는 것이다.

담화 담화상 특성은 제보자가 관련성의 격률(the maxim of relevance)과 발화의 연속 규칙(sequencing rule)에 따라 말하는 실태를 살펴보는 데 국한하기로 한다.

관련성의 격률을 어기고 말하는 비율은 상류 계층 8.3%, 상중류 계층 16.7%, 중중류 계층 16.7%, 하중류 계층 33.3%, 상하류 계층 50.0%, 중하류 계층 75.0%, 하하류 계층 91.7%이다. 하하류 계층에 관련성의 격률(the maxim of relevance)에 어긋나게 말하는 — 동문서답(東問西答)하는 — 사람이 가장 많다. 또한 조사자의 질문에 응답하는 것을 꺼리는 사람이 가장 많은 사회 계층도 하하류 계층이다. 피어슨의 검정 통계량 x^2=30.171, 자유도=6, p-값=0.001로, 검정 결과 관련성의 격률에 어긋나게 말하는 현상은 한국 사회 계층 간에 유의미한 차이가 있음을 보인다.

발화의 연속 규칙에 어긋나게 말하는 비율은 상류 계층 25.0%, 상중류 계층 33.3%, 중중류 계층 41.7%, 하중류 계층 66.7%, 상하류 계층 50.0%, 중하류 계층 25.0%, 하하류 계층 0%이다. 피어슨의 검정 통계량 x^2=14.325, 자유도=6, p-값=0.026으로, 검정 결과 연속 규칙에 어긋나게 말하는 것은 한국 사회 계층 간에 유의미한 차이가 있음을 보인다. 발화의 연속 규칙에 어긋나게 말하는 사람이 하중류 계층에 가장 많은데, 하하류 계층에 속하는 사람은 모두 발화의 연속 규칙에 맞게 말한다. 하중류 계층이 하하류 계층보다 발화의 연속 규칙에 어긋나게 말하는 것은 하중류 계층의 화자들은 화맥에 따라 청자 대우의 화계가 동요하는데, 하하류 계층의 화자들은 화맥의 영향을 받지 않고 대화를 시작하기 전에 자기 나름대로 정한 화계에 따라 말하기 때문이다.

관련성의 격률(the maxim of relevance)에 어긋나게 말하는 사람이 가장 많은 사회 계층은 하하류 계층이다. 또한 조사자의 질문에 응답하는 것을 꺼리는 사람이 가장 많은 사회 계층도 하하류 계층이다. 이것은 상류 계층에서 하류 계층으로 갈수록 대화의 원리를 모르고 대화를 함을 반영하는 것이다. 발화의 연속 규칙에 어긋나게 말하는 사람이 가장 많은 사회 계층은 하중류 계층이다. 언어 변화의 주도 계층이 하중류 계층이므로 앞으로 모든 사회 계층에 걸쳐 발화의 연속 규칙에 어긋나게 말할 현상이 농후해질 가능성이 높다.

4.2.2 성과 언어

전통 문법론에서는 성(gender) 범주를 문법 범주의 일종으로 다루었는데, 사회언어학에서는 성별 언어를 성별 차이 언어(gender-different language)와 성 차별어(gender-discriminative language)로 양분하여 연구한다. 성별 언어는 어떤 어휘가 남성이나 여성에게 특유하게 쓰이는 어휘인 '대상 성별 언어(objective genderlect)'의 측면과 남성과 여성이 특유하게 발화하는 '발화 성별 언어(utterable genderlect)'로 나누어 살펴볼 수 있다.

'대상 성별 언어(objective genderlect)'는 어떤 어휘가 성별로 적용되는 양상에 따라 절대어와 상대어로 나뉜다(민현식, 2003 : 137). 특정한 성(gender)에만 쓰이는 것이 절대어이다. 남성과 여성 모두에게 쓰일 수 있지만 주로 한 성에 상대적으로 더 쓰이는 것이 상대어이다. 절대어는 다시 남성에게만 쓰이는 절대남성어와 여성에게만 쓰이는 여성절대어로 나뉜다. 상대어는 여성보다 남성에게 더 쓰이는 상대남성어와 남성보다 여성에게 더 쓰이는 상대여성어로 나뉜다. 남성과 여성에게 대등하게 두루 쓰이는 것은 통성어라고 할 수 있다. 사람마다 사회적 통념의 변화로 말미암아 절대어와 상대어의 구별은 쉽지 않다.

[표 2] 대상 성별 언어(민현식, 2003)

대상 성별 언어		보기
전용성 여부	절대 남성어	아버지, 미남, 장가가다, 농장지경(弄璋之慶)
	상대 남성어	나그네, 늠름하다, 씩씩하다
	절대 여성어	어머니, 미인, 청상(靑孀), 시집가다, 농와지경(弄瓦之慶)=弄瓦之喜
	상대 여성어	곱다, 고아하다, 알뜰하다
	통성어	부모, 팔방미인(八方美人), 혼인하다, 청승맞다
대립어 유형	남성 중심어	의사-여의사, 장부-여장부, 시인-여류 시인
	여성 중심어	파출부-남자파출부, 간호사-남자간호사, 미용사-남자미용사
지칭어	남성 지칭어	아버지, 남자, 미남, 장인
	여성 지칭어	어머니, 여자, 미인, 장모
	통성 지칭어	인간, 겁쟁이, 교사, 귀염둥이

남성과 여성의 발화어의 차이를 발음·어휘·문법·담화 등에 국한하여 간략히 살펴보기로 한다.

여성의 음성은 대체로 높고 가늘고 얇은데, 남성의 음성은 낮고 두껍고 깊다. 여성들은 접속문과 평서문에서 주로 상승조를 구사한다.

    (1) 아주 터프하네요↗.
    (2) 어제 저는 충남 광천에 있는 오서산을 다녀왔는데요↗,
       거기서 산딸기를 따 왔어요↗.

여성은 남성보다 표준어를 더 선호한다. 남성은 타향의 방언보다 자신의 고향 방언이 더욱 듣기가 좋다고 하는데, 여성은 자신의 고향 방언보다 표준어가 더욱 듣기 좋다고 한다(민현식, 2003 : 153)[12]. 또한 여성은 남성보다 외국어 어휘를 한국어에 더 많이 섞어 쓴다. 여성은 남성에 비하여 '많이많이, 너무너무, 정말정말' 등과 같은 반복 부사를 더욱 많이 사용하고, '어머머, 아유, 세상에, 에그머니' 등의 감탄사를 즐겨 쓴다. 그리고 여성은 '있잖아요'와 같은 대화 도입 어구(語句), '맞아요, 정말 그래요' 등과 같은 맞장구 어구, '못살아, 몰라몰라, 미워미워' 등의 과장 어구를 남성보다 더욱 자주 사용한다(민현식, 2003). 남성은 여성보다 비속어를 사용하는 빈도가 더욱 높다.

담화에서 남성은 협조적 전략보다 경쟁적 전략을 더욱 많이 사용하는데, 여성은 경쟁적 전략보다 협조적 전략을 더욱 많이 사용한다. Tannen(1990)에서 제시한 남녀 대화의 특성들 가운데 중요한 것을 발췌하여 소개하면 다음 [표 3]과 같다.

---

12) Cheshire(1982 : 153~154)에서는 영국 레딩 지역 노동자 계급의 사춘기 소녀들은 소년들보다 표준 문법에 맞는 말을 더 많이 구사한다고 한다(강현석 외, 2002 : 253 재인용).

[표 3] 남성어와 여성어의 특성

남성어	여성어
(1) 서열적 경쟁 관계를 추구한다.	(1) 대등적 협력 관계를 추구한다.
(2) 충고나 해결을 좋아한다.	(2) 이해나 동정 자체를 좋아한다.
(3) 공적인 상황에서 말이 많은 편이다.	(3) 공적인 상황에서 침묵을 지키는 편이다.
(4) 정보 수집과 전달에 힘쓴다.	(4) 정보를 알아도 굳이 내세우지 않는다.
(5) 정보가 많은 사람이나 유모를 잘 구사하는 사람이 대화를 주도한다.	(5) 정보가 많아도 남자와의 대화에서는 대화 주도가 어렵다.
(6)상대 이야기에 호응이 적다.	(6) 상대의 이야기에 호응이 많다.
(7) 주제 전환이 빠르다.	(7) 주제 전환이 느리다.
(8) 제안할 때 명령조를 잘 쓴다.	(8) 제안할 때 권유조를 잘 쓴다.
(9) 말 자체를 중시한다.	(9) 말의 속뜻을 중시한다.

　　성 차별 언어란 한 쪽 성에 대한 부당한 성 차별의 편견을 보이는 언어를 뜻한다. 한국에는 과거에 있었던 남존여비(男尊女卑) 사상으로 말미암아 여성 차별 언어가 남성 차별 언어보다 많은 실정이다. 예를 들면 다음의 예문 (3)과 같다.

(3) ㄱ. 여자는 밥하고 애나 봐.

ㄴ. 여자가 무슨 정치야?

ㄷ. 여자가 무슨 자가용 운전이야,

ㄹ. 다 큰 계집애가 밤늦게 돌아다녀.

ㅁ. 아침부터 여자가 큰소리치면 집안이 망해.

ㅂ. 여자가 똑똑하면 대가 세.

ㅅ. 여자는 시집만 잘 가면 돼.

ㅇ. 여자 팔자는 뒤웅박 팔자

ㅈ. 암탉이 울면 재수 없어.

ㅊ. 여자와 북어는 사흘에 한 번 패야 한다.

오늘날에는 남녀 평등 의식이 고취되면서 남성 차별 언어가 증가하는 추세를 보이고 있다.

    (4) ㄱ. 남자가 빌빌거려.
        ㄴ. 남자가 단 돈 천 원 가지고 되게 쩨쩨하게 구네.
        ㄷ. 남자가 비겁하게 도망가니?
        ㄹ. 처자도 먹여 살리지도 못하는 주제에 무슨 남자야?
        ㅁ. 남자가 화장도 하니?

남성과 여성은 언어를 처리하는 과정에서 신경생리학적 차이가 있다. 자기 공명 영상(magnetic resonance imaging)을 이용한 최근의 연구들에 의거하면 남성의 음운 처리는 좌뇌(左腦)에서 이루어지는데, 여성의 음운 처리는 좌뇌와 우뇌 양쪽에서 이루어진다고 한다. 그렇다고 능력상의 차이가 나타나는 것도 아니며, 남성 언어와 여성 언어 간의 구별을 설명하여 주는 신경생리학적 차이가 있음을 보여 주는 증거가 있는 것도 아니다. 그 원인은 생물학적인 것이라기보다 사회적인 것이기 때문이다.

남녀 차별 언어는 가정, 학교, 사회 등의 교육으로 습득되는 것이다. 가정에서는 부모가 성 차별 언어를 사용하지 않아야 하고, 학교에서는 교사가 학생들에게 그것을 사용하지 않을 뿐만 아니라 학생들에게 성 차별 언어를 사용하지 말도록 교육하여야 한다. 그리고 성 차별 언어가 쓰인 교재를 사용하지 않아야 한다. 또한 언론사에서는 성 차별 언어를 사용하지 않기 위해 배전의 노력을 하여야 한다.

4.2.3 연령과 언어

연령 간에도 언어 차이가 있다. 30대 이하의 젊거나 어린 사람들 중에는 40대 이상의 사람들보다 단모음 /ㅔ/와 /ㅐ/를 구별하여 발음하지 못하고, /ㅟ/와 /ㅚ/를 이중모음으로 발음하며, 음성 모음화와 어두 경음화에 따라 발음하며, 말의 속도가 빠른 사람이 많다. 10대와 20대가 주로 유행어를 만들어 즐겨 사용한다. 유행어는 일종의 속어(slang)로 참신성이 있고 유대감을 표시하는 것이지만 형식적 규칙을 배제하고 생명력이 짧은 말이다.

    (4) ㄱ. 얼짱, 몸짱, 몸매짱, 살짱, 마음짱, 섹스짱, 테크닉짱, 얼짱,

           졸라, 썰렁맨

       ㄴ. 맞습니다 맞고요. 저를 두 번 죽이는 일예요.

60대 이상은 그 이하 세대보다 어려운 한자어를 사용하여 말하거나 글을 쓴다. 청소년들은 60대 이상이 일상어로 사용하는 '읍참마속(泣斬馬謖)[13], 목불인견(目不忍見)[14], 무위도식(無爲徒食)[15], 사면초가(四面楚歌)[16], 오매불망(寤寐不忘)[17]' 등을 일상어로 사용하지 않는 대신에 인구어 계

---

13) '읍참마속'이란 중국 촉나라 제갈량이 군령을 어겨 街亭 싸움에서 패한 마속을, 울면서 참형에 처하였다는 고사에서 큰 목적을 위하여 자기가 아끼는 사람을 버리는 것을 비유하는 말이다.
14) '目不忍見'은 너무 딱하고 가여워서 또는 너무 꼴불견이어서 눈뜨고는 차마 볼 수 없다는 것을 뜻하는 말이다.
15) '無爲徒食'이란 하는 일 없이 먹기만 함을 뜻하는 말임.
16) 四面楚歌는 사방에서 들려오는 초나라의 노래라는 뜻으로, 사방이 모두 적에게 둘러싸였거나 혼자 떨어져 도움을 받을 수 없는 상태를 뜻하는 말임.
17) 오매불망이란 자나 깨나 잊지 못함을 뜻하는 말임.

통의 외래어, 혼종어(hybrid), 외국어 등을 한국어에 섞어 쓴다. 다음의 (5)에
서 (5ㄱ)은 서구어 계통의 외래어이고, (5ㄴ)은 혼종어이며, (5ㄷ)은 외
국어이다.

(5) ㄱ. 라이벌(rival), 라인(line), 마인드(mind), 모티브(motive), 액션(action),
　　　　컨디션(condition), 컨셉트(concept), 패션(fashion), 프린트(print)
　　ㄴ. 디스카운트하다, 샤프하다, 섹스어필하다, 섹시하다, 스마트하다, 심
　　　　플하다, 썰렁맨, 터프하다, 핸섬하다, 히스테릭하다
　　ㄷ. yes, no, oh my god, wonderful, luxury

인터넷을 즐겨 사용하는 10대와 20대는 이른바 통신 언어를 사용하
는데, 인터넷을 별로 사용하지 않는 중년 이상의 사람들은 대부분 통신
언어를 사용하지 않는다.

(6) ㄱ. [준말] 샘(선생님), 설(서울), 스타(스스로 타락한 사람), 셤(시험), 알
　　　　바(아르바이트), 중딩(중학생), 고딩(고등학생), 범생(모범생), 재사
　　　　(재주 있는 사람), 짱(짜증), 공산당(공부 못해도 산다는 당돌한 애),
　　　　바보(바다의 보배), 완소남(완전 소중한 남자), 잼있어(재미있어), 먼
　　　　(무슨), 걍(그냥), 넘(너무너무), 바여(봐요), 몬지(뭔지), 모해여(뭐해
　　　　요)
　　ㄴ. [영어식 약자 표기] imo(in my opinion), ftf(face to face),
　　　　a(answer), q(question) ; u(you), re-hi(다시 안녕), lol(laugh out
　　　　loud(너무 웃기는군), oic(oh, I see)
　　ㄷ. [숫자 약재] 11(나란히 있고 싶어요), 20000(이만), 100(돌아와),
　　　　10288(열이팔팔), 1004(천사), 045(빵 사 와)
　　ㄹ. [소리나는 대로 표기] 추카(축하), 알게써(알겠어), 펴니지(편이지),

글케(그렇게), 핸니(했니), 감사함다(감사합니다), 시러(싫어), 마니
(많이)

ㅁ. [감정 표기] 하셩(하셔), 시픈뎅(싶은데), 알쩌(알았어), 슬포(슬퍼)

ㅂ. [감정 표기] : -)=기쁨, 행복함. :-(=슬픔. 0.0=무척 놀람

인터넷으로 의사소통을 하는 10대와 20대 이른바 N세대가 사용하는 이상의 (6)을 인터넷을 활용할 줄 모르는 한국의 중년층, 장년층, 노년층은 이해하지 못한다.

오늘날 한국의 20대와 30대 주부들 중에서 20% 이상이 자기의 남편을 '오빠'라고 호칭하거나 지칭한다. 심지어 남편의 나이가 자신보다 적어도 '오빠'라고 부르는 주부가 있다. 40대 이상의 주부들 중에는 남편을 '아빠'나 '아저씨'라고 일컫는 이가 있다. 이와 같이 호칭어를 부적절하게 사용하는 원인은 가정과 학교에서 호칭어와 지칭어 교육을 하지 않고, 텔레비전 연속극에서 작중 인물이 호칭어를 잘못 사용하는 것의 영향을 받고, 기존의 도덕률을 배우는 통과의례를 거부하는 데 있다. 한국의 20대, 30대, 40대 남성 중에는 자기의 아내를 '와이프' 혹은 '아내'라고 일컫는 이가 많으며, 50대 이상은 '집사람' 혹은 '안사람'이라는 호칭하는 이가 많다.

10대와 20대는 자신의 고향 방언을 공적인 상황과 사적인 상황을 구분하지 않고 사용하는데, 직장 생활을 하는 30대와 40대는 공적인 상황에서는 가급적 표준어를 사용하려고 힘쓴다. 퇴직한 50대 이상은 10대와 20대와 같이 자신의 고향 방언을 공적인 상황에서도 사용한다.

대부분의 여성과 30대 이하의 남성들은 주로 청자 대우법의 비격식체로 상대와 대화를 하는데, 40대 이상의 남성들 중에는 격식체와 비격

214

식체의 혼합체로 대화하는 이가 많다.

    (7) ㄱ. 잡아→잡아요→잡으세요
       ㄴ. 잡아라→잡아→잡게[18]→잡으오[19]→잡아요→잡으시오→잡으세요→
          잡으십시오

이상의 (7ㄱ)은 비격식체의 예이다. (7ㄱ)의 '잡아'는 낮춤을, '잡아요'와 '잡으세요'는 '높임'을 나타내는 화계이다. 학교 문법에서는 '하세요체'를 인정하지 않는다. (7ㄴ)은 격식체와 비격식체의 혼합체의 보기로 든 것이다. (7ㄴ)에서 '잡아라, 잡게, 잡으오, 잡으십시오'는 격식체의 보기인데, '잡아'와 '잡아요', '잡으세요'는 비격식체의 예이다. '잡게, 잡게나, 잡으시게, 잡으시게나' 등도 '하게체'로 처리한다. 이것은 격식체에 속하는데, 평대와 하대 화계로 쓰인다. 70세 이상 된 노인이 친구에게 이 화계로 말 할 경우에는 평대한 것인데, 20 ~40대 젊은이에게 말할 경우에는 하대한 것이다. 노인들 중에는 아랫사람이 자신에게 비격식체로 대우를 하면 불쾌하게 인식하는 이가 있다.

4.2.4 인종과 언어

1950년 한국 전쟁 이후 1980년대 중반까지는 한국인 여성 10만 명이상이 미군과 결혼하여 미국으로 이주하였다. 1980년대 후반 이후에는 외국과의 교류가 확대되면서 중상류층 여성들이 국제결혼을 많이 함에

---

18) '잡게'는 '하게체'에 해당하는데, 이것은 50대 이상의 남성들이 주로 사용하는 화계이다.
19) '잡으오'는 '하오체'에 해당하는데, 이것은 50대 이상의 일부 남성이 사용하는 화계이다.

따라 한국인들의 국제결혼에 대한 부정적 시각도 많이 줄어들었다(윤형숙, 2004: 321).

1990년대 중반 이후 결혼 양상이 매우 다양해졌다. 한국인 여성과 외국인 남성 간의 결혼뿐만 아니라 한국인 남성과 외국인 여성 간의 결혼으로, 한국인의 외국 이주와 더불어 외국인 여성의 한국 이주로 국제결혼의 양상이 다양해졌다. 최근 한국인 남성과 결혼하여 한국으로 이주한 외국인 여성의 출신국 분포는 다음 [표 4]와 같다.

아래의 [표 4]에서 보듯이 한국도 이전과 달리 다인종 국가로 바뀌어 가고 있음을 알 수 있다. 한국 이주 여성들은 대부분 20세 이상의 성인이 되어 한국에 이주하였기 때문에 한국어를 학습하고 구사할 적에 제1차 언어의 간섭을 지대하게 받는다.

한국인과 결혼하여 한국에서 사는 외국인 여성 중에서 일본인이 한국어 대우법에 맞게 말하는 데 덜 어려움을 겪는데, 그 외의 외국 여성들은 한국어의 대우법에 맞게 한국어를 구사하는 데 어려움을 겪는다.

[표 4] 한국인 남성과 결혼한 외국인 여성의 출신국 분포(왕한석, 2007 : 10)[20]

(단위 : 건, %)

	2000	2001	2002	2003	2004	2005	구성비	전년 대비 증감률
계	7,304	10,006	11,017	19,214	25,594	31,180	100.0	21.8
중국	3,586	7,001	7,041	13,373	18,527	20,635	66.2	11.4
베트남	95	134	476	1,403	2,462	5,822	18.7	136.5
일본	1,131	976	959	1,242	1,224	1,255	4.0	2.5
필리핀	1,358	510	850	944	964	997	3.2	4
몽골	77	118	195	318	504	561	1.8	11.3

---

20) 왕한석(2007 : 10)에서는 [표 4]의 제목으로 '최근 결혼한 외국인 아내의 출신국 분포' 라고 명명하고 있다.

우즈베키스탄	43	66	183	329	247	333	1.1	34.8
미국	235	265	267	323	344	285	0.9	-17.2
태국	270	185	330	346	326	270	0.9	-17.2
기타	509	751	716	936	996	1,022	3.3	2.6

   (8) 조사자 : 형님 무서워요?

       피조사자 : 아니.

   (9) 조사자 : 언니 남편은 뭐라고 불러요?

       피조사자 : 남편은 안 불러 <u>봤어</u>. 남편 못 <u>봤어</u>.

이상의 (8) 피조사자는 중국에서 중학교를 졸업하고 한국인과 결혼하여 한국에서 산 지 10개월 된, 23세의 한족이다(왕한석, 2007 : 247). 피조사자는 '아니에요' 혹은 '아녜요' 혹은 "안 무서워요"라고 응답하여야 하는데 대우법을 아직 몰라서 '아니'라고 응답한 것이다. (9) 피조사자는 몽골에서 전문대학을 졸업하고 한국 남자와 결혼하여 한국에서 산 지 1년 7개월 된, 25세 몽골 여자이다(왕한석, 2007 : 189). (9)의 피조사자는 '봤어요'라고 말하여야 할 것을 '봤어'라고 반말로 응답하고 있다.

한국어와 같은 어족에 속하는 언어인 몽골어, 일본어 등을 제1차 언어로 습득한 몽골인과 일본인은 한국어의 SOV식 문장을 구사하는데, 어족이 다른 언어를 제1차 언어로 습득한 사람 중에는 한국어를 자신이 습득한 제1차 언어의 어순에 따라 한국어를 구사하는 이가 있다.

   (10) 조사자 : 언니는 언제 한국에 시집왔어요?

       피조사자 : 언니 왔어 …(수첩 달력을 보고 손으로 가리킴) 5월달.

이상의 (10) 피조사자는 베트남에서 고등 학교를 졸업하고 한국인과 결혼하여 한국에서 산 지 1년 7개월 된, 21세의 베트남 여자이다. 이 사람은 베트남어의 주어 + 서술어 + 목적어(SVO) 순으로 한국어를 구사하고 있다.

대부분의 외국인은 한국어의 조사와 어미를 습득하는 데 무척 어려워한다. 더구나 습득한 제1차 언어가 교착어가 아닌 사람은 한국어의 조사를 사용하지 않고 SOV 순서에 따라 단어를 나열하기도 한다.

(11) 한 번 시뉘[개] 왔어, 내[늰] 안 갔어요. (왕한석, 2007 : 211)

이상의 (11) 피조사자는 우즈베키스탄에서 대학을 졸업하고 한국 남자와 결혼하여 2년 2개월 동안 살아 온, 34세의 우즈베키스탄 여자(왕한석, 2007 : 208)인데, 조사 '가'나 '는'을 사용하지 않고 있다.

일본인은 '한국어의 공부, 장마의 기간' 등과 같이 관형격 조사 '의'를 불필요하게 사용하거나 다음의 (12)에서 '한국어의'와 같이 조사인 '의'를 오용하는 경우가 있다.

(12) 다시 한국으로 돌아와서 <u>한국어의</u> 공부하고 싶어요(이정희, 2003 : 148).

이상에서 살펴본 바와 같이 제1차 언어가 어느 언어이냐에 따라 한국어를 습득하고 구사하는 실태가 다양함을 알 수 있다. 지금까지 한국에서는 단일 민족 국가로 간주하고 한국어 정책을 입안하여 시행하여 왔다. 하루빨리 한국인이 된 외국 이주 여성과 그 자녀를 위한 한국어 정책을 시행하여야 한다.

4.3 사회언어학을 고려한 문법 교육

오늘날 한국의 교육 현장에서는 한국어 문법 교육이 경시되고 있다. 그 원인 중 하나는 학교에서 한국어 문법을 별도로 공부하지 않아도 한국어로 의사소통을 하는 데 별로 어려움을 겪지 않는 것이다. 또한 한국의 규범 문법의 내용 중에는 한국어의 현실성과 괴리가 있어 의사소통을 효과적으로 하는 데 기여하는 바가 없고, 원활한 의사소통을 하는 데 초점을 맞추어 문법 교육을 하지 않고 문법 지식을 위한 문법 지식을 억지로 주입시키는 데 역점을 두어 문법 교육을 하며, 사회생활을 할 적에 비문법적인 문장을 구사하여도 불이익을 받지 않는 데 있다.

규범 문법서는 일반 국민이 의사소통을 할 적에 그 실용성과 효용성을 중시하여 문법을 기술하여야 하는데 현행 한국의 규범 문법서는 그렇게 되어 있지 않다. 그 요인은 규범 문법서 집필자가 규범 문법의 특성을 살려 문법서를 집필하지 않고 집필자 개인의 문법 이론을 기술한 데 있다. 이로 말미암아 학교에서 학습한 문법 지식은 일상 언어생활을 하는 데 별로 도움을 주지 않기 때문에 학습자들이 규범 문법을 경시하고 학습하기를 기피하는 것이다.

일반 국민이 학교에서 학습한 문법에 관한 지식을 의사소통을 할 적에 효과적으로 활용할 수 있도록 하려면 사회언어학, 심리언어학, 문화인류언어학, 텍스트언어학, 말뭉치언어학(corpus linguistics) 등에 입각해서 한국어의 전통성, 현실성, 실용성, 효용성 등을 고려하여 규범 문법 과목의 교육과정을 제정하고 이에 따라 교과서를 집필하여야 한다.

변형생성문법론에서는 인공적인 언어를 중시하는데 사회언어학에서는 자연 언어를 중시한다. 사회언어학은 일정한 언어 사회의 구성원들이 사용하고 있는 변종을 모두 연구 대상으로 삼아 여러 변종의 사용 실태를 제시하고 그와 같은 양상을 보이는 원인을 탐구한다. 따라서 변형생성문법론에 입각하여 기술한 규범 문법보다 사회언어학에 의거하여 기술한 규범 문법이 의사소통을 하는 데 더욱 효과가 있다.

현행 한국의 학교 문법서에 기술되어 있는 내용 중에는 변형생성문법론에 입각하여 기술하여 놓은 것이 있는데, 그것은 실용 문법이 아니고 이론 문법이다. 앞으로 학교 문법 교육과정을 제정할 적에는 사회언어학에 의거하여 오늘날 한국 사회에서 널리 쓰이고 있는 언어 현상을 참고할 필요가 있다. 그리고 교육 현장에서 한국어 문법 교육을 담당하고 있는 교사는 사회 계층·성·연령·인종 등에 따라 달리 실현되고 있는 일정한 언어의 사용 실태를 잘 알고 교육하여야 한다.

학습자에게 문법 지식이 효과적인 의사소통에 도움이 되게 하려면 한국어와 밀접한 관계를 가지고 있는 한국의 사회와 문화와 관련지어 한국어 문법을 교육하여야 한다.

(13) ㄱ. 진지를 많이 잡수세요.
　　　ㄴ. 밥을 많이 먹어.

이상의 (13ㄱ)과 (13ㄴ)은 한국어 문법에 맞는 문장이다. 그런데 (13ㄱ)은 할아버지가 어린 손자에게 한 말이고, (13ㄴ)은 대학에 다니는 손자가 할아버지에게 한 말일 경우 한국인은 대부분 수용하지 못한다. (13ㄱ)의 청자인 손자는 할아버지가 치매(癡呆)에 걸리지 않았을까 걱정하거나 자신이 무슨 잘못을 하지 않았는지 자신의 언행을 되돌아보면서

두려워할 것이다. (13ㄴ)의 청자인 할아버지는 노발대발(怒發大發)할 것
이다.

　말하는 사람들은 상대방에 맞추어 말을 하려고 한다. 초등 학교를
졸업한 지 30여 년이 지나 동창회에서 만난 초등 학교밖에 다니지 않은
하류 계층의 동창생이 다음의 (14ㄱ)과 같이 말할 경우 높은 지위에 있
는 상류 계층의 청자는 어떻게 응답하는 것이 자연스러울까? (14ㄷ)과
같이 말하면 상대가 당황해하거나 불쾌하게 여길 사람이 많을 것이다.
(14ㄴ)과 같이 말하여야 상대방이 우정을 느끼고 반가워할 사람이 많을
것이다.

(14)　ㄱ. 야 찐빵, 네놈은 예나 지금이나 변한 게 없구나.
　　　ㄴ. 야 돌쇠, 너도 임마 변한 게 없어.
　　　ㄷ. 여보게, 어른이 되어 가지구 그렇게 상스럽게 말해야 되겠어?

　40대 여성이 자신의 남편에게 다음의 (15ㄱ)과 같이 말하면 동석한
40대 이상의 제삼자들이 어색하게 인식하는 사람이 많지만 (15ㄴ)과 같
이 말하면 자연스러운 말로 수용하는 이가 많다. 오늘날 혼인한 20대와
30대 주부 중에는 친밀한 느낌을 주기 위하여 연애할 적에 사용하던 호
칭어 '오빠'를 사용하는 이가 많다. '오빠'의 의미가 확대되어 가고 있
다. 격식을 차려서 말을 하여야 할 상황에서는 자신의 남편을 '오빠'라
고 호칭하거나 지칭해서는 안 되지만, 그러할 필요가 없는 사적인 상황
에서는 '오빠'를 남편의 호칭어나 지칭어로 사용하여도 문제시할 필요가
없는 것이다.

    (15) ㄱ. <u>오빠</u>, 자기 많이 먹어.

       ㄴ. <u>여보</u>, 많이 드세요.

원래 '너무'라는 정도부사는 다음의 (16ㄱ)과 같이 부정적인 말을 수식하는 것인데, 오늘날 20~30대 중에는 '너무'나 이것의 강조어인 '너무너무'를 다음의 (16ㄴ)과 같이 긍정어의 수식어로 사용하는 이가 많다. '너무'의 의미가 확대된 것이다.

    (16) ㄱ. 네가 <u>너무</u> 미워.

       ㄴ. 저 사람이 <u>너무</u> 멋져.

       ㄷ. 숙희는 <u>너무</u> 예뻐서 탈이야.

(16ㄷ)에 쓰인 '너무'는 '예뻐서'를 수식하지만 '너무 예뻐서'라는 말이 '탈이야'를 수식하므로 (16ㄷ)의 '너무'는 (16ㄱ)의 '너무'와 같은 사용 범주에서 다루면 될 것이다. 문법 교과 담당 교사는 이와 같은 다양한 언어의 사용 양상을 숙지하고, 학생들이 '너무'의 용법에 대해서 질문하면 이러한 실태를 알려 주고 공적인 상황에서는 (16ㄱ)이나 (16ㄷ)과 같은 문장에서 '너무'를 사용하도록 교육한다.

한국어 문법 담당 교사는 이상과 같은 사회언어학의 지식을 갖추고 이론 문법이 아니라 의사소통을 효과적으로 하는 데 도움을 주는, 명실상부한 실용 문법을 교육하여야 한다.

앞으로 교육인적자원부에서는 한국의 사회언어학, 심리언어학, 텍스트언어학, 문화인류언어학, 말뭉치언어학 등에 입각하여 제정한 문법 교과 교육과정에 따라 편찬된 여러 문법 교과서 중에서 담당 교사가 자유롭게 선정하여 교육할 수 있도록 하여야 한다. 또한 한국의 사회 변인별 언어 특성을 알아볼 수 있는 한국어의 문자언어와 음성언어의 자료집을 정기적으로 발간해서 국어과 교사 특히 문법 담당 교사에게 배부하여 문법 교육에 참고하도록 하여야 한다.

참고 문헌

노형남(2000), 한국어 채팅 표현에 관한 연구, 사회언어학 8-2, 한국사회언어학회.

민현식(1997), 한국어 남녀 언어의 사회언어학적 특성 연구, 사회언어학 5-2, 한국 사회언어학회.

민현식(2003), 성별 언어 특성과 성 차별 표현의 양상, 언어와 사회, 역락출판사.

김성렬·이주행·민현식·김희숙·이석규·박환영(2003), 언어와 사회, 역락출판사.

왕한석(2007), 또 다른 한국어. 국제결혼 이주여성의 언어 적응에 관한 인류학적 접근, 교문사.

윤형숙(2004), 국제결혼 배우자의 갈등과 적응, 최협·김성국·정근식·유명기편, 한국의 소수자, 실태와 전망, 한울.

이석주·이주행·박경현·민현식·이은희·고창수(2002), 대중 매체와 언어, 역락 출판사.

이정희(2003), 초급 단계 한국어 학습자의 어휘 오류, 이중언어학 22호, 이중언어 학회.

이주행·이규항·김상준(1998), 표준 한국어 발음 사전, 지구문화사.

이주행(1999), 한국 사회계층별 언어 특성에 관한 연구, 사회언어학 7-1, 한국사회 언어학회.

이주행(2000), 옥외 광고물에 쓰인 언어에 대한 연구, 사회언어학 8-2, 한국사회언 어학회.

이주행(2002), 한국어의 발음 교육 방법, 이중언어학 20호, 이중언어학회.

이주행(2006), 한국어 문법, 월인출판사.

이주행(2006), 한국어 스프치 커뮤니케이션의 원리, 동인출판사.

이주행·이석주(2007), 한국어학개론(신정판), 보고사.

이주행(2007), 한국어 사회방언과 지역방언의 이해(개정판), 한국문화사.

이진성(1999), 약자, 약어 및 통신어(chatting language)에 대한 고찰 : 신세대 언어를 중심으로, 사회언어학 7-2, 한국사회언어학회.

Biber, D. et al.(1999), *Longman Grammar of Spoken and Written English*, Pearson Education Limited.

Bonvillain N.(2002), *Language, Culture, and Communication*, Prentice Hall. 강현석 외(2002), 문화와 의사소통의 사회언어학, 한국문화사.

Burton, G. & Dimbleby, R.(1995), *Between Ourselves*, Edward Arnold Publishers LTD. 이주행 외 번역(2005), 인간관계와 의사소통, 한국문화사.

Chamber, J. K. and Trudgill(1980), *Dialectology*, Cambridge University Press.

Fasold, R.(1990), *The Sociolinguistics of Language*, Blackwell.

Spolsky, B.(1998), *Sociolinguistics*, Oxford University Press.

Wardhaugh, R.(1998), *An Introduction to Sociolinguistics*, Blackwell.

William, G.(1992), *Sociolinguistics : A Sociological Critique*, Routledge.

제 5 장

심리언어학과 문법 교육

✔ 언어는 흥미로운 대상이다. 대부분의 사람이 하나 이상의 언어를 능숙하게 사용하지만, 자신들이 무엇을 알고 있기에 이리 능숙하게 언어를 사용할 수 있는지 아는 사람은 드물다. 심리언어학은 여기서부터 출발한다. 언어 사용자와 분리되고 고립된 언어가 아니라, 언어 사용자가 구체적인 상황에서 청자를 대상으로 수행하는 생동적 언어가 언어 사용자 내부에서 어떠한 과정을 거쳐 발화되고, 이것이 청자에게 어떠한 과정으로 처리되는가 하는 것이 심리언어학의 주요한 관심사이다. 이러한 심리언어학의 관점은 '언어 체계'로서의 문법이 아닌 언어 사용자의 의도와 구체적인 상황이 전제된 '언어 사용'으로서의 문법에 주목하는 최근의 문법 교육 관점과도 맥을 같이 한다고 볼 수 있다. 이 장에서는 심리언어학이란 무엇이며, 심리언어학의 주요 영역과 심리언어학을 고려한 한국어 문법 교육의 방안에 대해서 살펴보기로 한다.

5.1 심리언어학이란 무엇인가

심리언어학(psycholinguistics)은 문자 그대로의 조합에서 알 수 있듯이 심리학(psychology)과 언어학(linguistics)의 합성어이며, 심리학과 언어학의 공통 관심사인 언어가 인간 내부에서 어떻게 생산·발화되고, 이해되는지 그 과정을 연구하는 것을 주된 목적으로 하는 언어학의 한 분야이다.

심리언어학과 관련한 정의로는 Carroll(2004:3~8)을 대표적으로 참고할 수 있는데, 그 내용은 다음과 같다.

- 심리언어학은 개별 화자가 어떻게 언어를 이해(comprehend), 생산(pro-duce), 습득(acquire)하는지를 연구한다.
- 심리언어학 연구는 인지 과학(cognitive science)의 장의 한 부분이다. 인지 과학은 심리학(psycology), 언어학(linguistics)과 좀더 적은 범위로 인공지능(artificial intelligence), 신경과학(neuroscience)과 철학(philosophy)의 안목을 반영한다.
- 심리언어학자는 일상적인 언어 사용에 수반되는 언어의 지식(knowledge of language)과 인지적인 과정(cognitive process)을 강조한다.
- 심리언어학자는 또한 언어 사용에 수반되는 사회적인 규칙(social rules)과 언어에 연관되는 뇌 메커니즘(brain mechanism)에 관심을 가진다.
- 20세기 이전에 비록 선구자가 있었을지라도, 1950년대 심리언어학이 시작됐을 때의 관심사는 여전히 동시대적이다.

언어는 특별한 노력을 기울이지 않아도 어느새 우리에게 익숙한 것으로 인식되기 마련이어서 '기지(既知)'의 것을 굳이 연구 대상으로 보아야 할 것인가 하는 근본적인 문제가 제기되기도[1] 한다. 그러나 언어 습득, 발달, 처리 과정들이 이미 일어나고 있는 사회적인 현상이라 해도 그것은 또한 개개인의 내부에서 일어나는 심리적인 현상이라 할 수 있으며, 이에 대한 관심이 심리언어학의 영역이다. 박경자(1998:9~10)에서는 이러한 언어에 대한 인간의 관심을 다음의 6가지로 제시하고 있다.

> (1) 언어란 어떻게 습득되고 발달되는가 : 언어 습득 및 발달에 관한 문제
>   — 발달 심리언어학
> (2) 인간이 어떻게 언어를 이해하는가 : 언어 이해의 문제
>   — 실험 심리언어학
> (3) 인간이 어떻게 언어를 발화, 생산하는가 : 언어 발화의 문제
>   — 실험 심리언어학
> (4) 언어와 인지는 어떤 관련성을 갖고 있는가 : 언어와 인지의 관계
>   — 인지 심리학, 심리언어학
> (5) 언어와 두뇌는 서로 어떤 연관성을 갖고 있는가 : 언어와 두뇌의 관계
>   — 신경 언어학, 심리언어학
> (6) 어떻게 언어를 성공적으로 가르칠 수 있는가 : 언어 교수의 문제
>   — 언어 교육, 심리언어학

첫 번째인 언어 습득의 문제는 발달 심리언어학이라는 독립된 분야를 형성하고 있으며, 둘째, 언어 이해와 셋째, 언어 생산의 문제는 언어 사용에 관한 문제인 동시에 문법의 심리적 현실성을 연구하는 실험 심리언어학이라는 독립된 분야를 형성하고 있다. 넷째, 언어와 인지는 인지 심리학에서도 취급되는 심리언어학의 분야이고, 다섯째, 언어와 두뇌에 관한 연구는 신경 언어학이라는 독립된 분야를 형성하고 있으며, 심

---

1) 이미 능숙한 모국어 화자에게 굳이 문법을 가르칠 필요가 있느냐는 문법 교육 부정론의 입장도 이러한 견지에서 제기된 것으로 이해할 수 있다. 그러나 여기서는 이러한 근원적인 문제제기에 대해서는 논외로 한다.

리언어학의 중요 분야로서 현재에도 관심의 대상이 되고 있는 분야이다
(박경자, 1998:10).

그리고 마지막의 언어 교수 문제는 언어 교육이라는 독립된 분야로
취급되지만 언어 교수의 문제는 언어와 언어사용에 관한 문제를 이해하
는 것이 우선되어야 하므로 심리언어학의 한 분야라는 견해를 밝히고
있는데, 여기가 바로 우리가 주목해야할 부분이라고 생각된다. 즉, 언뜻
보기에 관련성이 미약해 보이는 심리언어학과 언어 교육의 간극이 생각
만큼 크지 않으며 언어 교육 좁게는 문법 교육에 심리언어학이 기여할
수 있는 여지가 충분하다는 판단이 가능해진다.

심리언어학에 대한 좀더 깊은 이해를 위해서는 심리언어학의 역사적
배경을 우선적으로 검토할 필요가 있으므로, 다음에서 이를 자세히 살펴
보고자 한다.

5.2 심리언어학의 역사적 배경

심리언어학의 역사는 Wilhelm Wundt(1832~1920)가 활발히 활동하
였던 1890년에서 1900년까지 거슬러 올라가 언급되곤 한다. 당시
Sprachpsychologie(Language of Psychology)란 용어가 있었던 것은 사실이지만
연상 작용으로 언어를 이해하는 근대적 의미의 심리언어학(Psycholinguistics)
이란 용어는 1954년 Charles E. Osgood과 Thomas A. Sebok이 Baltimore에
서 편집한 Psycholinguistics: A Survey of Theory and Research Problems(심
리언어학:이론과 연구 문제 개관)에서 찾아 볼 수 있는데, Social Science

Research Councils Committee on Linguistics and Psychology(언어학과 심리학에 관한 사회과학 연구분과위원회)에서 이 저서에 관심을 가지게 되면서 심리언어학이란 하나의 새로운 분야가 탄생되었던 것이다(박경자, 1998:17).

심리언어학의 역사는 Blumenthal(1970, 1987), Kess(1991), McCauley(1987), Reber(1987) 등에 자세히 기술되어 있다. 그러나 여기서는 Blumenthal(1970), Carroll(2004), 박경자(1998)을 참고하여 심리언어학의 역사적 배경을 특징적인 시기를 중심으로 구분해서 기술하고자 한다.

5.2.1 서구에서의 심리언어학

Blumenthal(1987)에서는 심리언어학의 학제적 장이 역사적으로 두 번 융성하였던 것으로 관찰하고 있는데, 첫 번째는 지난 세기로 돌아가 주로 유럽에서의 것으로, 두 번째는 20세기 중반 미국에서의 것으로 기술하고 있다. Carroll(2004:8)에서는 두 시기 모두 학제적인 결합은 불균형한 성격의 것이었고, 20세기의 이른 시기에 언어학자들은 인간이 어떻게 언어를 사용하는지에 관한 관점을 위해 심리학자를 향했고, 후기에는 심리학자들이 언어의 특성에 대한 관점을 위해 언어학자로 향했음을 지적하면서 이러한 두 시기 사이에 행동주의가 양 영역을 지배하고 있었음을 언급하고 있다.

따라서 다음에서는 서구에서의 심리언어학의 역사적 배경을 Wundt가 활동하던 유럽에서의 초기 심리학의 시기, 20세기 초의 행동주의가 지배하던 미국에서 행동주의 심리학에 근거를 두었던 심리언어학의 시기, 1950년대 Chomsky의 출현 이후 시작되었던 구조주의 언어학에 근거를 두었던 심리언어학의 시기, 끝으로 최근 15년에서 20년 사이의 연구 결과를 기반으로 한 최근의 심리언어학 경향으로 시기를 구분해 살펴보고자 한다.

1) 초기 심리언어학

Blumental(1970:20~21)에서는 Wundt가 언어의 다양한 양상에 대해 광범위하게 다루었기 때문에 심리언어학자의 대가로 언급하고 있는데, 문법을 포함한 그의 관심사는 음운론(phonology), 언어 이해(language comprehension), 아동 언어 습득(child language acquisition), 기호 언어(sign language), 읽기(reading), 그리고 동시대의 관련된 다른 화제에 이르기까지 상당히 광범위한 것이었다.

심리언어학에 대한 Wundt의 기여는 언어 생산의 이론을 전개했다는 것인데, 그는 단어(word)가 아닌 문장(sentence)을 언어의 기본적인 단위로 보고 연속적으로 조직된 발화로의 완전한 사고 처리 과정의 변형으로서 발화 생산(production of speech)을 보았다. 발화 생산이 전체 문장과 함께 시작된다는 견해와는 반대로 일련의 단어들의 처리 과정이라는 관점은 계속해서 언어 연구자들의 관심이 되었다(Carroll, 2004:9).

2) 행동주의와 심리언어학

20세기 초 미국에서는 심리학의 목표를 정신생활(mental life)에 초점을 두는 것에 반대하기 시작했고, 1920년대에는 행동주의가 실험심리학의 주류를 이루게 되었다. 행동주의는 그 강조점을 자극이 되는 입력과 반응이 되는 출력 간의 관계에 두고 이들 자극과 반응의 연상 관계가 어떻게 형성되는지에 관심을 두는데, 행동주의자들에 의하면 유일하게 타당한 심리학적 주제는 행동이며, 언어는 다른 모든 행동과 같은 일종의 말로 하는 행동에 불과하다는 견해를 가진다(박경자, 1998:363~364).

따라서 이들은 정신적인 것과 추상적인 것을 거부하고 언어 습득 현상을 강화(reinforcement)와 조건화(conditioning), 조절(control)이라는 용어로 설명하는데, 이러한 행동주의자들의 주장은 Skinner(1957)에 집약되어 있다. Skinner의 언어행동(Verbal behavior)이라는 저서 제목에서 드러나는 것처럼, 언어는 동물과 구별되는 인간의 고유한 특성으로서 다루어지기보다는 행동의 일종으로 다루어지면서 행동의 동기나 다른 행동에 미치는 영향 등이 심리언어학자들의 관심의 대상이 되었다.

그리고 이러한 행동주의적 관점에서 심리언어학 연구를 하게 될 때는 (1) 복잡한 사고 과정이 동반되는 언어 습득, 언어 사용의 차원을 단순화하게 되며, (2) 언어의 자연적인 습득과 발달에 초점이 놓이게 되면서 문법의 중요성이 간과되고, (3) 언어 습득과 언어 처리 과정은 인간의 다양한 인지 과정 안에서 충분히 이해되는 현상이라는 견지에서 언어 연구 혹은 문법 연구의 입지가 좁히게 되는 결과를 초래하게 된다. 그러나 1957년 Chomsky의 등장으로 심리언어학은 또 다른 국면을 맞이하게 된다.

3) Chomsky와 심리언어학

1960년대에 들어서면서 심리언어학은 언어 지식에 대한 Chomsky의 지대한 영향을 받게 되는데, 행동주의자들을 위기에 처하게 한 그의 논중 과정을 한번 살펴보자.

행동주의자들은 문장은 문장에서의 개별 단어들 사이의 결합의 연쇄로 구성된다는 결합 연쇄 이론(associative chain theory)을 제시했다. 달리 말하면, 문장에서 각 단어는 다음 단어에 대한 자극(stimulus)으로 기능하고, 그러므로 전체 문장은 왼쪽에서 오른쪽으로 생산된다는 주장이다. 그러나 Lashley(1951)에서는 문장에는 인접 단어들(adjacent words) 사이의 결합보다 더한 것이 있다고 주장하였고, Chomsky(1957)에서는 이 개념을 진전시켜 너무나 널리 알려진 다음의 문장을 들어 행동주의자들의 주장을 반박하였다.

(5) Colorless green ideas sleep furiously.
(6) Furiously sleep ideas green colorless.
(7) George picked up the baby.
(8) George picked the baby up.

즉, 단어들 사이의 결합은 (5)처럼 이러한 인접 단어들은 거의 존재하지 않겠지만 통사적으로는 수용 가능한 문장을 단어들 사이의 결합으로 설명할 수 없다는 것이다. 그러나 (6)처럼 거꾸로 쓴 것은 전혀 문장이 될 수 없다. 그리고 (7), (8)의 경우, 동의 관계임을 알 수 있는데, 여기서 *pick*과 *up*은 하나의 언어학적 단위로 구성성분인데 결합 연쇄 이론으로는 (8)에서처럼 문장에서 단어들 사이의 먼거리 의존 관계(long-range dependency, LRD)를 설명할 수 없다(Carroll, 2004:11~12)는 것이다.

그의 이론을 기반으로 심리언어학을 연구하는 학자들은 언어의 핵심은 문법 또는 언어 체계로서 이 체계는 다양한 단계에서 문장을 표시하

234

여 나타내고 이러한 표지를 연결하여 주는 규칙을 포함한다고 주장한다. 또한 언어 체계와 표지는 다른 인지 체계와 표지와는 구별된다는 입장을 취한다. 즉, 언어의 독립성을 인정하는 틀 내에서 언어를 연구하는 심리언어학자들은 (1) 다른 인지 활동과 독립적인 것으로 언어만을 분리하여 다루며, (2) 구문 구조의 핵심을 이루고 있는 것은 단어나 음소가 아닌 문장이라는 입장을 취하고 있으며, (3) 구문 현상이 언어 연구의 초점이 되므로 언어 습득과 처리 과정에 대한 성공적인 모형을 얻는 데 기본이 되는 것은 이러한 구문 현상의 이해라는 입장(박경자, 1998:17~18)인 것이다.

결국 Chomsky의 영향 안에서 심리언어학자들은 다른 인지 현상과는 구별되는 '언어' 자체에 연구의 초점을 둘 수 있게 되었고, 언어 습득은 타고난 능력, 즉 인간이 생득적으로 가지고 태어난 언어 습득장치(langugae acquisition device, LAD)의 작용에 의해 이루어진다는 그의 언어 습득이론은 발달심리학의 틀을 제공하게 된다. Chomsky의 심리언어학에 대한 막대한 영향력은 변형 생성 규칙이 화자의 문장 생성 생산 규칙이라는 가능성을 가정하여 구절 구조 규칙과 변형 규칙의 심리적 현실성을 조사했던 당시의 연구들(Miller, 1964; Fodor&Bever, 1965; Bever&Garret, 1966 등)에서 짐작하여 볼 수 있으며, 1970년대 이후 우리나라에 도입된 심리언어학 연구물 역시 이러한 Chomsky의 영향을 받은 저작들이 대부분이었다. 이에 대한 내용은 다음 절에서 다루기로 한다.

4) 최근의 심리언어학

최근 15년에서 20년 사이의 심리언어학적 연구의 성향은 더욱 다채로

워졌다고 할 수 있다. 그 특징을 몇 가지 꼽아 보면 다음과 같다(Carroll, 2004:13~14).

첫째, 학제적인 연구의 경향이 좀더 짙어졌다. 컴퓨터 과학(computer science), 철학(philosophy), 신경과학(neuroscience) 등 인접 학문과의 학제적 연구가 성행하였다.

둘째, Chomsky 영향 이후 통사 단위에 집중되었던 심리학적 관심이 언어의 다른 면들에 대한 관심을 고무시켰다. 그 중에는 단락(paragraph), 스토리(story)와 같은 문장보다 큰 언어 단위의 담화(discourse)를 사람들이 어떻게 이해하고 기억하고 생산하는지를 다루는 연구 영역이 있다. 그리고 어휘부(lexicon)혹은 심성어휘집(mental lexicon)을 다루는 연구들이 더 두드러지고 있다. 또한 양자의 연구 영역 모두 이론적인 중요성뿐만 아니라 실질적인 적용을 해 오고 있다.

셋째, 하나의 중요한 주제는 심리언어학자가 아동언어 습득(child language acquisition)을 바라보는 방법들에 관련된다. 내재적 언어 메커니즘(innate language mechanism)에 대한 관심은 아동의 언어학적 환경 연구의 부활로 보충되어 왔다. 성인들은 성인에게 하는 발화와는 구분되게 음운론적으로(phonologically), 의미론적으로(semantically), 그리고 화용론적인(pragmatically) 방식으로 아이들에게 말하고, 많은 연구가 아동 언어 습득에 있어 이러한 암시적인 언어 교육의 역할을 실험해 왔다.

끝으로, 심리언어학은 이전에 비해 좀더 다양한 장(diverse field)이 되었다. 심리언어학은 하나의 단일한 이론적 관점에 의해 지배되지 않고, 인지과학(cognitive science)의 다른 장들로부터의 입력(input)이, 성장하고 있는 장에 포함될 수 있는 새로운 관점(perspectives)과 안목(insights)을 더하여 주고 있다. 동시에, 명백한 진보가 읽기(reading; Just&Carpenter, 1987), 이중 언어(bilingualism; Bialystock, 2001), 언어 무질서(language disorder; Tartter, 1998) 와 같은 화제에 대한 심리언어학적 연구를 적용하는 데 이루어지고 있다. 이러한 진전은 인지과학의 다른 경계로부터의 안목을 통합하면서 가능해졌다. 예를 들어, 읽기 이해에 대한 Just & Carpenter(1987)는 문장 구조의 언어학적 이론, 읽기의 컴퓨터 시뮬레이션과 눈동자 움직임에 대한 심리학적 실험을 통합하고 있다.

5.2.2 한국에서의 심리언어학

우리나라에서의 심리언어학 연구는 먼저 심리학을 전공하는 학자들에 의해 처음 시도되었다고 할 수 있다. 즉, 심리학적인 측면에서 학습이론과 언어 습득이론, 그리고 문법적인 구성소의 심리적 현실성을 실험을 통하여 증명하려고 하였다. 따라서 심리언어학 대신 언어심리학이라는 용어가 사용되어, 서울대 심리학과에서 조명한(1979)이 '언어심리학: 언어와 인지'라는 이름으로 처음 출간되었고, 고려대 영문학과에서 박경자(1989)가 '심리언어학'이라는 이름으로 출간되었다.

우리나라의 심리언어학 연구는 미국에서의 심리언어학 연구와 그 맥을 같이 해 왔다고 할 수 있는데, 그것은 우리나라 대학 영문학과나 심리학과 출신들이 유학을 통해 심리언어학을 접하고, 한국어와 영어라는 두 개 언어의 문법이나 습득에 관한 것을 비교 연구함으로써 Chomsky가 주장하는 보편문법의 여러 문제에 관한 자료를 제시해 온 형편임을 박경자(1998:456-457)에서도 언급하고 있다. 그러나 국어교육 내에서도 심

리언어학에 대한 관심과 연구가 서서히 표면화되고 있는 양상을 살펴
볼 수 있다. 이는 다음 절에서 다루기로 한다.

1) 언어심리학 혹은 심리언어학

Psycholinguistics란 용어는 심리학을 전공하는 쪽에서는 언어심리학
으로, 언어학을 전공하는 쪽에서는 심리언어학으로 번역되어 국내 학계
에서 사용되고 있다. 이는 연구의 중심점이 어디에 있느냐의 문제로 판
단할 수 있다. 그렇다면 심리학과, 영문학과, 국어교육과에서 받아들인
심리언어학의 양상은 각각 어떠한지 해당되는 대표적인 저서와 번역서
들을 통해 살펴보자.

2) 심리학과에서의 도입

조명한(1979)은 '언어심리학'을 내세운 대표적 저서라 할 수 있으며,
조명한 외(2003)로 거듭해 출간되었다. 조명한 외(2003)에서는 언어 및 언
어 처리의 보편성과 개별성을 이해하고자 하는 노력으로 언어심리학을
규정하고, 언어 처리를 중심으로 언어 단위에 따라 말소리의 산출과 지
각, 표기 처리 과정, 형태소 처리 과정, 어휘 의미의 처리, 통사 처리 과
정, 문장의 의미적인 처리, 텍스트의 이해와 기억, 기억 기반의 담화 이
해와 추리의 문제를 다루고 있다. 그리고 텍스트를 통한 학습이라는 장
을 별도로 구성해 학습 차원에서 텍스트 이해를 증진시키기 위한 프로
그램을 제안하면서, 언어 산출 과정에서의 말실수와 글쓰기 문제, 언어

와 사고의 관련성, 뇌에서의 언어 기능과 인간의 언어 습득과 언어 발달을 중심으로 장을 할애하고 있다. 또한 대부분의 관련 저서가 영어 예문에 기대고 있는 실정인데 반해, 한국어 예문을 곳곳에 제시하고 있으며, 특정 이론에 치우쳐 논의를 전개하지 않고 있다는 장점이 있다.

윤현섭(1994)에서는 언어에 대한 철학적, 심리학적 언어학적 고찰에서 출발해 음운-문장-의미론을 검토하면서 자연언어를 중심으로 자연언어와 인지, 형식적 언어와 인공언어, 자연언어와 정서, 자연언어와 사회구조의 문제를 살피고, 언어 발달심리학과 읽기와 언어심리학, 언어의 이상행동, 비교언어심리학, 그리고 인간과 언어의식에 대해 개관하고 있다. 언어심리학 안의 분야를 폭넓게 다루면서 배경이 되는 이론도 관련지어 설명해 주어 개론서의 성격이 강하다.

정길정·연준흠 역(1994)은 Singer(1990)을 옮긴 것으로, 문장과 담화 처리 과정을 중점적으로 다루면서 독해와 청해를 강조하고 있는 만큼 담화 표상과 기억, 통사와 분석 과정, 언어 이해에서 지식의 역할, 일관성 있는 담화 이해, 화제, 추론 과정, 이야기 이해, 질문 답변과 문장 검증, 컴퓨터에 의한 자연언어 이해 그리고 인간에 대해 다루고 있다. 심리언어학의 최근 성향 중 컴퓨터 과학과의 학제간 연구의 성과물이라 할 수 있으며, 읽기교육에 시사하는 바가 있을 것으로 기대되지만 제2언어 교육에 더 의미 있을 것으로 생각된다.

이승복·한기선 역(1999)은 Whitney(1997)를 옮긴 것으로, 역자들이 '옮긴이의 말'에서 밝히고 있듯이 심리언어학의 다양한 분야를 포괄하고 있으며, 최근 연구를 소개하면서 다양한 표와 수형도들을 활용하고 있어 조금은 다가가기 쉬운 책이다. 크게 '언어와 그 기능, 언어 처리 모형,

언어와 뇌'의 3부로 구성되어 있고, 하위 장들에서 '언어의 본질-언어 사용자의 지식-언어와 다른 인지 과정의 관계-언어와 사고에 관한 이론'에 대해 폭넓게 서술하고 있으며, 언어 단위에 따라 다시 '말소리 단어의 재인-시각적 단어 재인-문장 처리-담화의 이해와 기억-언어의 산출과 대화'에 대해 상술하고 있다. 마지막 3부에서는 '뇌의 언어 처리 과정-언어 습득'에 관한 문제에 지면을 할애하고 있다. 실생활 자료들을 구체적으로 들어 설명하고 있어, 개론서로서 손색이 없는 듯하다.

3) 영문학과에서의 도입

박영배 역(1978)은 Greene(1972)을 옮긴 것으로, 영문과에서 심리언어학 관련 외서를 옮긴 첫 시도라 할 수 있다. 책 제목에서도 드러나듯이 철저히 Chomsky 이론에 기반하고 있으며, 책의 구성 또한 전반부에서 Chomsky(1957)과 Chomsky(1965)의 이론을 충분히 설명하고, 이를 심리 언어학 연구의 근간으로 삼아 Chomsky(1957)과 Chomsky(1965)의 이론을 지지하는 한국어 사례를 드는 방식을 취하고 있다. 심리언어학에 끼친 Chomsky의 막대한 영향력을 실감할 수 있는 역서이다.

박경자 · 임병빈 · 강명자 역(1985)는 Slobin(1978)을 옮긴 것으로, 박 경자(1998:458)에서 언급된 것에 의하면 70년대 미국의 심리언어학 강좌에서 주로 사용되는 교재였다고 한다. 박경자 · 임병빈 · 강명자 역(1985)에서는 70년대 후반 미국의 심리언어학이 다양한 이론을 갖게 되면서 선택의 폭이 넓어지게 되자 심리언어학의 넓은 영역 중 인지에 있어 언어의 역할을 기술하고 아동의 언어 발달을 주로 다루고 있다. 고전으로서 충분한 의미가 있다고 생각되는 역서이다.

박경자·이재근 역(1996)은 Steinberg(1982)를 옮긴 것으로, 제목처럼 입문서인 만큼 심리언어학 분야의 전반을 두루 개관하고 있다. '언어, 언어와 마음, 제2언어'라는 3부 구성 안에 '아동의 언어 습득, 동물의 언어, 언어 장애, 심성 문법, 언어와 사고, 언어와 뇌, 제2언어 습득, 제2언어 교수, 이중언어와 인지의 문제'를 폭넓게 살피고 있다.

박경자(1989)는 본격적인 심리언어학 개론서로서 심리언어학의 정의에서부터 구절구조문법, 변형생성문법, 격문법의 내용을 포괄해 여러 가지 유형의 문법을 다루고, 언어 수용, 언어 저장 및 인지, 문장 이해 및 처리 방법, 암시적 의미에 관한 다양한 외국의 실험 사례를 소개하고, 언어 습득 이론을 행동주의 이론에서부터 Chomsky까지 제시하고 있다. 아동 언어와 관련해 언어 습득 및 발달에 관한 외국의 연구를 소개하고, 언어와 사고의 문제에서 동일성과 독립성을 주장하는 입장들에 대해서도 자세히 소개하고 있으며, 참고 논저가 풍부한 것이 특색이다.

정동빈(1992)에서는 언어의 심리적 기저를 크게 언어 습득 이론과 언어 습득 연구의 역사를 중심으로 논의하면서 어린이의 습득 단계를 기존 연구에 기반해 제시하고, 아동의 언어 장애와 교정 그리고 인공지능과 자연언어 처리에 대한 연구를 충실히 소개하고 있다.

4) 국어교육과에서의 도입

이용주(1970)는 심리학의 중요 과제인 '연상'에 대해 언어학적으로 접근한 최초의 실험 조사 연구라 할 수 있으며, 자극으로 제시된 단어에 대해 어떠한 언어적인 연상 반응을 보이는가를 수집·설명하는 데 그 목적이 있었다. 조사는 남녀의 성 차이를 제외하고는 다른 변인이 없도록 비슷한 전공의 남녀 대학생 각각 20명을 대상으로 감정성이 강한 형용사와 가치 판단의 형용사 30단어와 색채어 29단어[2]를 제시하고, 한 문항 당 30초 이내에 가장 먼저 연상되는 단어를 적는 방법으로 진행되었다. 이 연구는 남녀의 언어 차이를 설명하고자 하는 사회언어학적 연구로 볼 수 있으나, 행동주의의 자극-반응 이론을 바탕으로 '연상'이라는 심리학적 기제를 통해 남녀의 언어적 차이를 규명하려 하였다는 점에서 심리언어학적 관점을 도입한 최초의 실험 연구로 그 의의가 충분하다고 생각된다.

민현식(1997)에서도 따른 전국의 각 도별 남녀 대학생 1444명(남학생 738명, 여학생 706명)을 대상으로 남성 화법과 여성 화법에 대한 연상 단어 조사를 실시하여, 고빈도 어휘를 통해 남녀 화법에 대한 언어 인식의 문제를 다루었는데, 이 역시 남녀 언어 특성을 밝히는 사회언어학적 연구를 수행하면서 '단어 연상'이라는 심리학적 기제를 활용한 사례로 논할 수 있다.

이러한 단어 연상 연구는 이찬규(2002a, 2002b)로 이어져 더욱 상세화되고 치밀해지는 양상을 보이는데, 이찬규(2002a)에서는 단어 연상 조사

---

2) 자극으로 제시된 어휘 목록은 다음과 같다.
   a. 형용사 : 1. 괴롭다 2. 귀엽다 3. 기쁘다 4. 나쁘다 5. 노엽다 6. 답답하다 7. 밉다 8. 반갑다 9. 부끄럽다 10. 불쌍하다 11. 사랑스럽다 12. 서운하다 13. 슬프다 14. 쓸쓸하다 15. (속)시원하다 16. 싫다 17. 아니꼽다 18. 아름답다 19. 안타깝다 20. 외롭다 21. 자랑스럽다 22. 좋다 23. 즐겁다 24. 지겹다 25. 징그럽다 26. 착하다 27. 천하다 28. 행복하다 29. 후련하다 30. 흐뭇하다
   b. 색채어 : 1. 빨강 2. 노랑 3. 초록 4. 파랑 5. 자주 6. 하양 7. 까망 8. 보라 9. 주황 10. 남 11. 분홍 12. 갈색 13. 회색

분석을 통해 한국인의 연상 과정과 방식을 밝히는 것을 목적으로, 고등학생 957명, 대학생 1128명, 일반인 96명을 대상으로 20개의 단어를 주고 자유 연상 방식에 의해 10초 안에 연상되는 단어나 구를 적도록 하는 대규모 양적 연구를 실시하였다. 이용주(1970)와 민현식(1997)이 단어 연상에서 나타나는 남녀 언어 차이를 밝히는 데 중점을 두었다면, 이찬규(2002a, b)에서는 한국인의 연상 과정과 방식의 일반성을 드러내고자 하였다는 점에서 좀더 심리언어학적 연구에 근접하다.

이찬규(1997)에서는 뇌의 기능과 언어학적 자료, 심리학의 연구 결과물들을 토대로 실제 문장이 분석되는 경로를 제시3)해 언어 처리 과정을 규명하고자 하였다는 점에서 본격적인 심리언어학 연구의 시작이라 볼 수 있다.

---

3) 이찬규(1997:58)에서 제시된 문장 분석의 경로를 옮겨 보면 다음과 같다.

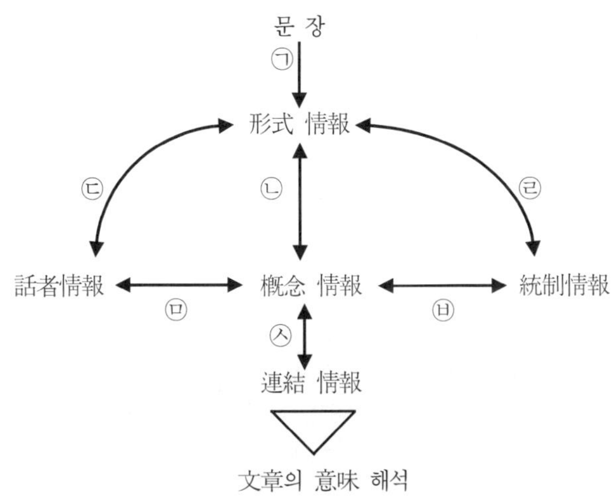

즉, 문장이 입력되면 형식 정보에서 그러한 형태가 존재하는지를 인지함과 동시에 이 문장은 세 유형의 정보에 연상 작용을 일으킨다는 것이다.

임지룡·윤희수 역(1993)은 Aitchson(1987)을 옮긴 것으로, 인간이 어떻게 그 많은 단어를 저장할 수 있으며, 이 중에서 원하는 단어를 찾아낼 수 있는지를 탐구하면서 '머릿속 어휘사전(mental lexicon)'의 속성을 논하고 있다. 이 책의 재개정판인 Aitchson(2003) 역시 홍우평 역(2004)으로 옮겨졌는데, 이 책에 대한 끊임없는 관심을 짐작할 수 있다.

이제까지 한국에서 심리언어학이 도입된 상황을 살펴보면 심리학과와 영문학과에서는 비교적 풍성하게 외서가 번역되고 논의의 폭 역시 언어 전반에 걸쳐 이루어지고 있는 반면에, 국어교육에서는 이찬규(1997)를 제외한 대부분 논의가 어휘부에 한정되어 진행되고 있음을 확인해 볼 수 있다. 물론 다양한 학제적 연구의 진행과 함께 심리언어학과 인지언어학의 경계가 모호하고, 인지언어학의 성과[4] 역시 논의되어야 하겠지만 여기서는 심리언어학에 한정[5]해 기술하였다. 다음에서는 심리언어학의 주요 영역을 살펴보도록 하자.

5.3 심리언어학의 주요 영역

심리언어학 연구는 크게 1) 언어 습득과 언어 발달, 2) 언어 처리,

---

4) 인지언어학에서의 성과 역시도 그 관심이 어휘부에 한정되어 있다가 통사 단위로 옮겨가고 있지만 아직은 논의가 풍성하지 못한 것으로 보인다. 인지언어학 관련 저서로는 조명원·나익주 역(1997), 인지언어학이란 무엇인가-언어학과 원형이론, 임지룡·김동환 역(1998), 인지언어학개론, 김진우(1999), 인지언어학의 이해, 임지룡(1997), 인지의미론, 김종도 역(1999), 인지문법의 토대, 이수련(2001), 한국어와 인지, 임지룡·김동환 역(2003), 인지언어학입문, 임지룡·김동환 역(2005), 인지문법 등을 참고할 수 있다.

5) 심리언어학 하위 분야에서도 아동의 언어 습득이나 놀이 치료 등과 관련한 유아교육학과의 논의가 있으나, 여기서는 구분해 싣지 못하였다.

3) 언어와 사고, 4) 언어와 뇌에 관한 영역으로 나누어 볼 수 있는데, 이 글에서는 신경언어학의 영역과 겹칠 수 있는 4) 언어와 뇌에 관한 영역은 제외하고, 나머지 영역에 대해 살펴보고자 한다.

5.3.1 언어 습득과 언어 발달

언어 습득과 언어 발달은 심리언어학의 주요 영역으로 Chomsky의 영향 아래 언어 습득 장치(Language acquisition device, LAD)를 전제로 한 연구는 많지만, 개별 언어 발달에 주목해 한국 아동의 언어 습득과 발달을 다룬 연구는 그리 많지 않다. 그런 의미에서 이인섭(1986)에 주목할 필요가 있다.

이인섭(1986)에서는 출생 이후 12세에 이르는 한국 아동의 언어발달을 기술할 목적으로 대개 음운 체계가 완성되는 1세에서 6세까지를 유아 언어로, 구문 체계가 완성되는 7세에서 12세를 아동 언어로 구분하였다. 그리고 기술적 연구 방법(12명의 유아를 대상으로 녹음 또는 필기에 의해 언어 수집)과 표본 조사 연구 방법(1979년 서울·광주·군위의 아동을 표본 대상으로 삼아 통사능력 검사지를 활용해 자료 수집)을 병행 실시하였다. 한국 아동의 전반적인 언어 발달을 음운 발달, 어휘 발달, 구문 발달로 나누어 상세화한 실증적 연구라는 점에서 그 의의가 크다.

김종훈(1990)에서는 유아 언어 발달을 기술하는 데 그치지 않고 교육적인 측면을 고려하였다는 점에서 다른 논의들과 차별화된다. 즉, '독서 지도와 언어 발달, 말놀이 지도와 언어 발달, 말하기 지도의 이론과 실제'라는 독립된 장들 속에서 유아 언어 발달을 위한 구체적인 방안을 모색하고 있다. 예를 들어, '말놀이 지도와 언어 발달'을 다룬 5장에서는 말의 구조를 인식시키는 즐거운 학습 놀이로서 '말놀이'를 정의 내리고 '동두음·동중음·동말음 말놀이, 의성어·의태어 말놀이, 중복어 말놀이, 윗말 잇기·말음 잇기 말놀이, 반대어 말놀이, 동음이어 말놀이' 등과 같은 다양한 말놀이 지도의 실례를 제공하고 있다.

이후 최근 연구를 살펴보면, 이영자·이종숙·이정욱(1997)에서는 1세에서 3세까지 105명의 유아를 대상으로 문법 범주 및 문장 사용 발달 양상을 조사하였다. 그 결과 유아가 사용하는 품사의 비중이 연령에 따라 다르며 연령이 증가함에 따라 복잡한 문장 형태를 구성할 수 있도록 조사, 형용사, 접속사의 사용 비율이 유의하게 높은 것으로 나타났다. 그리고 중문과 복문 사용의 의미 관계적 분석에서 간접 인용, 대립, 시간적 연속, 동시성이 최초로 나타나고 다음에는 설명, 한정, 보문화와 관계화들이 나타났으며, 대등과 원인은 3세까지 나타나지 않는 것으로 조사되었다. 표집 방법이 일회성으로 그쳤다는 아쉬운 점이 있으나, 다수의 유아를 대상으로 이루어진 양적 연구라는 점에서 의미가 있다고 생각된다.

이필영·임유종(2003)에서는 24개월 이전 영·유아를 대상으로 1주일에 1회씩 10개월간 지속적으로 녹음을 하고 있는 대상 영아 총 22명 중에서 11개월 이후의 녹음 대상 14명의 발화 자료 중 일부를 대상으로 50발화를 전사해 문장 구성 능력의 발달 단계를 문장 구성 요소의 습득과 문장 구성 능력의 발달로 나누어 살폈는데, 그 결과를 도표화해 보면 다음의 [표 1]과 같다.

[표 1] 이필영·임유종(2003)의 문장 구성 능력 발달 단계[6]

(l/m)		14	15	16	17	18	19	20	21	22	23	24
문장 구성 요소 습득 단계	어휘	명사 상징 부사	용언* 대명사 고유명사 감탄사	명사 부사(完) 용언 의존명사*		용언 수 추가		용언 대명사 (完)			보조용언 수관형사 ('두')	
	문법 형태소						조사 '가'	'가, 에다, 아, 랑'			주격 목적격 부사격 접속 보조사	
	어미		서술형 '어'	서술형'어,다' 의문형'어' 명령형'어' 과거'었'(1)		선어말 '는'		보조 연결어	종속연결 '고,으면' 관형형 'ㄴ'		'어서'	
문장 구성 능력 발달 단계		체언류 습득 및 구조화 시험기 체언 결합 출현기				용언류 습득 및 단순문 구성기					구절의 확장 및 복합문 출현기	
						2어문 구성 (OV) 낱말 접속 구성	3어문 출현 동사구 절 출현 부정 표현 (안) 발달	격조사 포함 본용언 +보조 용언 동사구 절 확장 부정표 현(못) 발달	명사구절 의확장 동사구절 다양화 종속접속 (고,면) 내포문 (ㄴ거야) 부가의문 문 도치문		종속접속 (인과 '어서') 관형절 구성	

(*는 빈도가 약함을 의미)

이필영·임유종(2003)에서는 문장 구성 능력을 문장 구성 요소의 습득과 구조 발달 측면의 상호작용으로 보고, 두 영역을 관련지어 기술하고자 하였다는 점에서 이전의 연구들과 차별되는 논의를 펼치고 있다.

강은진·박혜경(2007)은 영아 언어 발달 연구에 대한 메타적 연구를 수행하면서, 다음의 제언으로 연구결과를 정리하고 있는데, 그 내용은 다음과 같다(강은진·박혜경, 2007:157-158).

---

6) 이필영·임유종(2003:289-291)의 내용을 도표화한 것임.

(1) 2세 경의 영아도 과거 경험을 이야기할 수 있다는 연구들(Eisenberg, 1985; Fivush, 1991; Miller& Sperry, 1988)에 기대어 영아의 내러티브 발달에 대한 연구가 필요함.

(2) 영아 대상 언어 연구에서 주로 사용되는 부모 보고식의 경우 회상과 부모의 기대를 반영할 수 있으므로 보다 체계적인 자료 수집 방법의 개발이 요구됨.

(3) 영아 언어 발달 연구는 유아 관련 연구에 비해 매우 적게 이루어져 영아 언어 발달에 관한 정보의 부족으로 이어짐.

(4) 한국 영아의 언어 발달에 대한 연구는 이루어졌으나 영아 언어의 교육적 측면에 대해 살펴본 연구는 거의 없었음.

(5) 영아의 언어 발달 연구는 주로 심리학과 언어병리학에서 주로 연구되고 있는데, 심리학에서는 언어 습득 전략이나 기제 등 인지처리적인 면에 초점을 맞추는 경향이며, 언어병리학에서는 언어 발달 장애 아동에게 문제가 되는 언어 발달 하위 영역을 찾는 데 초점이 맞춰져 있어 연구 결과의 교류가 필요함.

강은진·박혜경(2007)에서는 영아의 언어 발달에 관한 학제 간 연구의 필요성을 제기하고 있는데, 정동빈(1994)에서는 언어 습득에 관한 광범위한 접근을 보여 주고 있어 주목할 만하다. 머리말에 언급된 것처럼, 영어학과 유아 언어, 아동학 그리고 언어지도 전공의 학생들과의 논의를 통해 나온 때문인지 언어 습득에 관한 이론적 기술에 한국어 사례를 풍부하게 함께 거론하면서 한국어 초기 통사 발달, 화용 발달, 초기 화행 발달, 아동기 이후 언어까지 다루고 있다. 또, 언어 습득 연구 방법과 자료 분석에 대한 방법론과 언어교수의 차원에서 전체 언어 교수법, 언어 장애 교정, 읽기 지도, 쓰기 지도, 아동의 의사소통 발달을 위한 모형과 언어 장애 통합 접근 방법에 조기 영어 교육의 문제와 언어 평가의 문제까지 포괄하고 있어 아동 언어 발달 이론과 방법을 모색하는 데 있어 큰 도움이 될 것으로 생각된다.

그리고 아동을 위한 언어 교육으로서 총체적 언어 교육을 강조하면서 영역에 따른 언어학습-교수방법과 각 학년별 언어 교육을 제시하고, 언어 교육의 실제로 다양한 방법론을 제시하고 있는 이성은(2005)에서도 아동 언어 발달을 위한 언어 교수의 측면을 충분히 드러내고 있다고 판단된다.

끝으로, 김경령(2001)은 4세에서 6세까지의 아동들을 대상으로 한국어와 영어의 이중언어 발달을 연구해, 상황 맥락에 따라 나타나는 이중언어 아동의 언어전이(code switiching)를 기술 분석하였다. 한국어, 영어 이중언어 발달 연구가 드문데다, 인위적인 관찰을 배제하기 위해 자연 발화 상황을 1년 동안 수집, 기록한 질적 연구라는 점에서 그 의의가 크다 생각된다.

5.3.2 언어 처리

언어 처리 영역은 언어의 이해, 언어의 생산, 발화에 대해 다루는 심리언어학의 주요 영역으로, 대개 Chomsky의 영향 아래 구조주의적인 접근이 이루어진 것이 사실이다. 여기서는 이러한 전형적인 접근과는 차별되는 저서를 소개하고자 한다.

장영준(1999)에서는 언어 단위에 충실한 생성문법적 접근으로 Chomsky

의 막강한 영향력이 그대로 드러나지만, '늙은 남자와 그냥 여자(old men and women)'처럼 의미의 중의성을 설명하기 위한 예들을 농담하듯 제목으로 내세워 기존의 언어 처리에 대한 경건한 접근과는 다른 면모를 보여 특색이 있다.

Gerry Altmann(1997)에서는 마음에서 언어가 산출되고 이해되는 방식, 즉 언어의 소리가 의미를 불러일으키는 과정과 커뮤니케이션을 하고자 하는 욕구에 의해 제일 먼저 그러한 소리들이 만들어지게 되는 과정을 탐구하면서 일반인들도 쉽게 읽어 넘길 수 있도록 심리언어학의 일반적 내용에 충실하면서도 신선한 접근으로 언어커뮤니케이션의 인지과정에 대한 이해를 높이고 있다.

5.3.3 언어와 사고

언어와 사고의 관계에 대해서는 일반언어학적인 수준의 것이 대부분이며, 언어능력과 사고력의 상관관계 문제까지 뻗어나가고 보면 그 논의가 구체성을 띠기 어려운 것이 사실이다.

그러나 이삼형 외(2000, 2007)에서는 국어교육관의 패러다임이 기능 중심에서 지식 중심으로, 다시 사고중심으로 전환되어야 한다는 문제의식 아래 '국어교육'과 '사고'의 관계를 살피고, 나아가 언어 발달과 사고 발달이 국어교육에 주는 시사점을 찾고자 하는 구체적인 노력을 하고 있다는 점에서 주목할 만하다고 생각된다.

또, 일반적인 사고가 아닌 '국어적 사고'의 개념을 정립하면서 '국어적 사고의 보편성과 특수성'을 명백히 하고, '국어적 사고력의 구조'를

250

제시하여 국어적 사고력 계발을 위한 구체적인 교수-학습 방법의 모색을 가능케 한 점은, 아직 국어교육 내에서 심리언어학의 다른 영역들이 적극적으로 도입되고 있지 않은 상황을 고려할 때 상당한 의미가 있다.

5.4 심리언어학과 문법 교육

이미 능숙하게 사용하고 있는 언어에 대해 어떤 문장의 문법적인 옳고 그름의 이유를 묻는다면, 대개는 '원래 그래, 이게 더 맞다는 느낌이 들어'하는 식의 단순한 대답을 듣기 마련이다.

그러나 문법 교육의 문제는 늘 '왜 문법을 가르쳐야 하는가, 왜 문법적 제약이 일어나는 것인가', '어떻게 문법교육을 할 것인가, 어떻게 문법적 제약을 효과적으로 설명할 것인가'라는 식의 '왜(why)'와 '어떻게(how)'라는 문제를 피해갈 수 없다. 여기서는 이 중에서도 '왜 문법적 제약이 일어나는 것인가' 와 '어떻게 문법적 제약을 효과적으로 설명할 것인가'의 문제에 주목하고자 한다. 즉, 문법 제약을 심리언어학적으로 설명해 보고자 하는 시도인 것이다.

박경자 · 임병빈 · 강명자 역(1985: 94)에서는 이러한 문법 제약을 다음의 세 가지 유형으로 제시하고 있다.

(1) 특정한 방식으로 생각하고 상상하려는 인간의 경향
(2) 시간적으로 순서가 정해진 부호로 인해 부가되는 언어 처리 과정상의 요구 문제
(3) 인간 상호 작용의 본질과 목표

여기서는 그 중에서도 문법 형태 제약과 관련성이 높은 (1), (2)의 제약에 한해 (1)의 사고방식과 관련지어 설명할 수 있는 문법 제약으로 어순(word order)과 전경-배경 조직(figure-ground organization)[7], (2)의 언어 처리 과정에서 언어 습득에 대한 지식 차원의 하나인 말소리 구분 문제와 기억의 부담량과 연관 지을 수 있는 연어 관계(collocation)를 예로 들어 논의를 진행하여 보고자 한다.

5.4.1 사고방식의 문제

1) 어순

인간의 기본 언어 유형은 대개 SVO, SOV 유형으로 특징지어지곤 하는데, 목적어와 서술어는 늘 인접해 있는 것이 기본 언어 구조임을 알 수 있다. 그렇다면, 목적어와 서술어 사이에 다른 언어 정보를 추가한다면 어떠한 형태가 될 것인가? '*The Taliban kidnappers <u>to free</u> had not been able the mission's leader being <u>man</u>.*'이라는 문장을 예로 들어 보자.

목적어와 서술어 사이에 부가적인 언어 정보가 추가된 이 문장에서는, 서술어와 목적어가 멀리 떨어져 있을 뿐만 아니라 *mission*이나 *leader*가 목적어로 해석될 수 있는 여지가 있다. 따라서 어순은 사고의 흐름을 따라 구조적으로도 밀접하게 결합될 필요가 있음을 확인할 수 있다. 그리고 이러한 문장의 언어 처리과정도 목적어와 서술어가 인접한 '*The*

---

7) 전경-배경 조직(figure-ground organization)은 인간의 인지능력 중 하나로 흔히 언급되며, 인지언어학 관련 저서에서 대개 확인해 볼 수 있다. Taylor(2002:8)에서도 언급되는데, 학제적 연구 경향으로 인지과학의 하나로 분류될 수 있는 심리언어학 역시 이러한 인지적 능력으로 언어 생산과 이해 과정을 설명한다.

252

Taliban kidnappers had not been able to free the man who was the mission'
보다는 시간이 더 걸릴 수 있다는 언어 처리의 경제적 차원에서도 사고의 흐름과 통사적 구조에서의 어순은 일치할 필요가 있음을 확인할 수 있다.

2) 전경-배경 조직

우리가 흔히 동의 관계라고 말할 수 있는 다음의 문장들은 동일한 사건을 진술하고 있다. 그러나 과연 이 두 문장이 진정 동일한 의미를 지녔다고 말할 수 있는가?

    (1a) 경찰이 도둑을 붙잡았다.
    (1b) 도둑이 경찰에게 붙들렸다.

(1a)의 경우 경찰이 무엇을 했는지가 주된 서술 관점이라면, (1b)의 경우는 도둑에게 무슨 일이 생겼는지 서술하는 것이 목적이다. 즉, 동일한 사건을 기술한다 해도 필자 혹은 화자의 의도에 따라 문장의 초점을 어디에 둘 것인가의 문제가 결정될 수 있다는 것이다. 따라서 이것은 강조하고자 하는 부분을 전면에 내세우는 전경-배경 조직의 인지적 차원의 문제로 설명이 가능하다[8].

---

8) 그러나 추리소설에서는 화제의 중심이 되는 용의자를 전면에 내세우지 않아 오히려 궁금증을 유발하고 강조하는 경우도 있어, 반대의 경우도 가능하다. 또, 오히려 처음부터 용의자를 전면에 내세워 용의자가 한 행동을 독자로 하여금 추측하게 하는 경우도 있을 수 있다. 즉, 대개는 전경이 강조되지만 이처럼 후경이 강조되는 사례도 있을 수 있다.

5.4.2 언어 처리의 문제

1) 말소리 구분 문제

어린아이들은 10~12개월이면 처음으로 의미 있는 언어 표현을 하기 시작한다. 그렇다면 어린아이들은 언제 처음으로 우리말 소리를 구분할 수 있는가? Mehler(1988)에 의하면 놀랍게도, 어린아이들은 태어난 지 4일이면 자신의 모국어를 외국어와 구별하기 시작하고 또한 서로 다른 외국어를 구분하기도 한다. 그렇다면 어린아이들은 어떻게 자신의 모국어를 외국어와 구별하게 되는 것인가? 그리고 어린아이들이 언어를 구별하는 것을 연구자들은 어떻게 알아차릴 수 있는 것인가?

Guasti(2004:26)에서는 이러한 실험을 가능하게 하는 표준적인 기술로 HAS(high amplitude sucking procedure)를 소개하고 있다.

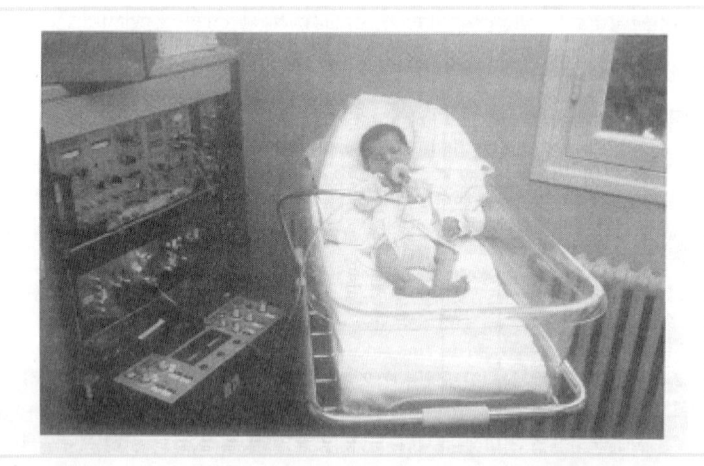

[그림 1] HAS를 위한 전형적인 실험 상황(Guasti, 2004:26)

즉, [그림 1]처럼 아기가 고무꼭지를 빨고 있으면 아기의 빠는 비율이 측정되는데, 친숙한 모국어를 들었을 때와 낯선 외국어를 들었을 때의 빠는 비율이 다르다는 것이다. 그리고 Mehler(1988)에서는 다음 도표에 제시된 가설과 예상 결론, 검증 결과를 통해 아기가 모국어를 구별해 내는 언어 자질이 무엇인지를 밝혀내고 있다.

[표 2] Melher(1988)의 실험 가설9)

가설	예상	결과
아기들은 기호의 에너지 혹은 피치(pitch)에 기반해 언어를 구분한다.	아기들은 심지어 언어가 거꾸로 들릴 때, 언어들을 구분할 수 있을 것이다.	아기들은 언어가 거꾸로 들릴 때, 언어를 구분하지 못한다.
아기들은 분절적 속성에 기반해 언어를 구분한다.	아기들은 초분절적 요소가 제거되었을 때 언어들을 구분할 수 없을 것이다.	아기들은 심지어 초분절적 요소가 제거되었어도 언어를 구분한다.
아기들은 단어 수준의 운율이나 초분절적 요소가 제거되고 난 후 남은 운율적 정보에 기반해 언어를 구분한다.	아기들은 문장 전체의 운율은 없지만 단어의 운율이 유지될 수 있도록 단어들이 재배열되었을 때, 언어를 구분할 수 있을 것이다.	아기들은 어순이 헝클어진 상태에서 언어를 구분하지 못한다.

언어 습득에 대한 이러한 심리언어학적 지식은 어떻게 활용될 수 있는가? 단순한 문법 지식의 확장에 그치고 말 것인가? 언어습득과 관련한 지식은 학습자의 호기심을 자극할 수 있는 그림과 일정 부분의 정보를 주어 학습자의 자발적인 사고 과정을 유도하는 듣기 활동으로 활용하는 방안을 모색해 볼 필요가 있다.

---

9) Guasti(2004:25-27)의 내용을 도표화한 것임.

2) 연어 관계

연어(collocation)는 언어에서 반복해서 나타나는 단어군을 나타내기 위해 사용되는 어휘로, 연어성(collocability)은 한 단어가 다른 단어들과 연합하는 것을 보여준다. 즉, 연어란 어휘 항목의 수평적 관계(syntagmatic association)를 말하는 것이다(김광해, 1993;22). 그러므로 어떠한 어휘 항목도 연어의 범위에 들어올 수 있으며, 그 항목들은 확률이 높은 것에서부터 낮은 것에 이르기까지 다양하게 있을 수 있다. 이러한 연어 관계는 언어 처리에 있어 기억의 부담량을 줄여 주는 역할을 한다. 즉, 이들 연어 관계의 단어군은 언어 처리에 소요되는 시간과 노력이 상대적으로 적게 든다.

그리고 연어 관계에 있는 단어들은 선행 낱말과 후행 낱말의 한 요소가 혼성되는 연어적 혼성이 잘 일어나는데, 임지룡(1997:338)에서는 다음과 같은 예들을 대표적으로 들고 있다.

(1) 거주지 및 시설물 관련 혼성어: 리조텔(리조트+호텔), 이코노샵(이코노+샵)
(2) 제품명에 나타나는 혼성어 : 스포티지(스포츠+포터지), 포틱(포테이토+스틱)
(3) 컴퓨터 및 인터넷 관련 혼성어 : 컴맹(컴퓨터+문맹), 네티켓(네트워크+에티켓)

이를 통해 우리는 연어 관계에 놓인 단어들의 기억 부담량이 적고 다른 단어들에 비해 혼성되기 쉬워 신어를 만들어내는 기능이 뛰어남을 짐작할 수 있다. 따라서 신어 생성이라는 어휘 현상을 연어 관계로 설명해 낼 수 있는 가능성을 확보할 수 있으며, 이를 신어 형성의 기제로 활용할 수도 있을 것이다.

이상으로 심리언어학이란 무엇인가 하는 근본적인 물음에서부터 출발하여 심리언어학의 역사적 맥락을 살피면서 주요 영역을 개괄하고, 심리언어학적 관점을 도입해 문법교육의 문제에 접근해 보고자 하였다. 그러나 아직 그 시도가 미약해 본격적인 논의로 나아가지 못하여 아쉽다. 이에 관해서는 추후 연구를 통해 지속적으로 보완해 나가야 할 것이다.

참고 문헌

강은진·박혜경(2007), 영아 언어 발달 연구의 경향 분석:0~36개월 미만 영아를 대상으로, 유아교육연구27-2, 한국유아교육학회.

김경령(2001), *A Study of the Syntactic Development of Korean-English Bilingual Children*, 한국어교육12-2, 국제한국어교육학회.

김광해(1993), 국어어휘론개설, 집문당.

김종훈(1990), 어린이말연구—언어발달과 말하기지도, 개문사.

민현식(1997), 국어 남녀 언어의 사회언어학적 특성 연구, 사회언어학5-2, 사회언어학회.

박경자(1989, 1991, 1993) 심리언어학, 고려대학교 출판부.

박경자(1998), 심리언어학사, 한국문화사.

윤현섭(1994), 언어심리학, 박영사.

이삼형 외(2007), 국어교육학과 사고, 역락.

이성은(2005), 아동을 위한 총체적 언어 교육-실체와 매체로서의 언어적 관점, 이화여대출판부.

이영자·이종숙·이정욱(1997), 1,2,3세 유아의 의미—통사적 발달 연구: 문법 범주 및 문장 유형의 발달을 중심으로, 유아교육연구 17-2, 한국유아교육학회.

이용주(1970), 남녀 대학생의 언어연상에 관한 비교 연구, 아세아여성연구9, 숙명여자대학교 아세아여성문제연구소

이인섭(1986), 아동의 언어 발달: 한국아동의 단계별 위상, 개문사.

이찬규(1997), 뇌의 언어 처리 모델을 기반으로 한 문장 의미 분석 모형, 어문연구25-3, 한국어문교육연구회.

이찬규(2002a), 단어 연상에 관한 조사 연구(Ⅰ), 어문연구30-2, 한국어문교육연구회.

이찬규(2002b), 단어 연상에 관한 조사 연구(Ⅱ), 한국어의미학11, 한국어의미학회.

258

이필영·임유종(2003), 한국 아동의 문장 구성 능력 발달 단계-24개월 이전의 한국 영·유아를 대상으로, 한국어교육14-2, 국제한국어교육학회.

임지룡(1997), 인지의미론, 탑출판사.

장영준(1999), 언어의 비밀, 한국문화사.

정동빈(1992), 심리언어학-언어의 심리적 기저, 중앙대학교 출판부.

정동빈(1994), 언어 발달지도, 한국문화사.

조명한 외(2003), 언어심리학, 학지사.

조명한(1979), 언어심리학-언어와 인지, 정음사.

Aitchson, J.(1987), *Words in the mind: An Introduction to the mental Lexicon*, 임지룡·윤희수 역(1993), 심리언어학-머리속 어휘사전의 신비를 찾아서, 경북대 출판부.

Aitchson, J.(2003, 3rd), *Words in the mind:An Introduction to the mental Lexicon*, 홍우평 역(2004), 언어와 마음, 역락.

Blumenthal, A. L.(1970), *Language and Psychology: Historical aspects of psycholinguistics*, Wiley.

Carroll, D. W.(2004, 4th), *Psychology of Language*, Thomson.

Gerry Altmann(1997), *The ascent of Babel*, 홍우평·최명원 역(2005), 말하는 뇌-언어커뮤니케이션의 비밀, 역락.

Greene, J. M.(1972), *Psycholinguistics: Chomsky and Psychology*, 박영배 역(1978), 심리언어학:촘스키와 심리학, 한신문화사.

Guasti(2002), *Language acquisition-the grouth of grammar*, MIT.

Singer, M.(1990), *Psychology of Language-An Introduction to Sentence and Discourse Processes*, 정길정·연준흠 역(1994), 언어심리학, 한국문화사.

Slobin, D. I.(1978, 2nd), *Psycholinguistics*, 박경자·임병빈·강명자역(1985), 슬로빈의 심리언어학, 한신문화사.

Steinberg, D. D.(1982), *An Introduction to Psycholinguistics*, 박경자·이재근 역(1996), 심리언어학 입문, 한신문화사.

Taylor, J. R.(2002), *Cognitive grammar*, 임지룡·김동환 역(2005), 인지문법, 한국문화사.

Whitney, P.(1997), *Psychology of Language*, 이승복·한기선 역(1999), 언어심리학, 시그마프레스

제 6 장

전산언어학과 문법 교육

✔ 전산언어학과 문법 교육은 일견 관련이 없을 것처럼 보이지만, 인간과 인간의 의사소통을 원활하게 하듯이 인간 대 컴퓨터의 의사소통의 범위를 확대하려는 시도라는 점에서는 큰 차이가 없다. 이 장에서는 전산언어학적 지식을 문법 교육에 어떻게 활용할 것인지에 대해서 살펴보기로 한다.

6.1 들어가기

전산언어학과 문법 교육은 언어학의 실용적 분야라는 것을 제외하고는 언뜻 별다른 공통점을 찾기 어려울 것 같다. 전산언어학은 컴퓨터가 인간 언어를 이해하도록 언어 지식인 문법을 논리적으로 체계화하는 것을 목표로 한다. 이에 대해 문법 교육은 인간과 인간의 의사소통을 원활히 수행할 수 있도록 문법을 요령 있게 체계적으로 전달하는 방법을 연구한다. 이러한 관점에서 문법 교육이 인간 대 인간의 효율적인 의사소통을 위한 분과라면 전산언어학은 인간 대 컴퓨터의 의사소통(HCI 혹은

NLI : Human Computer Interface by Natural Languge)을 위한 분과라는 점에서 공유 접점이 확대될 개연성이 있다. 다시 말해서 이 두 분야에 종사하는 연구자들에게는 무언가 추상적이고 난해한 문법 내용을 간결한 방법으로 체계적으로 정리해야 하는 필요성이 절실하다는 것을 공감할 수 있다는 것이다.

전산언어학은 컴퓨터가 비약적으로 발전되기 시작한 20세기 후반부터 본격적으로 언어학의 한 연구 분야로 자리 잡게 되었다. 이에 비해 문법 교육은 원래부터 언어 연구의 근본 목적이었다. 문법 교육을 위한 문법은 학교 문법이라는 용어로 우리에게 더욱 친숙하다. 또한 그러한 이유로 덜 과학적이라는 비판도 받아온 것이 사실이다. 이론언어학의 관점에서는 언어를 있는 그대로 기술하는 것 외에 인간의 언어활동에 제약을 가하는 연구는 과학 본연의 임무가 아니라는 생각이 지배적이었기 때문이다. 더구나 학교 교육에서 마치 문법 교육이 기능 중심의 언어 교육에 방해가 된다는 지적이 가세하면서 문법 교육의 중요성을 강조하는 분위기는 점점 희석되고 있는 실정이다.

문법의 근본적 소용은 결국 인간의 언어 지식을 객관화함으로써 인간 언어를 더욱 깊이 인식하는 인문학적 탐구뿐 아니라, 이를 통하여 특정 언어 사회의 언어활동을 생산성과 효율성을 높이는 데 있다. 이 점은 전산언어학의 목표와 아주 유사하다. 전산언어학도 결국은 '언어 지식을 객관화하여 컴퓨터가 인간의 언어활동에 근접하도록 하는 것'이 주된 목표이기 때문이다. 이런 점에서 문법의 기본 개념을 점검하고, 문법 교육과 전산언어학의 두 실용적 분과가 해결해야 하는 언어 지식의 객관화와 체계화가 구체적으로 무엇을 지향하고, 이 과정 속에서 어떤 지식을 공유해야 하는지를 살펴볼 필요가 있다.

언어 과학은 분명 인문학적 순수성과 과학적 엄밀성에 기반한 것이지만, 지식 집약적인 디지털 시대를 살아가는 우리의 삶을 풍요롭게 할 수 있는 필요한 기술과 의사소통의 범위와 효율성을 높이기 위한 체계적 교육 방법론을 개발하는 등 실용적이고 대중적인 분야에 대한 관심도 아울러 제고할 필요가 있다.

6.2 문법 이론과 문법 교육

6.2.1 문법

문법은 인간의 언어활동을 보장하는 지식의 총체이다. 문법이라는 용어를 처음 사용한 그리스인들은 문법을 '읽고 쓰기 위한 기술(Art of Grammar "Tékhnē grammatiké")'로 정의하였다.[1] 그리스인들은 웅변, 특히 논리적 웅변에 능통하게 되는 것을 중요하게 생각하였는데, 이러한 기술을 효율적으로 학습하기 위해 각종 문법 용어를 정확하게 이해하는 지식이 필요했던 것이다. 이러한 전통은 중세 사회를 거쳐 오늘날까지도 외국어의 학습이나 자국어의 사용 능력을 극대화하기 위하여 문법 학습의 필요성은 여전히 존재한다. 다만 문법에 치우친 교육 방법이 언어 사용의 숙달도를 높이는데 오히려 방해가 될 수 있다는 비판이 꾸준히 제기되어 왔

---

1) 그리스 문법을 정립한 Dionysius Thrax(170 BC~90 BC)는 문법을 "시인과 산문 작가들의 보편적 작법(사용)에 대한 실용적인 지식(the practical knowledge of the general usages of poets and prose writers.)"로 규정하였다.

고, 이러한 사정들이 현재 한국의 외국어 학습이나 국어 교육에 반영되어 문법 교육의 중요성은 그만큼 반감되고 있는 것도 사실이다.

문법이 언어활동을 위한 기반 지식이라면 언어 교육에서 문법 교육을 등한시하는 것은 좋은 해결이 아니다. 그러나 문법 교육을 어느 정도의 난이도와 복잡성을 제공하는 것이 좋을 것인가에 대한 연구와 조정은 필요하다. 이를 논의하기 위하여 먼저 문법의 여러 가지 모습들을 살펴보고 이에 대한 장단점들을 논하는 것이 좋을 듯싶다. 지난 20세기에는 언어를 순수한 과학적 측면에서 탐구하려는 이론적이며 일반적인 연구 경향이 언어학의 주류로 행세하게 되었다. 이러한 연구 태도는 아직도 언어학자들을 언어의 실용적 연구 태도를 다소 경원시하도록 만들기도 하였다. 좀 더 심각한 문제는 아마 언어학자 자신이 이론 중심적 언어학에 대해 어느 정도 반감이 있다고 하더라도 연구 방법론과 연구 결과물에 대해서는 결국 사변적이고 이론적인 태도를 고수하게 한다는 점이다.

Chomsky(1928~)에 의해 주도된 생성문법의 권위가 20세기 후반부터 꾸준히 하락되고 있는 것도 사실이다. 그러나 여전히 많은 연구자들은 생성문법의 세례로부터 자유롭지 않다. 물론 생성문법의 제반 문제들을 열거하고 비판하는 것은 이 글의 주된 목표가 아니다. 그러나 문법 교육이라는 하나의 실용적 문제를 심층적으로 논의하기 위해서는 먼저 문법이 가지는 이론적인 측면과 실용적 측면을 이해해야 한다. 언어학에 과학적 지위를 부여한 것은 Ferdinand de Saussure(1857~1913)이지만, 언어학을 비경험 과학(수학이나 논리학과 같은 연역과학)의 일종으로 오해하도록 한 모든 문제는 Chomsky가 제기하였기 때문에 Chomsky가 추구하는 문법의 이론적 문제들을 간단하게 짚어볼 필요가 있기 때문이다. 사실 문법 연구의 오랜 역사에서는 문법이 실용적이며 교육적인 측면이 강조되어 왔으며, 이러한 연구 태도는 오늘날의 관점에서도 여전히 유효하다. Chomsky 가 언어의 지식이 연역적 방법론에 의해 연구될 수 있다고 주장하였지만, 언어 과학은 경험적 자료에 의해 참과 거짓이 판단되는 경험 과학일 수밖에 없다.

문법은 어떤 경우에도 인간이 내재하고 있는 지식의 일부분이다. 인간은 태어나서 죽을 때까지 많은 지식을 획득하게 된다. 언어 지식이 다른 지식과 다른 점은 언어 지식은 인간의 어린 시절에 폭발적으로 증대되며, 다른 지식을 구성하는 메타 지식이라는 점이다. 인간이 다른 동물과 다른 점은 선천적으로 언어 지식을 획득할 수 있는 자연적 장치를 가지고 태어난다는 사실이다. 이러한 점에서 문법은 두 가지 의미를 가지게 된다. 하나는 언어 자체를 습득할 수 있는 능력 자체이며, 다른 하나는 말을 유창하게 하는 데 필요한 경험적 지식이다. 전자는 이론언어학에서 다루어야 하는 과제이며, 후자는 실용 언어학에서 다룰 수 있는 과제이다.

6.2.2 문법 교육

1) 전통문법과 문법 교육

전통문법은 그리스 시대부터 시작된 의사소통 기술을 위한 도구적 지식이다. 효율적인 의사소통을 위하여 문장 구조론이나 품사론이 일찍부터 발달하였으며 관련된 지식을 주입하고 반복하여 외우는 방법을 사용함으로써 규범 문법이나 학교 문법이라는 이름으로 불리기도 하였다. 최초의 언어학자라고 할 수 있는 Aristotle(384 BC~322 BC)은 문장의 구조를 onoma와 rehma로 구분하였는데, 이 술어들로부터 주어와 술어, 그리고 명사와 동사라는 개념이 파생되었다. 이러한 Aristotle의 문법관은 Thrax의 품사론으로 발전하면서 전통문법의 중요한 기반을 쌓아갈 수 있었다.

현대 언어학의 관점에서 전통문법이나 규범문법과 같은 개념은 다소 케케묵었을 뿐 아니라 비과학적인 언어 지식이라고 볼 수 있다. 그러나 문법이 '시인이나 산문가들을 위한 작법 기술'이라는 관점에서 언어에 대한 규범적이고 다소 선험적 분석은 오늘날의 언어 교육에서 여전히 유효하다.[2] 오랫동안 라틴문법의 교육 방법으로 사용되어 왔을 뿐 아니라, 대부분의 서구 언어 교육서들이 채택하고 있는 교육 방법이기도 하다. 아마 대부분의 이론언어학자들조차 결국 명사나 동사의 개념 정의나 문법 규칙의 옳고 그름을 따지기 위한 직관의 적용에서 전통문법의 술어들을 온전히 배제하고 객관적 세계를 구축하기란 쉽지 않은 일이다.

전통문법의 비과학성에 대한 공격은 주로 구조기술문법 학자들에 대해 가해졌는데, 그들은 자신이 전통문법을 공격한 주된 이유인 엄밀한 과학적 고찰이라는 근거로 인해 다시 생성문법 학자들의 공격을 받게 되었다. 초기 생성문법에서도 전통문법의 비과학성이 논의되기는 하였으나, 공교롭게도 생성문법의 대부분의 술어들은 전통문법의 분류 체계에 그대로 부응하는 것이었다. 구조기술 문법가들이 명사나 동사, 주어나 술어와 같은 개념을 어떻게든지 해체해 보려고 노력했다면, 생성문법가

---

2) 품사론은 다소 연역적인 직관을 활용한 결과이다. 품사론의 근거를 분포적(혹은 기능적) 관점에서 논증하려 했던 기술문법가들의 실패를 상기해 보라.

들은 이 개념이 의미하는 언어적 직관을 얼마나 그럴싸하게 규칙 체계 속에서 기술할 수 있는지에 거의 모든 노력을 기울였기 때문이다.

이론언어학에서 전통문법의 평가가 어떠한 것이든 전통문법이 이룩한 품사와 성분어의 분석 결과는 이론언어학이 이룬 성과와 관련 없이 문법 교육을 위한 각종 서적에서 중심을 이루고 있다. 이러한 이유는 전통문법의 술어들이 특별한 언어학적 지식 없이도 언어 지식을 다루는데 충분할 만큼 잘 정비되어 있기 때문이다. 이론언어학이 언어에 대한 연구를 정규 과학의 입지에 올려놓는 데 집중하고 있는 동안에도 전통문법가들은 꾸준히 의사소통을 위한 기술로서의 문법, 풍부한 언어학적 지식이 없더라도 직관적으로 그리고 암묵적으로 이해할 수 있는 용어들을 중심으로 언어 학습자들에게 필요한 지식을 전달하고 있다.

2) 기술문법과 문법 교육

기술문법은 언어를 자료체(Corpus)와 약속의 집합으로 보고 언어가 객관물이듯이 언어에 대한 지식도 객관화할 수 있다는 신념으로부터 출발하였다. Saussure는 언어가 언어 행위와 구별되는 기호의 집합이라는 관점에서 언어에 대한 지식을 과학적으로 탐구할 수 있다고 주장하였다. 그는 언어 행위를 랑그(langue)와 파롤(parole)로 구별하고, 언어 기호를 기표(signifiant)와 기의(signifié)로 구별하였다. 랑그는 사회적 협약에 의해 추상화된 기호의 집합이며 이 기호들은 표현물인 기표와 그 표현물로 의미하는 바인 기의로 구성되어 있다고 보았다. 그러나 Saussure가 무엇보다 언어학에 기여한 바는 기호의 연결체를 통합 관계(syntagmatic relation)와 계열 관계(paradigmatic relation)로 나눈 것이다.

통합 관계는 한 문장을 이루는 기호의 연쇄가 서로 의존 관계에 있음을 의미한다. 반면에 계열 관계는 하나의 기호가 기호의 연쇄에 올바르게 기능할 때 이 기호를 대체하는 다른 기호들이 존재함을 의미한다. 통합 관계와 계열 관계는 전통문법의 품사론과 문장 구조론이 보다 추상적인 기호 관계에서 출발한다는 '원리적 사실'에 대한 통찰력을 제공해 주었다. 즉 명사와 동사가 통합되어 주어와 서술어를 구성하며 이것이 문장이라는 기본 단위를 구성하는 최소 구성이 된다는 사실과, 이 때 주어와 술어 위치를 대체할 수 있는 어휘요소들은 결국 명사와 동사라는 어휘 분류(즉 품사)에 귀속된다는 원리적인 언어 기호 결합 방법을 설명할 수 있게 된 것이다.

언어 지식에 대한 이러한 설명은 구조주의라는 보다 큰 인문학적 방법론의 토대를 구성하는 출발이 되었다. 그러나 이러한 설명은 곧 언어학을 일반적 지식으로부터 멀어지게 한 원인이 되기도 하였다. 사실 보통 사람들에게는 명사나 동사와 같은 품사 지식을 통하여 문법을 마스터하는 일도 번거롭고 어려운 일인데, 여기에 랑그니 시니피앙이라는 새롭고 낯선 용어들을 알아야 한다는 것은 문법을 공부하는 이들에게 있어서는 고역이 아닐 수 없었을 것이다.

어쩌면 현학적이며 엄밀 분석적 태도를 추구함으로써 인간미란 조금도 없어 보이는 기술문법가들이 문법 교육에 기여한 지대한 방법론은 '직접성분분석(IC 분석, Immediate Constituent Analysis)'이다. 직접성분분석을 통해 하나의 문장이 단순히 선형적인 기호의 연속체가 아니라 핵심 성분을 중심으로 몇 가지 부속 성분들이 계층적으로 결합한 구조체라는 사실을 시각적으로 분명히 알 수 있게 되었기 때문이다. 이 개념은 이른바 패턴

연습(pattern practice)라는 개념을 문법 교육의 중심에 놓게 하였다. 즉 문장의 핵심적 성분들을 몇 가지 유형으로 나누고 이들을 중점적으로 암기함으로써 외국어 학습의 효율성을 극대화하려는 학습 전략의 전형을 만들었다.

기술문법가들이 문법 교육에 기여한 또 다른 점들은 아마 음성적 현상과 음운적 현상을 구별함으로써 음성 기호에 의한 발음 교육이 가능하도록 한 점과 음소, 형태소, 단어에 대한 기본 정의를 내림으로써 언어학자들이 문법 교육의 재료가 될 만한 일반적인 규칙들을 찾을 수 있도록 언어 현상의 과학적 관찰을 제공하였다는 점에서 찾을 수 있다. Bloomfield(1887~1949)가 내린 형태소나 단어의 정의, 그리고 Nida(1914~)의 굴절접사와 파생접사의 정의와 이에 관련된 단어 구성론 및 성분 분석 이론(componential analysis) 등은 두고두고 언어학의 논쟁거리가 되기도 하였지만 많은 언어 학습서들이 보다 쉽게 언어 자료들을 다룰 수 있도록 세밀한 언어 자료의 관찰을 담고 있다.

3) 생성문법과 문법 교육

생성문법의 시작은 기술문법이 가진 경험주의에 반대하는 것이었다. 그러나 초기 생성문법의 전개에서는 진정한 언어학이 추구해야 하는 목표가 인간이 생래적으로 지니고 있는 '언어능력(language competence)의 명시화'라는 점을 부각시키면서, 전통문법과 기술구조문법의 양대 이론을 모두 공격하는 입장을 취하였다.3) 생성문법의 이러한 입장은 20세기 언어

---

3) 초기 생성문법은 1957-1980년대의 Chomsky 저작에 기반한 생성문법의 이론을 의미하며, 후기 생성문법은 1980년 이후의 저작을 중심으로 현재까지의 저작을 의미한다. 이는 규칙 기반의 문법 이론에서 원리 기반 문법 이론의 변화를 기준으로

학의 주요한 관심이 언어 현상의 설명에 있다기보다는 어떤 언어 이론이 진정한 과학적 성취를 이룰 수 있는가에 있다는 점을 강조함으로써, 언어학의 과학적 지위에 대한 논점을 완전히 새로운 것으로 바꾸어 버렸다.

Chomsky는 언어는 특정 언어 사회에서 협약된 기호 체계라는 객관물이라기보다는 인간이면 누구나 가질 수 있지만 언어 행위(language performance)에서는 결코 나타나지 않은 이상적인 언어 지식이 존재한다고 믿었다. 물론 최소주의 이론과 같은 후기 생성문법에서는 언어능력에 대한 최초의 주장을 대폭 수정하여 보편적이고 공통적인 '최초의 언어 능력(혹은 최소의 언어적 유전 정보)'을 기반으로, 특정 언어 자료체의 자극의 정도나 범위에 따라 개인적으로 달리 성장하는 '총체적인 언어 기능(language faculty)'을 규명하는 것이 언어학의 본령이 되어야 함을 역설하기도 하였다. 두 입장은 매우 다른 것이기는 하지만, 공통된 믿음은 언어는 자료체적 객관물이 아니라 두뇌에 각인된 정보적 객관물이라는 사실에 두고 있다. 언어를 정보적 객관물로 다루는 기술적 태도는 초기 이론에서는 심리적 실재라는 점에 초점을 맞추어 왔지만, 후기 이론에서는 인지적 기능이라는 관점으로 이동하였다.

Chomsky가 생성문법을 주창한 이래 많은 학자들은 생성문법의 심리적 실재나 인지적 기능에 대한 증거를 찾는데 주력해 왔다. 그러나 언어의 규칙에 대한 완벽한 논리성을 기대할 수 없기 때문에 모든 언어 현상을 몇 가지 규칙이나 원리로 설명하는 것은 불가능하다. 이는 생성문법이 여전히 환원주의적 세계관을 떨쳐내지 못하였기 때문이다. 초기

한 것이다.

270

생성문법에서 언어학적 설명의 우위성을 판단하기 위해 제시되었던 '관찰적 타당성, 기술적 타당성, 설명적 타당성'이라는 이른바 언어 이론의 평가 척도 문제를 상기해 보자. 관찰적 타당성은 어떤 언어 규칙들이 관찰된 언어 자료를 생성할 수 있을 때 해당 언어 규칙에 적용되는 진술이다. 많은 언어 규칙들이 이에 해당할 수 있다. 이에 대해 기술적 타당성은 특정 언어의 가능한 모든 문장들을 생성할 수 있는 규칙에 적용되며, 여기에 설명적 타당성은 둘 이상의 경쟁적인 이론이 모두 기술적 타당성을 만족할 때 어느 한 이론이 다른 이론에 대해 경제적이고 효율적인 설명이라는 기준을 만족한다는 뜻이다.

초기의 생성문법은 바로 기술적 타당성을 넘어 설명적 타당성을 지향한다고 주장하였다. 그러나 문법의 평가 척도에 대한 이와 같은 진술은 언어의 복잡성을 완전히 간과한 것이다. Chomsky가 그의 *Current Issues in Linguistic Theory*(1964)에서 관찰적 타당성을 만족하는 자료들은 불과 몇 개의 문장에 불과하다. 만약 만족해야 할 문장의 수가 100개 ~ 1,000개 정도의 범위만 되어도 이 문장들을 완전히 생성할 수 있는 언어 규칙의 집합은 존재하기 어렵다. 더구나 최근 들어 1,000만 어절이나 1억 어절 단위의 대형 자료체들이 구축되는 실정을 감안하면 관찰적 타당성을 만족하는 언어 이론을 제안한다는 것 자체가 요원한 일이며, 기술적 타당성이나 설명적 타당성을 만족하는 언어 이론은 그저 상상 속의 가공물이라고 할 수밖에 없다.

생성문법이 문법 교육에 끼친 주요한 개념적 변화는 학습과 습득의 구별이다. 언어를 경험적 결과물로 생각해 온 사람들에게 어린이가 언어 습득 기제(LAD, language aquisition device)를 가지고 태어난다는 주장은 충격적인 것이었다. 바야흐로 언어학이 과학의 일원이 된 이래 첫 번째 혁명적 사고의 결과이기 때문에 언어학자들뿐 아니라 일반인들에게도 LAD라는 개념은 신선하고 또 신비한 것으로 쉽게 받아들여졌다. 생성문법을 추종하는 언어학자들뿐 아니라 언어학의 인접 학문 중 하나인 심리학에서도 LAD의 실증성을 입증하는데 주력한 것은 생성문법이 언어를 인간의 주요한 정신 활동의 일부로 간주한 여파라고 볼 수 있다. 어쨌든 생성문법 이래로 문법 교육은 매우 중요한 고비를 맞게 되었다. 하나는 언어 습득과 학습 중에서 학습이라는 언어학적으로 덜 중요한 부분을 담당하게 되었다는 사실과 학습 효과의 극대화를 위하여 언어학자들로부터 직접적 도움을 받기 어려워졌기 때문이다.

그러나 다른 한 편에서는 언어 습득 과정에서 발생 가능한 인지 활동을 학습에 모의함으로써 언어 학습의 효율성을 극대화하려는 노력이 진행되기도 하였다. 그러나 초기의 이러한 노력들은 대부분은 실험적 의미 이상의 진전을 수확할 수는 없었다. 주된 요인은 언어 습득 모형이 후기 생성문법에서 밝혀진 바와 같이 처음 생각한 단순한 LAD 모형이나 심층 구조(deep structure)를 구성하는 몇 가지 규칙으로 설명하기 어렵기 때문이다. 또한 실제로 어린아이들이 모어를 습득할 때, 생각보다 다양하고 많은 언어 자료와 접촉해야 할 뿐 아니라, 언어를 습득하는 특정 시기에서 어린아이들은 언어 습득에 매우 집중한다는 사실에 비추어 볼 때 단순히 습득 모형을 성인들의 학습 모형에 적용하는 것은 여러 문제들을 내포하게 된다.

272

6.3 전산언어학

6.3.1 전산언어학의 목표

전산언어학은 사람이 가지고 있는 언어 지식을 컴퓨터가 이해할 수 있도록 가공하는 언어학의 한 분과이다. 컴퓨터를 전공하는 사람의 입장에서 보면 언어 정보 처리 혹은 자연 언어 처리(NLP, natural language processing)라는 컴퓨터 사이언스의 한 분과와 중첩된다고 느낄 수 있다. 그러나 언어학자가 수행하는 연구는 프로그래밍 기법의 연구나 실제의 프로그래밍과 다른 어떤 언어적 사실들에 집중되어 있다. 이에 비해 전산언어학자는 언어학적 사실들을 알고리듬으로 구성하는 일에 몰두하게 된다. 언어학의 과학성이 인문학 분야에서 두드러진다 하더라도 많은 언어학적 진술들은 전제되어야 할 논리적 진술들을 쉽게 간과하는 경향이 있다. 전산언어학적 입장에서는 아주 간단한 언어학적 진술조차 이론언어학에서는 생각할 수 없는 복잡한 문제들을 담게 된다.

(1) ㄱ. 먹었다

    ㄴ. 먹 + 었 + 다

(2) ㄱ. 왔다

    ㄴ. 오 + 았 + 다

(1ㄱ)을 (1ㄴ)으로 분석하는 일은 언뜻 보기에도 쉬운 일이다. 그러나 (2ㄱ)을 (2ㄴ)으로 분석하는 일은 무언가 한 단계의 분석을 더 거치

지 않으면 안 된다. 먼저 '왔'이라는 형태가 어휘부(혹은 사전)에 등재되어 있는가의 문제를 생각해 보자. 전산언어학에서 어휘부는 특정 시스템을 만들기 위해 실제로 데이터베이스 형태로 구축된다. 이 때 각 등재 어휘는 단어, 형태소, 음절, 혹은 음소 등 이론언어학에서는 서로 다른 분석 단위들이 대등하게 등재될 수 있다. 따라서 어휘부에 '왔'이라는 음절을 등재하지 못할 이유는 없다. 다만 시스템의 효율성이라는 등재 원칙에 입각하여 등재 어휘를 선택하게 된다. '왔'은 어간 '오'에 과거 시제의 한 이형태인 'ㅆ'의 결합형이다. 이러한 '어간 + 과거시제'의 결합형을 모두 등재한다면 등재 어휘의 숫자는 무척 늘어날 것이며, 이 경우 탐색 속도의 저하라는 비효율성이 발생할 수도 있다.

이번에는 분해의 알고리듬이라는 측면을 생각해 보자. (2ㄴ)와 같은 결과를 산출하는 분해의 알고리듬은 다음 (3)과 같다.

(3) '왔다'의 분해 절차

　ㄱ. '왔다'를 어간 단위 어휘부에서 탐색한다. > 탐색 실패

　ㄴ. 뒤에서 한 음절 '다'를 떼어 접사 단위 어휘부를 탐색한다. > 탐색 성공

　ㄷ. 다시 '왔'을 어간 단위 어휘부에서 탐색한다. > 탐색 실패

　ㄹ. '왔'에서 마지막 음소 'ㅆ'을 떼어 접사 단위 어휘부를 탐색한다. > 탐색 성공

　ㅁ. '와'에서 마지막 음소 'ㅏ'를 떼어 접사 단위 어휘부를 탐색한다. > 탐색 성공

　ㅂ. '오'를 어간 단위 어휘부에서 탐색한다. > 탐색 성공

(3)과 같은 분해 절차를 한 어절의 말음부터 하나씩 떼어 최종적으

로 어간을 확인하는 방법으로 '우좌 분해 방식'이라고도 한다. (3)을 위해 전제된 어휘부의 설계는 다음 (4)와 같다.

(4) 어휘부의 구성
　ㄱ. 어간 사전
　ㄴ. 접사 사전

(3ㅁ)의 절차를 보면 (4ㄴ)과 같은 접사 사전은 'ㅏ'와 같이 이른바 조음소와 같은 단위도 포함하고 있음을 알 수 있다. 즉 형태소 분해 알고리듬은 비형태소 단위도 접사와 대응하게 등재할 것을 요구한다. 그런데 (3)과 같은 알고리듬을 '갔다'에 대응하면 어떤 결과가 나올까? 당연히 (3ㅂ)의 절차에서 'ㄱ'을 찾게 되어 원하는 어간 '가'를 찾을 수 없는 탐색 실패의 결과가 나올 것이다. 이를 위하여 (3ㄹ)과 (3ㅁ) 사이에 '와'를 어간 사전에서 탐색하는 절차가 필요하다.

결국 전산언어학적 관점에서 분해 알고리듬은 연속적으로 어휘부의 등재소들을 탐색하여 올바른 결과값을 얻는 것이 목표이며, 이에 부응하는 단위들을 적절하게 어휘부에 등재하고 꼭 필요한 탐색 절차를 제공하는 것이다. 이러한 실용적 관점에서 형태소나 단어의 정의 문제는 큰 관심을 가질 여유가 없다. 따라서 전산언어학에서 단어는 어휘부의 등재 단위이며, 이러한 관점에서 어간과 접사의 구별은 기능적이며 분류적인 의미 이상을 가질 수 없다. 좀 더 편하게 말하자면, 어간은 어간 사전의 등재소이며, 접사는 접사 사전의 등재소이다. 그러면 어떤 단어들을 어간 사전에 등재하고 어떤 단어들을 접사 사전에 등재하는 것일까? 이 문제도 쉽게 접근하면, 그동안 언어학자들이 추구해 온 직관적 설명 이상은 기대하기 힘들다. '어간'이 무엇인가를 간단히 말하자면, 어떤 '어절'의 '우좌 분해'에서 '최종적으로 분석된 가장 큰 단위'를 의미한다.

(5) 밥을 먹을 것이다.

(5)를 분해하여 얻은 결과로 예측 가능한 것은 과연 '밥 + 을, 먹 + 을, 것 + 이다'일까? 아니면 '밥 + 을, 먹 + 을 것이다'일까? 일단 형태소 분석기의 관점에서 보면, 당연히 전자이다. 그러나 통사 분석이라는 관점에서 최종적 필요한 정보는 후자이다. 따라서 전자와 후자가 시스템적으로 구별될 필요가 있다. 즉, 두 과정은 별개의 시스템에서 진행되는 독립된 절차이다.

형태소 분석과 통사 분석은 이론언어학에서 형태부와 통사부라는 서로 다른 두 부문(component)에서 다루고 있다. 이 때 사용하는 부문이라는 용어는 서로 별개의 독립된 시스템으로 작동한다는 뜻이다. 즉 형태부에는 형태부의 구성 원리가 있고, 통사부에는 통사부의 구성 원리가 있다. 전산언어학의 관점에서 보면 형태소 분석 시스템과 구문 분석 시스템이 독립적으로 존재하는 서로 다른 시스템이다. 물론 구문 분석 시스템은 일반적으로 형태소 분석값을 원천 정보로 이용하기 때문에 구문 분석 시스템은 형태소 분석 시스템에 의존되어 있다고 볼 수 있다. 그러나 구문 분석기 입장에서 형태소 분석기는 하나의 대상이지 시스템의 작동 원리가 이에 의존하고 있는 것은 아니다. 그것은 마치 형태소 분석기의 대상이 텍스트 문서의 문자열인 것과 마찬가지이다.

다시 (5)의 문제로 돌아가 보자. (5)의 문장을 분석하는 형태소 분석기가 있다면 그것은 (6)과 같은 결과를 산출할 것이다.

276

(6) ㄱ. 밥(n) + 을(n, aff),

　　ㄴ. 먹(v) + 을(v, aff),

　　ㄷ. 것(n, aff) + 이(∅) + 다(v, aff)

(6)은 (5)의 문장을 세 개의 어절 단위로 나누고, 각각의 어절들에게 필요한 문법적 정보를 부가한 상태이다. 여기서 'n'은 명사를 'n, aff'는 명사접미사를 의미한다. '밥'과 같은 어간은 특별히 'aff'를 갖고 있지 않다. 마찬가지로 (6ㄴ)의 형태소 분석 결과들은 각각 'v'와 'v, aff'를 가지고 있다. (6ㄷ)에서 '것'은 어간이지만 'aff'를 가지고 있다. 이는 이 정보가 구문 분석에서 다음 (7)과 같이 선행 어절과 통합하도록 하는 기능을 수행하기 때문이다.

(7) 밥(obj) + 먹(pred, future, dec)

(7)은 (5)의 문자열을 (6)과 같은 형태소 분석 정보를 기반으로 한 구문 분석 결과이다. (6)에서는 세 어절의 분석이 (7)에서는 두 어절의 분석 정보로 대체되었음을 알 수 있다. 이와 같이 '것'을 앞 어절에 통합하기 위한 알고리듬을 작동하려면 '것'에 'aff' 정보를 부여하는 것이 좋다.

(6ㄷ)에서 '이'에 부여된 '∅'는 이 요소가 실제 구문 분석 연산에서는 필요가 없음을 의미한다. 일종의 허요소로 취급하는 것인데, 이는 앞서 (3ㅁ)의 절차에서 드러난 'ㅏ'와 같은 요소로 보는 것이다. 이론언어학에서 이른바 '이다'의 정체성 문제가 계속 논란이 되고 있지만, 전산언어학의 분석에서는 이 형태가 접사 사전에 등록되어 있고, 또한 내

용적으로 아무 정보도 가지고 있지 않는 단지 하나의 어절을 성공적으로 분석하기 위한 하나의 허요소로 간주하는 편이 오히려 분석 절차의 효율성을 높이는데 도움을 줄 수 있다.

이상에서 전산언어학에서 추구하는 분석 예를 간단히 살펴보았다. 전산언어학은 분석의 효율성이라는 실용성을 추구하기 때문에 이론언어학에서 추구하는 논리적이고 체계적인 논쟁은 거의 필요가 없다. 전산언어학의 목표는 가장 효율적으로 대상이 되는 문자열을 언어학적 단위 정보와 계층 정보로 분해하는 것이기 때문이다. 그렇다고 전산언어학이 비논리적이거나 비체계적이라는 의미는 아니다. 분석 절차와 어휘부의 구조가 논리적이지 않다면 컴퓨터가 이해 가능한 분석 알고리듬을 구성할 수 없기 때문이다. 다만 이론언어학이 추구하는 어떤 이상적이고 정합적인(어쩌면 결코 다가갈 수 없는) 체계가 아니라 수학적으로 결과값이 분명한 절차적 체계를 선호한다는 뜻이다.

6.3.2 전산언어학의 문법 구조

전산언어학에서 추구하는 문법 구조도 이론과 구현하는 시스템의 목적에 따라 다를 수 있으며, 심지어 대상 언어에 따라 달라지는 경우도 있다.[4] 그동안 전산언어학에서는 GPSG나 LFG, 의존 문법, 격 문법, 좌연접 문법, 그리고 자질연산문법 등의 이론이 실제 시스템 구현에 적용되어 왔다.[5] 아직 이론의 우월성 문제를 거론하기에는 각 이론이 구현

---

4) 영어의 어휘부는 단어를 기준으로 굴절형을 모두 등재하는 것이 효율적이지만, 접사가 다양하게 발달한 한국어에서는 어간을 기준으로 기본 형태를 등재하는 방향을 취하게 된다.

한 시스템의 성능이 이론 문제에 좌우되었다기보다는 인간의 언어 지식을 컴퓨터에 모의하기에는 언어 지식이 무척 복잡하다는 데 있다.

1950년대 이래로 많은 연구자와 연구비를 투입하여 각종 응용 시스템과 대규모 어휘 사전들이 만들어졌지만, 아직도 인간 언어 지식의 복잡도를 모의하기에는 자원이 턱없이 모자란 실정이다. 혹은 개개의 연구를 지식적으로 또한 시스템적으로 통합하는 노력이 부족한 점도 있다. 이론언어학에서는 하나의 우월적 이론이 나타나면 대개 그 이론을 따라 개별적인 연구자들이 따라가는 형국이 가능하지만, 전산언어학에서는 어떤 연구자들이 어떤 이론을 택하는가에 대한 결정 하나하나가 많은 시간과 경비를 요하는 문제와 연결되어 있기 때문에 새로운 이론이 나타나더라도 이를 다시 모의할 여력이 있기 어렵다. 이런 문제를 남겨 둔 채 전산언어학의 문법 구조를 논의하는 것 자체가 무리일 수 있지만, 가능한 각 이론의 공통 영역 내에서 논의를 한정해 보려고 한다.

형태소 분석기나 구문 분석기와 같은 일반적 시스템들은 대체로 어휘부와 규칙 체계라는 두 가지 단순한 문법 구조를 가지고 있다. 특정한 문자열을 분석하여 결과값을 얻기 위해서는 특정 문자열을 어휘부의 등재 단어들과 비교해야 하는데, 이 과정을 시작부터 끝까지 수행하기 위한 최소의 장치가 바로 어휘부와 규칙 체계이다. 이러한 관점은 후기 생성문법 중에서도 최근의 접근 방법인 최소주의 이론에도 그대로 반영되어 있다. 생성문법의 시작이 언어 정보의 전산적 처리에서 비롯되었기 때문에 생성문법의 역사가 전산언어학이 추구하는 방법론적 변개를 그대로 따라가는 것은 당연한 일이다. Chomsky가 그의 *Syntactic Structure*

---

5) 각 문법의 특성 및 역사를 설명하는 것은 본 논의의 취지에 맞지 않기 때문에 생략하도록 하겠다.

(1957)에서 언급한 '읽기(read), 쓰기(write), 옮기기(move), 지우기(delete)'와 같은 4 유형의 규칙은 Turing(1912~1954)이 고안한 '인간처럼 사고할 수 있는 튜링 기계(Turing Machine)'의 4 기능과 일치한다.6) 튜링 기계는 오늘날 사용되는 모든 컴퓨터에 적용되는 수학적 모형이기 때문에 Chomsky가 제안한 언어 규칙의 4 유형은 'Turing logic'을 그대로 따른 것임에 틀림없다.

이번에는 어휘부의 내부를 살펴보자. 어휘부는 등재 단어들의 집합이지만, 각 단어는 특정한 자질 정보를 포함하고 있다. 등재 목록이 어휘의 외연을 가리키는 것이라면, 자질은 어휘의 내포적 정보를 포함한다.

(8) 사람 [n, animate, human]

(8)에서 '사람'은 등재 목록이다. 만약 '사람이다'라는 어절로부터 '사람'을 확인하기 위해서는 반드시 어휘 목록에 '사람'이 존재해야 한다. 이와 같이 문자열의 단어와 어휘 목록의 단어를 일치시키는 과정이 바로 컴퓨터가 '사람'을 인식하는 절차이다. 그런데 어휘부에는 '사람'과 함께 다른 단어들도 존재한다. (8)과 같은 자질 목록은 등재 단어들을 서로 구별하는 기능을 수행한다. 예를 들어, '소년'이라는 단어는 (8)의 자질 목록 외에 [youth, male]이라는 자질이 부가될 것이고, '가다'라는 동사는 [v, move]와 같은 아주 다른 자질 목록을 가질 것이다. 그러나 '오다'라는 단어도 '가다'와 같은 자질을 가지기 때문에 자질 목록만으로는 모든 단어를 구별할 수 없다. 형태소 분석기나 구문 분석기가 요구

---

6) Turing이 고안한 사고 기계의 논리는 오늘날 모든 컴퓨터가 채택하고 있으면 이런 점에서 'Turing Machine'은 컴퓨터 그 자체라고 할 수 있다.

하는 분석 수준에서는 이 단어들을 굳이 구별할 필요가 없다.

어휘부는 자질 목록을 가지고 있는 단어들의 집합이다. 단어들은 서로 다른 자질을 포함하는 경우도 있지만, 특정한 단어들은 자질을 공유하기도 한다. 이 때 자질을 공유하는 단어들은 같은 단어군을 형성하는데, 이 단어군 중 어떤 유형들은 전통적으로 품사(word class)로 인지될 수 있는 것들이다. 이론언어학에서는 한 문법 체계가 몇 개의 품사로 나누는 것이 옳은가에 대한 논의를 하지만, 전산언어학에서는 다단계의 품사를 구성하는 단어들의 계층적 자연 부류를 위해 몇 개의 자질이 필요한가를 논의하게 된다.

(9) ㄱ. 가다 [v, vi, move]
    ㄴ. 아프다 [v, vi, psy, neg]
    ㄷ. 기쁘다 [v, vi, psy, pos]
    ㄹ. 먹다 [v, vt, act]

(9)의 목록들은 모두 동사라는 품사에 소속되며, 이는 [v] 자질을 공유하고 있다는 것에서 확인할 수 있다. 그런데 이 중 (9ㄱ, ㄴ, ㄷ)은 [vi]를 가지므로, 자동사라는 하위분류 속하게 된다. 또한 (9ㄴ, ㄷ)은 [psy]라는 자질을 공유하므로 심리동사를 구성하게 된다. 이와 같은 방법으로 다층위의 복잡한 정보를 구성하는 단어들의 자연 부류가 설정된다. 전산언어학의 관점에서는 이론언어학의 품사 설정은 설명의 효율성을 위해 한 층위를 지칭하는 적절한 자연 부류의 집합을 의미한다. 실제의 어휘부에는 단지 (9)와 같은 목록들만 있기 때문에 작동하는 시스템의 입장에서는 자연 부류라는 개념조차 알지 못한다. 이는 오직 어휘부를

설계하는 연구자들의 작업 기준이라는 입장에서만 의미 있을 뿐이다.

형태소 분석기를 위한 규칙 체계의 구조는 매우 단순하다. 어절 단위를 대상으로 최종적으로 어간과 접사 형태를 분리할 수 있도록 계속 어간 사전과 접사 사전을 탐색하는 것이기 때문이다. 그러나 실제로 형태소 분석의 성공률은 90-95% 정도에 불과하다. 특히 미등록된 단어가 많은 텍스트에서의 실패율은 더욱 높다. 인간은 미지의 단어에 대해서도 유연하게 대응할 수 있는데, 기계의 규칙 체계에 그런 유연성을 부과할 수 있는 알고리듬의 방법론이 아직 확립되지 않은 탓이다.

또한 한 어절이 가지고 있는 이중성을 하나의 연산 규칙으로 해결하기 어렵다는 문제도 있다. 예를 들어 동사 '돌다'와 명사 '돈'은 등재 상태에서는 다른 형태를 가지지만, '돈 많은 사람'이나 '머리가 돈 사람'의 예에서와 같이 어절 상태에서는 중의성을 지닌 형태가 된다. 등재 상태에서의 중의성 목록은 비교적 파악하기가 쉬울 수 있으나 어절 상태의 중의성은 그 목록을 구성하는 데에도 많은 노력이 필요하다. 더구나 연어 정보에 의지해서 중의성을 해소하는 절차는 거의 개별 어휘의 특성에 기댈 수밖에 없기 때문에 이러한 문제들을 모두 해결 가능한 단순한 알고리듬을 고안하기는 거의 불가능하다.

구문 분석기는 형태소 분석으로부터 얻은 정보를 이용하여 각 단어의 구문 정보를 부가하는 시스템이다.

(10) ㄱ. 철수는 밥을 먹는다.
　　　ㄴ. 철수 (sub), 밥 (obj), 먹 (prs +dec)

구문 분석기는 말하자면 (10ㄱ)의 문장으로부터 (10ㄴ)과 같은 정보를 얻는 자동화된 시스템이다. (10ㄴ)에서 '철수'가 주어임을 인식하는 절차는 대체로 다음 (11)과 같은 절차를 따른다.

(11) ㄱ. '먹'이 자질 [vt]를 가지고 있는지 확인한다.
ㄴ. 선행하는 명사 중 '가'나 '을' 조사를 가진 단어를 찾는다.
ㄷ. 선행하는 두 명사 중 하나가 '가'나 '을'을 가지고 있고, 다른 한 명사가 '∅'을 가지고 있다면,
ㄹ. 한 명사가 '가'를 가지고 있을 때, 다른 '∅' 명사는 obj값을 갖고, 한 명사가 '을'을 가지고 있을 때, 다른 '∅' 명사는 sub값을 갖는다.

(11)의 진술은 실제의 알고리듬을 사람이 이해하기 쉬운 형태로 풀어쓴 것이다. (11)의 절차를 그대로 따르게 되면, (10ㄴ)의 결과값을 얻는 것은 쉬운 일이다. 그러나 이러한 알고리듬은 (10)과 같은 단순한 문장에는 적용 가능하지만, 문장의 길이가 길어지고 다양한 문장을 다룰 수 있는 알고리듬을 고안한다는 것은 쉬운 일이 아니다.

구문 분석기의 설계에서 어려운 점들은 텍스트로부터 문장 단위를 인식하는 절차를 상정하는 것부터 시작된다. 이론언어학에서는 문장의 정의에 대한 일치된 견해가 없다. 다만, "하나의 문장은 하나의 주어와 하나의 서술어를 가진다."는 단순문에 대한 정의만 있을 뿐이다.

(12) "아휴....난 정말 맨유경기 보면 다 좋은데 시차땜에 힘들어..그래도 이번시즌은 거의다 밤11시에 시작한다^^ 근데 챔스리그는 아직 시간을 잘 몰라서 또 새벽 3시반에 하고 그러면 힘든데...ㅠㅠ"[7]

---

7) 이 문장은 실제 특정 '인터넷 까페'의 한 게시물에서 인용한 것임.

(12)와 같은 발화를 몇 문장으로 나누어야 하는지 생각해 보라고 하면, 일단 머리가 좀 복잡해질 것이다. 그래도 조심스럽게 (13)과 같은 결론을 내려 보자.

(13) ㄱ. 아휴.

ㄴ. 난 정말 맨유 경기 보면 다 좋은데 시차 땜에 힘들어.[8]

ㄷ. 그래도 이번 시즌은 거의 다 밤 11시에 시작한다.

ㄹ. 근데 챔스리그는 아직 시간을 잘 몰라서.[9]

ㅁ. 또 새벽 3시반에 하고

ㅂ. 그러면 힘든데

ㅅ. ㅠㅠ

(13ㅅ)의 'ㅠㅠ'는 힘들다는 뜻의 인터넷의 글쓰기에 자주 사용되는 신조어이다. (12)의 문장을 (13)과 같은 문장들로 분해한 결과는 보는 이의 관점마다 조금씩 다를 수 있지만 큰 문제는 없어 보인다. 그러나 이를 기계가 자동적으로 수행하는 알고리듬을 구성하는 문제는 쉽지 않다. (12)에서 '…'나 '^^'와 같은 문장 부호를 제거하는 것은 그리 어려운 일이 아니지만, "근데 챔스리그는 아직 시간을 잘 몰라서 또 새벽 3시반에 하고 그러면 힘든데"와 같이 세 문장이 문장 부호 없이 연속될 때 이를 구별하는 알고리듬을 짜는 문제가 어렵기 때문이다. 물론 '모르다, 하다, 힘들다'와 같은 동사를 기준으로 문장을 자르는 문제를 생각해 볼 수 있다. 그러나 이 알고리듬을 그대로 "축구를 좋아하는 철수는 오늘 챔스리그를 본다."와 같은 복문에 적용하면, "축구를 좋아하는"과

---

8) '맨유'는 영국 프로 축구 리그 중 전통 있는 팀의 하나인 '맨체스터 유나이티드'의 약자이다.

9) '챔스리그'는 유럽 축구 리그 중 강팀들이 출전하여 챔피언쉽을 가리는 리그의 이름이다.

"철수는 오늘 챔스리그를 본다"와 같은 두 문장을 산출할 수 있다. 모든 복문을 이와 같은 방법으로 나누는 것도 어쩌면 일련의 발화로부터 문장을 구분하는 좋은 방법일 수도 있다. 그러나 일단 두 개로 나누어진 문장들로부터 서로 연관된 복문이라는 사실을 확인해야 하기 때문에 단순히 두 문장으로 나누는 것은 위험하다. 즉 "축구를 좋아하는"이라는 문장의 주어 역시 '철수'임을 알기 위해서는 두 문장이 한 복문으로 나누어졌다는 사실을 알아야 한다는 뜻이다.

앞서 언급하였듯이 "한 문장은 하나의 주어와 하나의 서술어를 갖는다."는 정의는 기계의 입장에서는 순환적 정의이다. 왜냐하면, 한 문장이 정해져야 그 문장의 주어와 술어를 찾을 수 있는 것인데, 한 문장이 정해지기 전에 이미 우리는 그 문장의 주어와 술어를 식별해야 하기 때문이다. 이러한 순환적 문제는 이론언어학에서는 거의 발생하지 않는다. 어쩌면 많은 순환적 정의들을 거의 깨닫지 못한 채 이론을 전개하고 있는지도 모른다. 그러나 기계가 인간이 언어 지식을 습득하기 위해서는 이러한 순환적 정의를 제거하고 오직 하나하나의 논리적 절차를 꾸준하게 전개해야 한다.

이상에서 전산언어학의 전개에서 필요한 문법 구조를 중심으로 각 구조의 개요와 절차의 예를 들어보았다. 이러한 서술은 전산언어학만이 가지는 고충에 대한 문제 제기의 단초에 지나지 않는다. 그러나 이 글에서는 이 문제들을 더 이상 복잡하게 전개할 생각은 없다. 이 저서의 출판 목적이 전산언어학 자체에 있다기보다는 전산언어학의 연구로부터 문법 교육에 유용한 어떤 개념들을 유추해 보는 데 있기 때문이다. 다음에서 문법 교육에 적용 가능한 전산언어학의 개념들을 살펴보기로 하겠다.

6.4 문법 교육에의 적용

문법은 내재된 언어 지식이라는 뜻 외에도 언어 현상을 설명하는 메타적 진술이라는 뜻도 아울러 가지고 있다. 문법 교육에서 문법은 아마 후자의 뜻에 더 치중하는 것이다. 문법 교육도 두 가지 측면을 가지고 있다. 하나는 이미 모어를 습득한 사람들에게 좀 더 효과적으로 언어생활을 영위하도록 메타적 진술을 통해 자신의 언어활동을 자각하고 효율화할 수 있는 정보를 제공한다는 뜻에서의 교육을 의미하며, 다른 하나는 모어가 아닌 다른 언어를 학습하려는 사람들에게 해당 언어의 특질을 설명하는 과정이라는 뜻의 교육을 의미한다. 두 개념 다 무언가 새로운 지식을 가르친다는 뜻에서는 유사하나, 교육의 대상과 술어에서는 다른 뜻을 포함하고 있다.

자동 형태소 분석기나 구문 분석기를 개발하는 일도 컴퓨터가 인간의 언어를 이해하도록 하는 교육 활동과 유사한 점이 있다. 인간이 처음 문법을 공부할 때, 품사라는 용어를 배우고 명사, 동사 등을 배우는 것처럼, 컴퓨터에게도 처음 대상이 되는 문법 술어들을 '선언(declaration)'해야 한다는 점이다.10)11) 그러나 컴퓨터는 인간과 달리 이미 내재된 언어 지식이 없다. 또한 일단 특정한 문법 지식을 내장한 컴퓨터라 할지라도 인간과 같은 방법으로 주어진 메타 진술들로부터 연속적으로 문법 지식의 수준을 높이는 방법도 현재로서는 거의 불가능하다. 쉽게 말해서 사람은 문법책을 보면서 문법 지식의 수준을 스스로 높일 수 있지만, 같은

---

10) 혹은 명사나 동사의 개념을 먼저 배우고 품사를 이해할 수도 있다.
11) 선언이란 가장 기초적인 술어들을 미리 정의한다는 뜻이다.

방법을 컴퓨터에 적용하기란 어렵다는 뜻이다. 어쨌든 컴퓨터는 모든 문법적 문제들을 하나하나 정해놓고 정해진 범위 내에서만 사고할 수 있다. 예를 들어 앞의 (12)에서 '^^'와 같은 기호를 미리 정의해 놓지 않으면 컴퓨터는 이러한 미지의 기호를 정말 미지의 두 음소나 음절로 인식하게 될 것이다. 사람이라면 이 기호의 의미를 전혀 모르는 사람이라 하더라도 일단 이 기호를 제외한 나머지 문자열을 해독하려고 하지만, 컴퓨터는 한 어절 '시작한다^^'에서 '^'를 떼어보고 이를 접사 사전에서 계속 탐색하다 연산을 중단할 수도 있다.

인간을 대상으로 한 문법 교육에서도 이런 문제들을 숙고해야 할 것이다. 연령이나 과거의 학습 경험과 같이 다양한 사람들에게 모두 일률적인 교육을 수행할 수는 없다. 어린이는 어린이 수준에 맞는 문법 술어들을 선언해 주어야 하고, 대학을 졸업한 사람에게는 그에 맞는 술어들을 선언해 줄 필요가 있다. 어떤 사람들은 품사라는 개념을 모두 이해하지 않고도 명사나 동사와 같은 핵심 술어들을 이해하면서 문법적 지식을 습득하려고 하지만, 좀 더 지적인 자극을 원하는 사람들은 왜 조사가 단어인지 궁금해 할 수 있다. 문법 교육은 이런 다양한 요구들을 몇 가지 유형으로 나누어 그에 맞는 술어들을 생각해 볼 필요가 있다.

    (14) 고맙다 > 고마우니, 고맙고...

(14)와 같은 'ㅂ불규칙'의 예를 설명할 때 한국어의 동사는 규칙과 불규칙으로 나눌 수 있으며, 'ㅂ불규칙'은 불규칙 동사의 한 예라고 설명할 수 있다. 그러나 영어의 'go, went, gone'과 같이 심각한 어간 변화를 보이지 않기 때문에 불규칙이라는 용어에 불만이 있을 수 있다. 그

래서 많은 문법 설명에서는 '변칙'이라는 용어를 사용하고 있다. 그러나 용어의 문제를 떠나서 결국 변칙 동사들은 모두 그 목록을 외워야 하는 문제가 있다. 이 때 어떤 방법으로 이를 암기하는가에 대한 교육 방법이 제기된다.

    (15) 고맙 : 고마우

    변칙 동사들은 (15)와 같이 쌍형 어간이라는 관점에서 문제를 풀 수도 있다. 즉 '고맙-'이라는 어간은 '고마우-'와 같은 쌍형 어간을 취한다는 관점이다. '-니'와 같은 굴절접사는 '고마우-'를 어간으로 하고, '-고'와 같은 어간은 '고맙-'을 어간으로 취한다는 설명이다. 실제로 전산언어학에서 어휘부를 등재할 때는 'ㅂ' 변칙을 위한 규칙을 설정하는 것보다 이와 같이 쌍형 어간을 등재하는 편이 경제적이고 효율적이다.

    학교 문법에서 조사는 단어로 취급되기 때문에 품사의 한 목록을 구성한다. 그러나 조사를 품사로 설정하는 것이 교육의 효율성에는 어떻게 기여하는가? 한국어의 모든 "단어는 띄어쓴다."는 맞춤법의 규정을 설명할 때, 조사는 예외라는 단서를 붙인다. 이러한 예외를 설명하기보다는 조사를 접사의 목록에서 다루는 것이 좋다. 전산언어학에서 어휘부를 크게 어간부와 접사부로 나눈다는 앞서의 설명을 상기해 보면 우좌 분석 방법에서 조사는 당연히 접사부의 목록에 포함되어야 분석 절차를 간소화할 수 있을 것이다. 이론언어학에서는 조사가 단어인지 접사인지 논쟁할 여력이 아직 남아있는지 모르겠지만, 실용적 관점에서 조사를 단어의 한 가족으로 간주하여 분석 절차를 복잡하게 할 이유는 아무데에서도 찾을 수 없다.

(16) ㄱ. 코끼리가 코가 길다.

　　　 ㄴ. 물이 얼음이 된다.

　(16ㄱ)과 같은 주격 중출문에서 '코가 길다'를 서술절로 생각하는 연구자들이 있다. 그러나 전산언어학에서 그것이 서술절인지 문제보다 중요한 것은 (16ㄱ)에서 '코끼리'와 '코'를 의미론적으로 구별하는 방법과 이를 위한 의미 기능(Thematic Role)의 분류 체계이다. (16ㄱ)에 보이는 '코끼리'와 '코'의 차이는 (16ㄴ)에 보이는 '물'과 '얼음'의 차이와 의미적으로 다르다는 것을 직관적으로 알 수 있다. 이러한 직관은 (16ㄱ)이 "코끼리의 코가 길다."로 변형 가능한 반면, (16ㄴ)은 "*물의 얼음이 된다"처럼 변형되지 않은 예를 통해 쉽게 기술할 수 있다.

　문법 교육에서는 (16ㄱ)과 (16ㄴ)의 차이를 강조하는 것이 좋은 교육인가 아니면 이를 하나의 문법 현상으로 묶어서 가르치는 것이 효율적인지 여부는 잘 알 수 없다. 그러나 확실한 것은 '코가 길다'는 서술절로 다루고, '얼음이'는 변성격으로 다루는 식으로 표면적으로 같은 두 언어 현상의 서로 다른 내면을 너무 강조하지 않은 방법이 좋을 것 같다.

　전산언어학에서는 이들이 표면격은 같지만 연산에 의해 서로 다른 내면격을 배당받는 방법을 선호한다.[12] 사실 이러한 구별도 기계 번역과 같은 종합적인 시스템에서 구별할 뿐이지, 일반적인 용도의 형태소 분석기나 구문 분석기에서는 이들의 내면격까지 굳이 연산할 필요가 없다.

　문법 교육이 당면하고 있는 가장 큰 문제는 교육 현장에서 사용되는 문법 용어의 통일과 단계별 교과 내용의 통일이다. 물론 내국인들의 정

---

12) 내면격(deep case)은 Fillmore(1929~)의 격문법 이론(case grammar theory)의 용어이다.

규 교과 과정에 적용되는 용어와 단계는 이미 통일되어 있기 때문에 큰 문제는 없을 것으로 보이지만, 이는 현행 학교 교육에서 문법 교육의 비중이 그만큼 낮기 때문에 문제점이 직접 노출되지 않기 때문이라고 생각한다. 이런 점에서 학교 문법의 필요성에 대한 다른 각도의 점검이 필요하지 않을까 생각한다.

이제까지의 학교 문법은 규범 문법으로 인식되어 왔다. 즉, 표준어를 사용하고 이해하기 위한 도구 과목이라는 관점을 거의 벗어나지 않았다. 그러나 문법을 통하여 내재적 언어 지식을 표현한다는 점에서 문법 교육은 논리적 사고를 내성하기 위한 도구 과목이 된다는 점도 아울러 강조할 필요가 있다. 한국어의 문법 교육이 정상화되면 영어나 다른 외국어의 교육에도 긍정적인 영향을 끼치기 때문에 가장 기본적인 도구 과목으로서의 문법 교육이 제자리를 잡는 것이 시급하다.

또한 한국어를 공부하려는 어떤 외국인이든 초급이나 중급, 그리고 고급 단계에서 배워야 할 한국어의 단어와 문형을 학습하는 데 있어 교육 기관이나 교과서의 차이가 효율성 이상을 넘어서는 것이어서는 안 된다는 점을 강조하고 싶다. 문법 용어의 설명도 가능한 일치하도록 함으로써 한국어의 대외적 공신력이 높아질 뿐 아니라 그만큼 한국어 학습자도 증가될 수 있기 때문이다. 이를 위하여, 각 등급별 표준 문형과 단어들을 쉽게 찾을 수 있는 학습 사전이 다양하게 출간될 필요가 있다.

전산언어학에서도 어휘부의 단어 수준을 어떻게 정하는가와 표준 문형의 수와 그 내용에 따라 시스템의 정확성과 효율성이 제고되기 때문에 한국인들이 가장 많이 사용하는 단어와 문형들에 대한 정보, 그리고 많이 사용되지는 않지만, 보다 고급 표현들을 익히기 위해 필요한 단어

290

들과 문형을 수집하고 정리하는 기초적인 작업을 먼저 수행해야 한다. 어휘 사전의 크기를 무한정 늘릴 수 없기 때문에 1만 단어의 어휘 사전을 설계할 때와 10만 단어, 100만 단어의 어휘 사전을 설계할 때 각기 다른 기준에 의해 어휘의 등급을 정하게 된다. 일반적으로 사용 가능한 기계 번역 시스템을 설계할 때는 적어도 10만 단어 이상, 1,000 문형 이상의 언어 자료를 대상으로 중의성 해소 알고리듬이나 구문 분석 알고리듬을 구성하게 된다. 이 때 같은 범위 안에서도 균형적인 어휘와 문장 자료를 대상으로 알고리듬을 구성하는 것이 구축된 시스템의 효율성에 도움을 주는 것은 당연하다.

6.5 맺음말

전산언어학과 문법 교육은 인간과 인간의 의사소통을 원활하게 하듯이 인간 대 컴퓨터의 의사소통의 범위를 확대하려는 시도라는 점에서 어쩌면 공통의 목표를 가지고 있는 아주 다른 언어학의 분과이다. 두 분야 다 언어학의 응용 분야라는 점에서 이론언어학과는 다른 가치관과 기준 아래 실용적이고 구체적 결과물을 산출해야 한다는 점에서도 상통하는 점이 있다.

이론언어학은 응용언어학의 기반이 되는 중요한 사실들을 통찰한다는 점 외에도 인간의 언어 능력과 지식을 순수하게 관찰하는 인문학의 기본 소양이 된다는 점에서 앞으로도 발전해야 함은 물론이다. 그러나 응용언어학은 이론적인 문제들에 함몰되어 있을 때 아무런 효율성을 가질 수 없다는 점에서 이론언어학과는 확실히 다른 방향의 결론을 도출할 필요가 있다.

전산언어학은 그저 0과 1을 읽거나 쓰고 혹은 지우는 기계 장치가 인간 언어를 이해하도록 각종 문법 술어를 선언하고 대규모의 단어 자료를 집적하는 분야이다. 이러한 일들은 대규모의 인력과 시간을 요하는 연구이므로, 연구자들 사이에 공통된 정보와 기반 기술을 공유하는 일이 필요하다. 그러나 현실은 각 연구자들이 자신이 적용하려는 방법론(보다 효율적이고 정확한 언어 분석을 보장하는)과 연구 시스템(연구자, 연구비, 개발 시간 등)에 맞추어 연구를 수행하기 때문에 통일된 이론과 언어 자원을 기반으로 한 본격적인 연구를 지향하기 위해서는 앞으로도 더 많은 노력과 시간이 필요할 것이 예상된다.

문법 교육에도 아마 비슷한 문제들이 해결되지 않은 채 진행되고 있을 수도 있다. 물론 교육 분야의 문제는 이 논의에서 피상적으로 파악한 것보다는 문제점이 훨씬 덜할 수도 있다. 한 가지 분명한 점은 문법 교육 분야에서 단어와 문형의 등급과 같은 일차적인 언어 자원들이 누구나 이용하기 쉬운 형태의 데이터베이스로 구축되어 있다면 그 자원은 문법 교육 자체뿐 아니라, 전산언어학 그리고 이론언어학의 분야에도 활발하게 이용될 수 있다는 점이다.

이와 같은 언어 자원들을 전산언어학에서 먼저 구축할 수도 있다. 그러나 이러한 문제들을 먼저 학제 간 연구로 고민하고 가능한 양자가 만족하는 수준과 내용을 갖춘 다양한 데이터베이스들을 빠른 시일 안에 구축할 수 있다면 각 분야의 연구자들에게 더욱 다행한 일이 될 것이다.

참고 문헌

고창수(2002), 자질연산문법이론, 월인출판사.

고창수(2007), 한국어의 접사 체계, 한성대학교 출판부.

권정현(2006), 주어의 의미역 연구, 한성대학교 석사학위논문.

권종성(1996), 조선어정보처리, 한국문화사.

김원경(2000), 한국어 격 정보와 자질연산문법, 고려대 박사학위논문.

이석주(1989), 국어 형태론, 한샘.

이석주·이주행(2007), 한국어학개론(신정판), 보고사.

이은희(2000), 텍스트언어학과 국어 교육, 서울대학교 출판부.

이은희·이현주(2006), 한국어의 서술절 설정 연구 : 학교문법을 중심으로, 한성어
    문학 25, 한성어문학회.

이주행(2006), 한국어 문법, 월인출판사.

조성식(1971), 고등영문법, 고려대학교 출판부.

Bloomfield(1933), *Language*, New York: Henry Holt.

Chomsky(1957), *Syntactic Structure*, The Hague: Mouton.

Chomsky(1964), *Current Issues in Linguistic Theory*, The Hague: Mouton.

Fillmore(1968), "The Case for Case", In Bach and Harms (Ed.): Universals in Linguistic
    Theory. New York: Holt, Rinehart, and Winston.

Hausser(2002), 전산언어학의 기초(장석진 외 역), 한국문화사.

Jespersen(1987), 문법 철학(이환묵·이석무 역), 한신문화사.

Nida(1949). *Morphology*, Univ. of Michigan Press.

Saussure(1990), 「일반언어학강의」(오원교 역), 형설출판사.

Winston(1992), *Artificial Intelligence*(3rd Edition), Addison Wesley.

제 7 장

텍스트언어학과 문법 교육

✔ 텍스트언어학은 문법 교육에서 다루는 언어 단위의 확대만이 아니라 문법 교육에서 이루어져야 할 언어에 대한 새로운 접근의 시각을 제공한다.
이 장에서는 텍스트언어학이 문법 교육에서 어떤 의미를 지니며, 우리나라에서는 텍스트언어학이 실제 문법 교육의 장에서 어떻게 수용되어 왔는지에 관해서 문법 교육과정과 문법 교재 두 측면에서 고찰하여 보기로 한다.

7.1 들어가기

국어 교육의 학문적 발전과 체계화 과정에서 과거 오랜 시기에 걸쳐서 국어 교육의 중핵으로 자리잡아온 국어 교육의 지식 기반적 부분들이 지니는 의미와 정당성에 대해 다양한 논의가 이루어졌으며 문법 교육은 이러한 논의의 중심에 있었다. 극단적으로는 문법 교육 무용론이 나타날 정도로 문법 교육에 대한 비판적 시각도 제기되었지만 이를 통해 문법 교육은 그 교육 목적과 내용, 교수 학습 방법 등 교육 전반에 걸쳐서 재검토의 과정을 겪으면서 기존의 틀을 벗어난 새로운 교육의 방향을 수립하게 되었다.

언어학 또는 국어학이라는 학문이 존재하기에 문법 교육이 교육적 의미를 지니며, 국어학의 학문적 체계를 요약, 발췌하면 문법 교육의 내용을 구성할 수 있다는 생각이 오랜 기간 동안 문법 교육에 대한 접근의 기반이 되어왔다. 그렇지만 문법 교육에 대한 학문적 탐색이 이루어지면서 언어학 또는 국어학이 학문적으로 체계화되어 있고 언어가 교육적 중요성을 지니고 있다고 해서 국어학의 연구 결과가 그대로 문법 교육에 적용될 수 있는 것은 아님이 밝혀졌다. 이와 관련해서 Spolsky(1978)는 언어 이론 수립 및 언어 기술에 목적을 둔 일반언어학과 구별되는, 언어 교수의 기반이 되는 교육언어학이라는 학문이 별도로 설정되어야 하며, 일반언어학에서 제공한 언어 이론과 언어 기술, 심리학이 기반이 된 학습 이론, 심리언어학에 토대를 둔 언어 학습 이론, 사회언어학을 토대로 한 언어 사용 이론이 총체적으로 교육언어학의 기저 학문으로 작용한다고 보았다.

언어학 또는 국어학과는 구별되는 문법 교육의 독자성에 대한 인식이 제기되면서 문법 교육의 고유한 목적 위에서 국어를 바라보며 국어의 특성을 기술하고 그 교육 내용을 구성하는 방식을 모색하게 되었다. 문법 교육의 학문적 특성에 대한 치열한 재검토의 과정 속에서 국어 교육에서 필요한 언어 이론 수용 방향에 대한 시각의 전환이 일어나면서 문법 교육에서 언어를 기술하는 방식에도 변화가 나타났다. 그 중 가장 큰 변화의 하나로 그동안 문법 교육의 언어 기술 방식의 기반을 이루어 온 문장 문법(sentence grammar) 중심의 태도에서 벗어나서 텍스트(text), 또는 담화(discourse)를 중심으로 언어를 보는 시각이 나타났다는 점을 들 수 있다.

문법 교육에서 텍스트를 중심으로 언어를 기술하려 한 연구는 1990년대부터 본격적으로 나타났는데, 이렇게 시작된 텍스트 중심의 언어 기술에 대한 관심은 지금까지 계속되고 있다. 이관규(2007)에서는 1992년부터 10년 동안(15개, 6.4%)보다 2002년부터 최근 5년 동안(24개, 7.8%)에 이루어진 텍스트1)를 다룬 논문이 숫자의 면에서 뿐만 아니라 전체 문법 교육 연구에서 차지하는 백분율도 더 높다는 점을 밝히고 있다. 이러한 연구의 경향을 보면 텍스트 중심의 문법 기술 방식은 문법 교육에서 중요한 한 부분을 차지하고 있음을 있다. 학문적 연구 성과에 힘입어 문법 교육 현장에서 언어를 다루는 방식에도 큰 변화가 나타났다. 이러한 변화된 모습은 교육과정이나 문법 교재를 통해 확인할 수 있다.

이 장에서는 텍스트언어학이 문법 교육에서 어떤 위상을 지니고 있는지에 대해 전반적으로 고찰하여 보고자 한다2). 이를 위해서 먼저 문법 교육에서 언어를 보는 시각에 변화를 불러왔던 텍스트의 개념은 무엇이며 텍스트언어학은 어떤 방식으로 언어를 연구하는 학문인지를 살펴본 후, 텍스트언어학이 문법 교육에 어떤 의미를 지니고 있으며 교육과정과 교재를 통해서 문법 교육에 어떻게 수용되고 있는지 고찰하여 보겠다. 이를 통해 텍스트언어학과 문법 교육과의 관계를 살펴볼 수 있

---

1) 문법 교육에서 텍스트와 담화는 경우에 따라서는 동일한 개념으로, 경우에 따라서는 매체에 따른 차이를 지닌 개념으로 사용되고 있는데 후술하는 바와 같이 이 장에서는 매체에 따른 구별을 하지 않는 통칭적 용어로 텍스트를 사용한다. 이 논의에서는 텍스트와 담화를 구별하지 않고 이들을 통칭하여 담화라는 용어를 사용하였는데, 이 장에서는 이를 텍스트로 변환하였다.
2) 텍스트언어학과 국어 교육의 관계에 대해서는 이은희(2000, 2002), 한국텍스트언어학회(2004) 등의 논의가 있다. 이 장에서는 이들 논의를 기반으로 문법 교육의 전체상에서 텍스트언어학이 지닌 의미와 위상을 검토해 보겠다.

을 것이다.

7.2 텍스트언어학의 언어 기술 방식

문법 교육에서 이루어진 활발한 연구와 관심의 정도에 비해서 언어학의 역사상으로 본다면 텍스트언어학은 아직은 새로운 언어 연구의 방법이다. 텍스트언어학은 약 40년 전부터 독일을 중심으로 발전했는데, 독일에서 텍스트언어학이 언어학의 자립 분야로 떠오른 것은 1970년대 초부터이다. 용어의 면에서 보면 유럽의 언어학에서는 Coseriu가 처음으로 'linguistica del texto'를 언급하였고, 'textlinguistik'이란 용어는 1967년 Weinrich가 처음 사용하였다.(한국텍스트언어학회, 2004:15)

텍스트언어학이 학문적으로 성립된 지는 그리 오래되지 않았지만 언어적 측면에서 텍스트에 관심을 지닌 것은 오래 전부터이다. 발상적 측면에서 보면 텍스트에 대한 관심은 수사학과 문체론에서 찾아볼 수 있다3). 고전 수사학은 대중 연설가의 훈련을 주과제로 삼았기에 설득적 효과에 관심을 두고 사상의 발견, 배열, 표현에 대해 연구하며 수신자의 청취 효과에 따라서 텍스트를 판단하였는데, 텍스트를 의도적 상호작용의 도구라고 보는 텍스트언어학의 기본 전제를 여기서 찾아볼 수 있다. 또한 문체란 텍스트 생산자와 수용자의 상호작용과 관련되어 정의되는 특성을 지니고 있다고 보며 문장 단위를 넘어 존재하는 구조 및 특성을 발견하려 하였다는 점에서 문체론에는 텍스트언어학의 기본 전제가 함

---

3) 발상, 생성적 측면에서의 텍스트언어학에 대한 고찰은 김종인(1989)을 참고하였다.

축되어 있다.

언어학의 역사에서도 텍스트언어학적 접근의 단초를 찾아볼 수 있다. 유럽에서는 러시아 형식주의자들의 활동에 힘입어서 20세기 초반부터 시학 및 언어학에서 텍스트 연구에 관심을 기울였는데, Proop의 민담 분석이나 Lévi-Strauss의 구조적 문화 분석, 신화 분석 등을 예로 들 수 있다. 이러한 기호학적 틀 안에서 이루어진 이야기 분석을 중심으로 기존의 형태론이나 통사론의 틀로는 문장 이상의 체계가 지닌 규칙성을 찾아내기 어렵다는 인식이 형성되었다. 또한 생성문법의 성립 이전에 이루어진 미국의 기술적 구조언어학에서도 텍스트언어학적 방법론의 필요성에 대한 언급이 보인다. Harris는 '*Structural Linguistics*'(1960) Phoenix판 서문에서 이전의 언어학은 문장의 한계를 넘지 못하였고 그 방법은 문장들이나 문장의 부분들 간의 구조적 관계를 기술할 수 없다는 논의를 하였다. 이렇게 기존의 형태론이나 통사론의 틀로 문장 이상의 체계가 지닌 특성과 규칙성을 발견하기 힘들다는 인식은 나타났지만, 독일에서 텍스트언어학이 학문적으로 성립되기 전까지는 이러한 논의들은 언어 이론으로서의 체계성을 확립하지는 못하였다.

여러 방면에서 이루어진 관심 위에서 Isenberg, Petöfi, van Dijk 등이 생성의미론의 틀 속에서 텍스트 문법의 기초를 마련하였다. Petöfi는 문장 문법을 비판적으로 검토하면서 새로운 이론의 필요성을 주장했는데, 그의 이론은 해석적 문장 문법과 생성의미론을 통합해 보자는 것으로, 정교한 텍스트 이론을 전개하는 데 길잡이가 되었다. van Dijk는 거시구조의 개념을 제안하면서, 텍스트가 어떻게 인식되며 의미를 형성하는가에 대한 의문을 통해 텍스트언어학이 인지심리학적 방향으로 확장

되는 기반을 마련하였다.

텍스트언어학의 역사적 발전 과정을 살펴보면 1960년대 중반에서 1970년대 중반에 걸쳐서 이루어진 텍스트 문법에서 그 출발점을 찾을 수 있으며, 그 후 텍스트언어학은 다양한 변화의 과정을 겪어 왔다. 텍스트 문법적 접근 방식은 형식적이고 통사론과 밀접한 관련을 가지면서, 언어학에서 확립된 체계를 확장함으로써 텍스트를 설명하려고 하였다. 그렇지만 텍스트언어학이 본격적으로 연구됨에 따라 이러한 접근 방식의 한계성을 느끼게 되었고 이에 따라 연구의 대상과 방법론에 변화가 나타나고 연구의 범위도 점차 확장되어 왔다.

텍스트언어학이 언어에 대해서 어떻게 접근하며 기존의 언어 연구 방법과 어떤 차이를 지니고 있는지를 살펴보려면 먼저 텍스트언어학에서 연구 대상으로 하는 텍스트가 과연 무엇인지를 고찰하는 것이 필요하다. 텍스트언어학이 어떤 학문인지에 대해 가장 간단히 규정해 보면 텍스트를 대상으로 한 언어 연구 방법이라고 할 수 있기 때문이다. 텍스트라는 용어는 텍스트언어학이라는 학문적 접근 방식이 나타나기 이전부터 문학 작품이나, 작문, 문서, 기록물 등의 의미로 일상적으로 친숙하다. 텍스트언어학에서는 이러한 일상적 의미로서가 아닌, 학문적 견지에서 텍스트에 대해 개념 규정을 새로이 시도하여 왔으며 그 접근 방식은 텍스트언어학의 발전과 함께 변화하여 왔다.

텍스트 개념 규정의 한 축을 이루어 온 것은 텍스트가 성립하는 요건이 무엇인가이다. 어원적으로 보면 텍스트는 라틴어 동사 'texere'에서 왔는데, 이는 'weave'를 의미하는 것으로 어떤 요소들이 서로 엮여 있다는 은유적 의미를 지닌다. 이를 통해 텍스트가 성립하기 위해서는 일정한 요건이 필요함을 알 수 있는데, 텍스트언어학에서는 초기 단계에서부터 일정한 언어 구조체를 텍스트로 성립하게 하는 요건이 무엇인지에 대한 논의가 활발하게 이루어져 왔다.

그 중 대표적인 것으로 Beaugrande & Dressler(1981)의 텍스트성(textuality)에 대한 논의가 있다. 여기서는 텍스트성의 기준을 응집성(cohesion), 통일성(coherence), 의도성(intentionality), 용인성(acceptability), 정보성(informativity), 상황성(situationality), 상호텍스트성(intertextuality)의 일곱 가지로 제시하였다. 그리고 "텍스트란 텍스트성의 일곱 가지 기준을 만족시키는 통화성 발화체로 정의된다. 만일 일곱 기준 중 하나라도 만족되지 않을 때에는 그 텍스트는 통화적이지 않다. 따라서 비통화적인 텍스트는 비텍스트로 취급된다."고 보면서 구성주의적 원리에 따라 텍스트를 규정하였다.

이들 기준의 타당성에 대한 논의는 계속적으로 이루어져 왔다. 실제로 텍스트성의 기준으로 제시된 이들 원리들이 언어 소통과정에서 작용하는 방식을 살펴보면 이들은 구성주의적 원리에서 텍스트를 규정하는 것이라기보다는 상황에 따라 나타나는 제어적 원리로 보는 것이 보다 적합해 보일 수도 있다. 이에 주목하면서 Vater(1995)는 텍스트성의 기준들 중에서 응집성은 필수적인 것이 아니며, 의도성과 용인성은 매우 모호하며, 정보성과 상황성, 상호텍스트성은 설사 이것이 만족되지 않더라도 텍스트가 성립할 수 있는 것이라고 본다. 이 견해에 따르면 텍스트는 통일성을 기본적인 특성으로 지니는 언어 구성체라고 할 수 있다. 여기서 볼 수 있듯이 텍스트는 과연 어떻게 성립하며 어떤 요인을 가지고 있는가에 대한 논란은 텍스트를 규정하는 데 있어서 중심을 이루어 왔다.

텍스트를 보는 시각은 텍스트언어학에 대한 학문적 접근 방식에 따라서도 차이가 나타난다. 텍스트를 보는 시각은 크게 ①통사적 접근법, ②의미적 접근법, ③화용적 접근법의 세 유형으로 나누어 볼 수 있는데4), 이들 세 방식은 텍스트언어학의 학문적 발달 과정에 따라 선행 방식의 문제점을 해결하기 위한 시도로 순차적으로 나타났다.

통사적 접근법은 van Dijk와 Petöfi 등 소위 텍스트 문법(text grammar) 연구에서 나타난 것으로, 텍스트를 문장들의 연결로 본다. 문장이 일정한 구성 요소들의 총합으로 이루어지는 것과 마찬가지로 텍스트도 일련의 문장들로 구성되는 것으로 보면서, 텍스트 안에 존재하는 통사적 규칙성을 찾는 데 연구의 중점을 두었다. 그렇지만 텍스트는 하나의 문장만으로도 충분히 성립 가능하기에 문장이 모여 있다는 것이 텍스트 성립의 필요충분조건이 될 수 없을 뿐만 아니라 문장들을 연결시키는 일반적인 규칙성을 찾는다는 것은 매우 어려운 일이다.

통사적 접근법의 문제점을 해결하기 위해 제시된 것이 의미적 접근법인데, 여기서는 텍스트상의 요소들 간의 의미적 관계에 중점을 두었다. 텍스트성의 기준 가운데서는 응집성과 통일성에 주목했는데, 이 중 특히 통일성이 핵심적 위치를 차지한다. 그런데 의사소통의 전반적인 상황을 고려해 보면 과연 통일성을 언어 사용자 및 언어 사용의 상황과 분리된, 텍스트 내부적인 문제로 한정해서 볼 수 있을지는 의문이다.

이러한 의문에 대한 해답을 구하면서 제시된 것이 화용적 접근법으로, 여기서는 의사소통적 기능에 중점을 두면서 텍스트를 의사소통적 맥락 안에서의 발화로 본다. 이렇게 화용적 측면이 강조됨에 따라 텍스트언어학은 단순히 언어의 구조적 측면만이 아니라, 인간의 언어 사용 활

---

4) 이에 관해서는 van Peer(1994)를 참고하기 바란다.

동 전반을 설명할 수 있게 되었다.

텍스트의 개념 규정 방식이 통사, 의미적인 데서부터 화용적인 방향으로 변화되어감에 따라 텍스트언어학의 연구 방법도 순수 언어학적 방식에서 벗어나 인지 과학 등 다른 학문의 영향을 받아가며 새롭게 확립되었다(Beaugrande, 1994). 텍스트의 개념을 화용적으로 보게 됨에 따라 텍스트를 단순히 길이의 면에서 문장을 넘어선 문장 이상의 단위로서가 아니라, 의사소통 및 인지라는 인간 행동과 관련된 다양한 요소들이 밀접하게 통합된 구조체로서 바라보게 된 것이다. 따라서 텍스트 연구에서도 언어학적인 관점만이 아니라 다양한 학문적 관점이 함께 작용하는 간학문적 시각이 필요해졌다.

텍스트를 보는 시각이 간학문적으로 확장되어 나감에 따라 텍스트언어학을 규정하는 방식도 다양해졌다. van Dijk(1980)은 텍스트학이라는 용어를 사용하면서, 텍스트언어학은 텍스트학을 구성하는 한 부분이라고 보았다. 반면 Beaugrande(1997)는 텍스트언어학 자체가 지닌 간학문적 특성에 주목하면서 텍스트언어학은 텍스트와 담화에 대한 간학문적 과학이라고 보고, 텍스트성이란 단순히 언어적 자질이나 특징이 아닌, 의사소통적인 사건이 일어나는 곳에서 활성화되는 관련성의 다면적 모습이라 규정하였다. 또 Brinker(1994)는 언어학적인 면에 중점을 두고 텍스트언어학이라는 용어를 쓰면서도 언어의 구조를 중심으로 하는 체계 지향적 텍스트언어학과 화용적 접근법에 기반을 둔 통보 지향적 텍스트언어학이라는 두 가지 접근법을 함께 설정하였다.

'텍스트언어학이 무엇인가?'라는 질문에 대한 답변은 여러 방향에서 찾아볼 수 있을 것이다. 언어의 층위를 중심으로 본다면 '음운', '형태소’, ‘단어’, ‘문장’, ‘텍스트’와 같이 언어의 한 층위를 대상으로 한 언어 연구의 방식이라고 답할 수 있을 것이며, 구조주의나 변형생성문법 등과 같은 언어 이론의 하나라고 볼 수도 있을 것이다. 그렇지만 최근의 연구 결과를 반영하는, 더욱 확장된 시각으로 본다면 의사소통 상황 속에서 살아 있는 언어를 보는 언어 기술 방식으로 텍스트언어학을 규정할 수 있을 것이다. 단순히 텍스트 문법으로서의 텍스트언어학이 아니라 현재의 확장된 시각을 고려해 보면, 기존의 문장 단위의 문법과 다른, 텍스트언어학이 지닌 특성은 다음과 같이 정리해 볼 수 있다(이은희, 2002).

① 텍스트언어학에서는 언어적으로 발화된 것만이 아닌, 언어적 의사소통의 전체 요소들을 고려하고 있다. 즉 문장 문법에서 소홀하게 취급되었던 의사소통의 맥락과 생산자, 수용자에 관심을 둔다.

② 문장 문법에서는 문장을 정적이고 고정된 측면에서 파악하였으나, 텍스트언어학에서는 텍스트를 생산과 수용의 과정 속에서 계속적으로 변화하는 동적인 대상으로 보고 있다.

③ 문장 문법에서는 문장의 통사적 특성에 중점을 두면서 문법성과 적격성을 중시하였으나 텍스트언어학에서는 의미적·화용적 측면을 중시하면서 적절성과 용인성에 중점을 두었다.

④ 문장 문법은 언어학 이론에 토대를 둔 것인 반면 텍스트언어학은 인간의 언어 생산과 수용 과정에 관련된 다양한 인지 과학 이론을 수용하면서 간학문적 특성을 보인다.

즉 텍스트언어학은 단순히 문장 기술의 층위를 문장에서 벗어나 더욱 큰 단위인 텍스트로 옮겨 놓은 것만이 아니라, 언어를 보는 본질적 시각에서부터 차이를 보인다. 즉 텍스트언어학은 기존의 문장 문법에서 관심을 기울이지 않던, 사용되는 전체로서의 언어의 모습에 대한 뛰어난 설명력을 지녔을 뿐 아니라 의사소통 행위로서의 언어의 특성을 설명하려 하고 있다.

7.3 텍스트언어학의 문법 교육적 의미

역사적으로 보면 문법 교육은 매우 오랜 교육적 전통을 지녀왔다. 서구의 경우 근대 교육은 중세 대학의 일곱 가지 교양 과목(liberal arts)을 기본 틀로 하는데, 문법은 논리학, 수사학, 산수, 기하학, 음악, 천문학과 함께 일곱 가지 교양 과목의 한 축을 이루어 왔다. 이는 우리나라의 경우에도 마찬가지로, 근대화 이전과 근대화 이후의 전시기에 걸쳐서 문법 교육은 지속적으로 이루어져 왔다. 일제강점기의 경우에도 고등보통학교 이상의 학교 급별에서는 일본어과와 조선어과에 속해 있는 별도 과목으로 문법을 두었음을 일제강점기 때 편찬된 각종 문법교과서를 통해 살펴볼 수 있다. 그리고 건국기 이후부터는 문법 과목이 일정 단계 이상의 학교 급별에서는 독자적 과목으로 존재하였음을 교수요목이나 교육과정 자료를 통해 확인할 수 있다. 건국기 교육과정의 토대를 이루는, 미군정에서 발표한 '교수요목'을 살펴보면 중등교육의 경우 '문법'이라는 용어를 사용하며 다음과 같이 문법 교육의 내용을 제시하고 있다.[5]

---

5) 문법 교육과정의 변천에 대해서는 허재영(2004)을 참고할 수 있다.

국어의 소리, 글자, 어법, 표기 등의 대요를 가르쳐 국어의 됨됨이와 그 특질을 이해하게 하고, 또 현대어, 신조어, 고어, 방언, 표준어, 외래어 등에 대한 명확한 인식을 얻고, 국어의 사적 발달의 개요(槪要)를 알게 함.

문법 교육은 이러한 오랜 전통을 지녀왔지만 국어교육학이 학문적 체계화를 이루어 가는 과정에서 그 교육적 의미에 대한 집중적 검증의 대상이 되었다. 국어교육학이 학적으로 정립되어 가는 과정에서 화두는 '국어 사용 능력의 신장'이었다. 과연 국어 교육이 이러한 하나의 목적만을 위해 존재하는 것인지, 아니면 전통적으로 이루어진 지식 중심의 접근도 대등한 위상을 가진 것인지가 계속 논쟁의 대상이 되어 왔다. 그리고 그 속에서 문법 교육을 보는 시각도 다양하게 제기되었다.

문법 교육을 보는 관점은 김광해(1997)에서 논의한 바와 같이 통합론, 독자론, 상호보완론, 무용론의 네 방식으로 나누어 볼 수 있다. 이들 각각의 주장을 간단히 정리해 보면 통합론은 국어 사용 능력 신장에 도움을 줄 수 있도록 문법을 가르치자는 것이며, 독자론은 국어 사용 능력 신장과 무관하게 문법을 독자적으로 가르치자는 것이며, 상호보완론은 국어 사용 능력 신장에 도움이 되는 것과 그렇지 않은 것을 함께 가르치자는 것이며, 무용론은 문법은 가르칠 필요가 없다는 것이다. 통합론이 언어 사용 기능 중심으로 국어 교육을 보는 시각을 반영했다면 독자론은 국어학에 바탕을 두고 국어 교육에 접근하는 시각을 보이고 있다.

국어 사용 능력의 신장을 강조하는 국어교육학계의 분위기 속에서 이러한 다양한 시각들 중에서 통합론이나 상호보완론이 주도적인 목소리를 내었으며 현행 교육과정을 보더라도 이런 경향을 찾아볼 수 있다. 다음은 제8차 교육과정6)의 '문법' 과목의 성격 규정(교육인적자원부, 2007: 105)

으로, 문법을 보는 학계의 주류적 시각을 살펴볼 수 있다.

　　문법은 언어에 내재하여 있는 원리와 규칙을 가리킨다. 따라서 국어 문법은 개별 언어로서의 국어에 내재해 있는 원리와 규칙을 가리킨다. 이러한 원리와 규칙은 국어 생활, 즉 듣기, 말하기, 읽기, 쓰기의 활동에서 국어를 정확하고 효율적이며 창의적으로 사용하는 데 필요한 기저 지식 체계라고 할 수 있다.

　　국어 문법은 국어의 구조와 기능을 분석적으로 이해하고 국어를 통합적으로 구사할 수 있는 국어 능력을 기르는 데 기여한다. 문법 능력은 국어 능력의 토대로서 듣기, 말하기, 읽기, 쓰기, 문학 등과 관련을 맺으며, 국어의 소중함과 가치를 일깨우고 국어 의식을 높이는 데에 기여한다.

　　그렇지만 아직까지도 문법 교육의 본질에 대한 논란은 종식되지 않은 상황이다. 최근의 논의를 보면 문법 지식의 수행성을 강화하기 위해 기능 중심으로 문법 교육의 교육내용이 설계되어야 한다고 본 주세형(2005 ㄱ)의 견해에 대해서 신명선(2006)은 통합적 문법 교육 담론의 정당성에 관해 근본적인 재검토가 필요하다는 목소리를 내고 있다. 문법 교육의 본질에 대해 최근 이루어지고 있는 논의들 속에는 문법 교육이 더 이상 국어 교육의 주변부에 머무르지 않고, 국어 교육의 중심에 설 수 있는 방법을 모색하려는 문법 교육학자들의 고민의 흔적이 녹아 있다고 볼 수 있다.

　　문법 교육에 대해 다양한 방향의 견해들이 제기된 학문적 논의 과정을 통해서 기존의 방식에서 벗어나서 언어를 보는 새로운 시각이 필요

---

6) 교육부에서는 7차 교육과정 이후부터는 필요에 따라 수시로 교육과정을 개정, 수정, 보완하겠다는 취지로 차수를 붙이지 않기로 했으나 본 장에서는 편의상 2007년 2월 개정 고시된 개정 7차 교육과정을 8차 교육과정이라 지칭한다.

하다는 학계의 공감대가 형성되었다. 특히 언어 사용 능력 신장을 위한 기반 지식으로서 문법을 보는 관점을 취하는 경우, 언어에 대한 구조적 설명만이 아닌 언어 사용의 기제를 설명해 줄 수 있는 언어 기술 방식의 필요성은 절실해졌다. 그리고 학문적 지식 체계로서 문법 교육의 독자적 존재 의미를 보는 관점을 취하는 경우라도 국어학적 지식 체계가 존재하기에 이를 요약하면 된다던 식의 접근 방식에서 벗어나, 문법 교육에서 필요로 하는 교육 문법의 체계를 모색하려는 노력이 이루어졌다. 문법 교육에서 필요한 언어 이론 수용의 방향으로 박영목 외(2001)에서는 '①언어의 상황성을 중시한다. ②전체 텍스트의 층위로 범위를 확대한다. ③언어의 기능과 의미를 중시한다.'는 점을 들었는데, 이를 통해서 문법 교육에서 일어난 언어 기술 방식의 변화를 살펴볼 수 있다.

텍스트언어학은 문법 교육이 나가야 할 방향성의 하나로 인식되면서, 국어 교육 연구의 초기 단계에서부터 텍스트언어학적 관점에서 다양한 연구가 활발하게 이루어졌다. 문법 교육에서 이루어진 텍스트언어학적 연구는 언어 현상에서 접근한 것과 언어 표현 및 이해 활동을 중심으로 한 것으로 나누어 볼 수 있는데, 이는 문법 교육에 대한 접근이 언어 사용 기능과 국어 지식 체계라는 두 요인을 중심으로 이루어졌던 것과 맥을 같이 한다. 박사 논문을 중심으로 살펴보면 주경희(1992), 이은희(1993), 이삼형(1994), 김봉순(1996), 송현정(1998) 등은 전자의 입장에서 이루어진 연구로, 이종철(1993), 서혁(1996), 김재봉(1995), 이경화(1999) 등은 후자의 입장에서 이루어진 연구로 볼 수 있다. 이들 연구들을 살펴보면 한편으로는 그동안 문장 문법의 틀 안에서 이루어져 왔던 언어 현상에 대한 기술을 텍스트의 층위로 확장시키면서 살아 있는 언어의 모습을 설명하고, 또 다른 한편으로는 언어 사용 기능의 기제를 언어적으로 설명하려한 문법 교육 연구자들의 노력을 찾아볼 수 있다. 그리고 이러한 연구들은 문법 교육의 필요성과 논리의 틀 안에서 이루어진 것이지, 텍스트언어학적 연구의 결과들을 단순히 요약하는 방식으로 수용한 것은 아니었다.

텍스트언어학은 문법 교육에 대해 접근하는 두 방향, 즉 국어 지식체계 중심의 접근과 언어 사용 기능을 중심으로 하는 통합론적 접근 모두에서 중요한 위상을 지닌다. 박영순(1998)의 경우 국어 지식 체계 중심의 접근에서 텍스트언어학이 중요한 부분을 점하게 되었음을 보여준다. 여기서는 문법 능력을 형태론과 통사론적 능력만을 지칭하는 협의의 문법 능력과 이를 더욱 확장한 광의의 문법 능력으로 구별하였다. 그리고 이러한 구분 위에서 문법 능력이란 "언어의 발음 체계, 형태 체계, 통사 체계, 의미 체계, 사회언어학적 규범체계, 담화·텍스트 체계를 통달하여 갖게 되는 지식과 그 지식에 입각하여 상황과 목적에 맞게 말하기, 듣기, 읽기, 쓰기 등을 효과적으로 할 수 있는 기저 능력 전체를 말한다. 즉 문법 능력은 정확한 발음, 필요한 단어를 선택, 조직할 수 있는 능력, 정문과 비문을 구별하고, 정문만을 생산할 수 있는 능력, 단어와 문장 자체의 의미와 의미들 간의 관계를 이해하고, 문자적인 의미와 화용적인 의미의 차이를 알며, 논리적인 사고와 논리적인 말을 할 수 있는 능력을 총체적으로 일컫는 개념이다."라고 규정하였다. 그리고 기존의 문장 문법 중심의 문법 교육을 더욱 확장하면서 문법 교육론의 내용을 '음운론 교육론, 형태론 교육론, 통사론 교육론, 어휘 의미론 교육론, 문장의미론 교육론, 논리의미론 교육론, 화용의미론 교육론, 사회언어학적 규범 교육론, 담화·텍스트 언어학 교육론'으로 설정하였다. 여기에서 제시한 담화·텍스트 언어학 교육의 목표는 다음과 같다.

    ① 담화·텍스트가 무엇인지 안다.
    ② 문장 차원에서 해석할 수 없는 예를 안다.
    ③ 담화·텍스트라는 단위 설정의 필요성을 안다.
    ④ 담화·텍스트의 성립 조건을 안다.
    ⑤ 담화나 텍스트를 구조와 의미 양면에서 분석할 수 있다.

또한 문법 교육 내용 설계를 기능 중심으로 제안한 주세형(2005 ㄴ)에서는 학습자가 복잡한 '기능' 양상에 좀더 체계적으로 접근하도록 하기 위하여, 좀더 '의미적'이고 좀더 '추상적'인, '상황 맥락'과 '화행 차원의 기능'을 매개할 수 있는 개념이 필요하다고 보면서, 이러한 매개적인 역할을 할 수 있는 것이 바로 '사용역'이며 '사용역'을 직접적으로 분석할 수 있는 도구가 '대기능'이라고 보았다. 그리고 다음과 같이 대기능의 종류를 제시하였다.

    ① 관념적 기능(ideational function): '담화에서 진행되고 있는 내용'을 언어
       화하는 데 필요한 문법 지식으로 실현되는 기능.
    ② 상호작용적 기능(interpersonal function): '청자(독자)에 대한 태도'를 언어
       화하는 데 필요한 문법 지식으로 실현되는 기능.
    ③ 텍스트적 기능(textual function): '담화에서 사용된 언어의 역할'을 언어
       화하는 데 필요한 지식으로 실현되는 기능.

여기서 텍스트적 기능이 문법 교육 내용 설계를 위한 중심에 서 있음을 볼 수 있다. 그리고 텍스트적 기능을 위한 문법 지식의 예로는 "말글

에 사용된 언어의 역할의 언어화에 대한 지식, 대용/생략/주제화/글의 의미 단락/연결 방법/글의 짜임/단락의 역할/단락과 단락의 접속 관계/문장과 문장의 접속 관계"를 들었다.

한편 통합론적 관점에서 문법 교육에 접근하는 경우 텍스트언어학은 국어에 대한 문법적 지식 중 국어 사용 능력과 가장 연관성이 큰 지식의 하나이다. 사실 국어 사용 능력 신장에 국어 교육의 목적을 둔다고 하더라도 이를 위해서 과연 무엇을 가르쳐야 할 것인지는 논란의 여지가 많다. 이도영(1996)은 국어 교육의 내용 요소 선정의 준거로 '①언어의 기능 ②텍스트 유형 ③텍스트 생산 및 이해 방식 ④언어적 사고력'의 네 가지를 들었으며 박수자(1996)는 '①언어 구조 ②약호의 유형 ③언어사용 전략'을 제시한 후 언어 사용 전략으로 다음 사항을 들었다.

> ① 담화 전략 : 묘사하기, 서사하기, 설명하기, 논증하기, 설득하기, 인용하기, 비유하기, 요약하기, 조직하기
> ② 텍스트 전략 : 중심 내용 파악하기, 글 구조 파악하기, 언어표현 파악하기
> ③ 인지 전략 : 회상하기, 상상하기, 예측하기, 추론하기, 공감하기, 비판하기
> ④ 초인지 전략 : 주의를 기울이기, 질문하기, 점검하기

이들 논의에서 공통적으로 찾을 수 있는 것은 언어에 기반을 두고 국어 사용 기능에 접근하고 있으며, 국어에 대한 지식 중 특히 텍스트언어학적 지식이 그 중심을 점하고 있다는 사실이다.

7.4 텍스트언어학의 문법 교육에서의 수용 현황

문법 교육은 국민 공통 교육과정 '국어'의 한 부분으로 설정되어 있는 '문법' 영역과 선택 교과목인 '문법' 과목이라는 두 방향에서 이루어지고 있다[7]. 이 장에서는 문법 교육의 현장에서 텍스트언어학이 어떻게 수용되어 있는지를 교육과정과 교재의 두 측면에서 살펴보겠다. 교육과정은 교육의 전체적 방향성을 규정하는 것이며 교재는 교육 현장에서 교사와 학생 사이에서 이루어지는 교수·학습의 매개물로 작용하는 것이라는 점을 생각해 보면, 교육과정과 교재의 검토를 통해 문법 교육에서 텍스트언어학이 어떤 모습으로 나타나고 있는지 그 전체상을 살펴볼 수 있을 것이다.

국어 과목 내에서 문법을 다루는 영역의 명칭[8]은 6차 교육과정에서는 '언어', 7차 교육과정에서는 '국어지식', 8차 교육과정에서는 '문법'이라는 용어를 사용하는 식으로 교육과정기에 따라 변화했다. 8차 교육과정에서 이루어진 영역 명칭 변경의 원인과 의미에 대해서는 다음 송현정(2006: 3)의 논의를 참고할 수 있다.

국어 교육에서 학습하는 여타 모든 교육 내용이 포괄적으로 보면 '국어지식'이라고 할 수 있는데, 이와 같이 '국어지식'이라는 명칭이 가지는 의미의 포괄성으로 인해 문법 영역이 가지고 있는 정체성을 다시 모호하게 만드는 문제가 대

---

7) 물론 국어 사용 능력과 문법의 관련성을 생각해 보면 국어 사용 영역에서도 문법이 중요한 역할을 하고 있지만 여기서는 문법 교육 자체에 목적을 두고 있는 문법 영역과 문법 과목만을 대상으로 하겠다.

8) 8차 교육과정에서 사용한 '문법'이라는 명칭을 사용한다.

두되었다. 이에 따라 한국교육과정평가원에서는 이 문제를 해소하고자 문법 관련 학회 및 문법 교육 연구자에게 영역명에 대하여 지속적으로 자문과 검토를 받아, '문법'으로 영역명을 정하였다. 교육과정 개정안에서 '문법'으로 명칭을 변경한 것은 국어과 교육과정에서 다루어야 할 문법 내용을 영역의 성격에 맞게 명확하게 접근한 것으로 볼 수 있다.

'문법' 영역에서 다루고 있는 교육의 내용이 '언어의 본질'에서부터 '국어의 특질', '국어 생활 문화'에 이르기까지 워낙 다양하기에 영역명을 이렇게 바꾸었다고 해서 이들 모든 내용을 포괄할 수 있는 것은 아니므로 영역 명칭 변경의 타당성에 대해서는 계속적 논란이 있다. 그렇지만 국어 과목에서 다루어야 할 국어의 지식적 내용의 본질에 접근하려 했다는 데서 영역 명칭 변경이 지니는 의미를 찾을 수 있을 것이다.

교육과정을 통해 살펴보면, 문법 교육에서 문장을 넘어선 언어에 대한 접근이 필요하다는 인식 위에서 텍스트언어학이 독립적인 부분으로 수용되기 시작한 것은 제6차 교육과정기부터이다. 이는 문법 교육의 학문적 담론에서 텍스트언어학적 접근의 필요성이 제기되고 다양한 학적 논의가 축적되어온 결과로 볼 수 있다. 6차 교육과정의 국어 과목 및 문법 과목에서 텍스트언어학이 수용된 방식을 교육과정의 전체틀 속에서 살펴보면 [표 1] 및 [표 2]와 같다.

[표 1] 6차 교육과정 '언어' 영역 내용 체계

	언어의 본질	국어의 이해	국어의 사용
국민학교	1)언어의 중요성 2)언어와 국어	1)자음과 모음 2)낱말의 짜임 3)문장의 짜임	1)표준어와 표준 발음 2)맞춤법 3)낱말과 문장을 바르게 사용하는 태도 및 습관

중학교	1)언어의 특성 2)언어와 인간 3)언어와 사회	1)음운의 체계와 변동 2)단어의 형성 3)문장의 구성 요소와 기능 4)단어의 의미 5)문장과 이야기	1)표준어와 표준 발음 2)맞춤법 3)국어 순화 4)국어를 정확하게 사용하는 태도 및 습관
고등학교	1)언어와 사회 2)국어의 특질	1)음운의 체계와 변동 2)단어의 형성과 유형 3)문장의 구성 요소와 기능 4)단어의 의미 5)문장과 이야기	1)표준어와 표준 발음 2)맞춤법 3)국어 순화 4)단어와 문장을 효과적으로 사용하는 태도 및 습관

[표 2] 6차 교육과정 문법 과목 내용 체계

영역	내용
1)언어의 본질과 국어의 특질	가)언어의 본질 나)언어와 인간 다)국어의 특질과 변천
2)국어의 이해	가)음운의 체계와 변동 나)단어의 갈래와 형성 다)문장의 구성 요소와 짜임새 라)단어의 의미 마)문장과 이야기
3)국어 사용의 실제	가)단어와 문장의 올바른 구사 나)표준어와 맞춤법 다)국어를 정확하고 효과적으로 사용하는 태도 및 습관

6차 교육과정에서는 국어 과목의 영역을 '국어 사용', '언어', '문학'의 셋으로 크게 나누었으며, '언어' 영역은 '언어의 본질', '국어의 이해', '국어의 사용'이라는 세 부분으로 구성되었다. 이러한 구성 방식은 용어 사용상 약간의 차이는 있지만, 문법 과목에서도 동일하게 나타난다. 텍스트언어학적 접근은 '언어' 영역에서는 '국어의 이해' 부분에서 중학교 이상의 단계에서 나타나는데, '문장과 이야기'에서 '이야기'라는 용어를 통해서 텍스트의 개념을 언어 설명에 도입하였다. 문법 과목에서도 역시 '국어의 이해'의 한 부분으로 나타나고 있다.

제6차 교육과정에서 나타난 텍스트언어학적 접근 방식은 7차 교육과 정에도 이어진다. 7차 교육과정 '국어지식' 영역과 문법 과목의 전체적 내용 체계와 그 속에서 텍스트가 어떻게 다루어지고 있는지를 살펴보면 [표 3] 및 [표 4]와 같다.

[표 3] 7차 교육과정 '국어지식' 영역 내용 체계

국어의 본질	국어의 이해와 탐구	국어에 대한 태도
-언어의 특성 -국어의 특질 -국어의 변천	-음운 -낱말 -어휘 -문장 -의미 -담화	-동기 -흥미 -습관 -가치
국어의 규범과 적용 -표준어와 표준 발음　-맞춤법　-문법		

[표 4] 7차 교육과정 문법 과목 내용 체계

영역	내용
(1)언어와 국어	(가)언어의 본질 (나)언어와 인간 (다)국어와 국어 문화
(2)국어 알기	(가)음운의 체계와 변동 (나)단어의 갈래와 형성 (다)국어의 어휘 (라)문장의 구성 요소와 짜임새 (마)단어의 의미 (바)문장과 담화
(3)국어 가꾸기	(가)국어 사용의 규범 (나)정확한 국어 생활 (다)국어 사랑의 태도

제7차 교육과정의 경우 국어 과목은 듣기, 말하기, 읽기, 쓰기, 국어 지식, 문학의 여섯 영역으로 구성되어 있으며, 국어지식 영역은 '국어의 본질', '국어의 이해와 탐구', '국어에 대한 태도', '국어의 규범과 적용'으로 이루어져 있다. 텍스트에 대한 부분은 '국어의 이해와 탐구' 중 '담화' 부분에 나타나는데, 6차 교육과정에서는 중학교 이상의 단계에서만 이를 다루었던 데 비해 7차 교육과정에서는 학교 급별에 따른 차이 없이 문장과 대등한 위상에서 텍스트를 다루고 있다. 문법 과목은 '언어와 국어', '국어 알기', '국어 가꾸기'로 구성되어 있는데, 이러한 체계 구성 방식에서 국어 지식 영역과 차이를 보인다. 그렇지만 '음운, 단어, 어휘, 문장, 의미, 담화'로 나누어 국어의 구조적 특성을 다루는 방식은 유사하며, 텍스트를 다루는 명칭도 '담화'로 동일하다.

제8차 교육과정은 몇 년간 학계의 논의를 거치면서 2007년 2월 고시되었다. 제8차 교육과정 '문법' 영역과 문법 과목의 내용 체계와 그 속에서 텍스트가 어떻게 다루어지고 있는지를 살펴보면 [표 5] 및 [표 6]과 같다.

[표 5] 8차 교육과정 '문법' 영역 내용 체계

국어 사용의 실제			
-음운	-단어	-문장	-담화/글
지식 ○ 언어의 본질 ○ 국어의 특질 ○ 국어의 역사 ○ 국어의 규범		**탐구** ○ 관찰과 분석 ○ 설명과 일반화 ○ 판단과 적용	
맥락 ○ 국어 의식 ○ 국어 생활 문화			

[표 6] 8차 교육과정 문법 과목 내용 체계

국어와 앎
○ 언어의 본질 ○ 국어의 구조
국어와 삶
○ 국어와 규범 ○ 국어와 생활
국어와 얼
○ 국어의 변천 ○ 국어의 미래

　제8차 교육과정의 문법 영역은 '국어 사용의 실제', '지식', '탐구', '맥락'의 네 부분으로 구성되어 있다. 제7차 교육과정의 내용 범주 중 '태도' 부분이 제외되었으며, '국어의 규범과 적용'도 이 중 '국어의 규범' 부분이 '지식'에 포함되면서 범주명에서 제외되었다. 대신 '맥락'이 강조되고 있는데, 이는 말하기, 듣기, 읽기, 쓰기의 언어 사용 영역들이 전체적으로 '실제, 지식, 기능, 맥락'의 체제를 취하는 것과 맥을 같이 하는 것으로 볼 수 있다. 또한 제7차 교육과정에서 '국어의 이해와 탐구'라는 범주명으로 언어 단위별 탐구 활동을 강조하였던 데 비해, 개정 교육과정에서는 언어 단위와 이에 대한 탐구 활동을 '국어 사용의 실제'와 '탐구'라는 별도의 범주에서 다루고 있다. 개정 교육과정의 문법 영역 내용 체계를 살펴보면 텍스트의 생산과 수용을 중심으로 내용 체계의 틀이 구성된 언어 사용 영역들과 통일을 기하면서 동시에 문법 영역이 지닌 특수성을 고려하였다고 할 수 있다. 텍스트는 '국어 사용의 실제' 중 '담화/글'에서 다루어지고 있다.

　문법 과목 교육과정의 내용 체계는 전체적으로 '국어와 앎', '국어와 삶', '국어와 얼'이라는 세 범주로 구성되어 있는데, 7차 교육과정과 비

교해 볼 때 많은 변화를 찾아볼 수 있다. 각 범주에서 다루고 있는 구체
적 내용은 '세부 내용' 부분에 제시되어 있는데, 그 내용은 [표 7]과 같
다. 텍스트에 대한 부분은 '국어의 구조' 중 '담화' 부분과 '국어의 규
범' 중 '효과적인 담화 구성' 부분에 나타나 있다. 7차 교육과정과 비교
해 볼 때 국어의 구조적 지식에 대한 이해에 그치지 않고 이를 실제적
으로 사용하는 데까지 문법 교육의 내용이 미치고 있음을 알 수 있다.

[표 7] 문법 과목 세부 내용 항목

(1)국어와 앎	(가)언어의 본질	① 언어와 인간 ② 언어의 특성
	(나)국어의 구조	① 음운 ② 단어 ③ 문장 ④ 담화 ⑤ 의미
(2)국어와 삶	(가)국어와 규범	① 정확한 발음 ② 올바른 단어 사용 ③ 좋은 문장 표현 ④ 효과적인 담화 구성
	(나)국어와 생활	① 일상 언어 ② 예술 언어 ③ 매체 언어 ④ 전문어
(3)국어와 얼	(가)국어의 변천	① 국어가 걸어온 길 ② 한글의 창제와 문자 생활 ③ 선인들의 국어 생활
	(나)국어의 미래	① 통일 시대의 국어 ② 세계 속의 국어 ③ 국어와 인접 분야

지금까지 교육과정을 중심으로 문법 교육에서 텍스트언어학이 어떻

게 다루어지고 있는지를 살펴보았는데, 텍스트 관련 내용이 세 번의 교육과정에 걸쳐서 문법 교육의 중요한 부분으로 나타나고 있음에도 불구하고 아직 교육 내용의 틀이 확립되지 않았음을 발견할 수 있다. 그 단적인 예로 용어의 통일이 이루어지지 않았다는 점을 지적해 볼 수 있다. 교육과정을 살펴보면 문장 이상의 단위에 대한 용어로 '텍스트', '담화', '이야기', '글'이 함께 나타나고 있다. 제6차 교육과정에서는 언어 영역과 문법 과목 모두에서 '이야기'가, 제7차 교육과정에서는 '담화'가 사용되고 있으며, 제7차 교육과정의 경우 문법 영역에서는 '담화'와 '글'이, 문법 과목에서는 '담화'가 사용되고 있다. 그리고 제8차 교육과정이 확정발표되기 전에 만들어진 2005년 교육과정 개정안에서는 '텍스트'라는 명칭이 사용되었다.

교육과정에 나타난 용어법은 크게 두 가지 방향으로 나누어 볼 수 있다. 하나는 '이야기' 또는 '담화'라는 명칭을 통해 구어와 문어라는 매체의 구별 없이 문장 이상의 언어 사용을 통칭하는 방식이다. 제6차 교육과정에 사용된 '이야기' 및 제7차 교육과정에 사용된 '담화', 제8차 교육과정 문법 과목의 '담화'를 예로 들 수 있다. 다른 하나는 '담화'와 '텍스트' 또는 '글'을 매체에 따라 변별적으로 사용하는 방식이다. 제8차 교육과정과 2005년 교육과정 개정안의 문법 영역에서 그 예를 찾아볼 수 있다.

그런데 이런 용어법의 사용이 일관된 원칙 위에서 이루어지지 않고 있다는 데 아쉬움이 있다. 동일한 교육과정기에도 제7차 교육과정처럼 국어 과목과 문법 과목에서 서로 다른 용어를 사용하고 있으며, 교육과정과 교재에 서로 상이한 용어가 사용되고 있는 것을 볼 수 있다. 현재 사용되고 있는 제7차 교육과정에 따른 교과서를 살펴보면 교육과정에는 '담화'가 쓰이고 있지만 교재에는 단원명으로 '이야기'라는 용어가 쓰인다. 현행 교과서에서 문장 이상의 언어 사용에 대해 다루는 부분은 중학교 3학년 2학기 국어 교과서 '이야기' 단원과 문법 교과서 '이야기' 단원이다. 문법 교과서에서는 '이야기'에 대해서 다음과 같이 개념 규정을 하고 있다(교육인적자원부, 2002:220).

아직 입 밖으로 나오지 않은 상태의 추상적인 말이 생각이라면, 이러한 생각이 실제로 문장 단위로 실현된 것이 **발화**(發話)이다. 발화는 말하는 이, 듣는 이, 그리고 장면에 따라 구체적인 의미가 결정된다. 그리고 이러한 발화들이 모여서 이루어진 통일체를 이야기라고 한다.

제7차 교육과정기의 경우, 교육과정에서는 매체의 구별 없이 문장 단위를 넘어선 언어 사용을 통칭하는 말로 '담화'라는 용어를 사용한 반면, 교재에서는 이에 해당하는 용어로 '이야기'를 사용하고 있다. 문법 교과서에서는 '담화'나 '텍스트'라는 용어를 명시적으로 사용하지 않고 있지만, 이렇게 '이야기'를 포괄적인 개념으로 사용하면 '담화'는 구어에 한정된 것으로 '텍스트'와 대비되는 개념으로 파악된다. 매체에 따라서 '담화'와 '텍스트'의 의미를 구별하는 방식은 제6차 교육과정에 따른 문법 교과서에서 명시적으로 드러나는데, 그 개념 규정 방식은 다음과 같다(교육부, 1996:141).

■ 이야기 : 여기서 사용되고 있는 '이야기'라는 용어는 문장 단위를 넘어서서, 그것이 모여 이루어지는 모든 '실제 사용된 언어 형식'을 지칭하는 넓은

뜻으로 사용한다. 이러한 관점에서 이야기를 구성하는 단위라는 뜻으로 '발화'라는 용어를 사용한다. 따라서, '발화'는 '문장'과 일치하는 경우가 많다.

이야기에 관련된 용어로는 텍스트, 담화 등이 사용되고 있으나, 그 구별도 그리 뚜렷한 것은 아니다. '이야기'라는 용어를 사용할 때 실화, 옛날 이야기, 전설 등을 가리키는 '이야기'라는 뜻과 혼동하지 않도록 한다.

■ 담화 : 본문에서는 정확히 구별하지 않았으나, 담화는 일정한 목적을 달성하기 위하여 사용된 구어적(口語的) 언어 형식을 가리키는 용어로 사용된다. 따라서, 각각의 담화는 하나의 독특하고 고유한 기능을 지닌다.

■ 텍스트 : 이야기가 문자 언어로 쓰여진 경우에는 대개 '텍스트(text)'라고 부른다.   ...(중략)...

텍스트는 유형마다 고유의 기능이 있고, 형식적인 특성을 지닌다는 점에서 담화와 동일하지만 차이점도 많다. 담화에서는 어조, 리듬 등이 중요한 역할을 하지만, 텍스트에서는 이러한 특징보다는 문장 부호 등이 중요한 역할을 한다. 또, 편지, 계약서 등과 같이 고정된 격식이 있거나 서명이 필요한 경우도 있다.

매체에 따른 용어의 구별은 제8차 교육과정에도 반영되어 있는데, 여기서는 국어 과목의 문법 영역에서 '국어사용의 실제' 범주의 내용으로 '담화'와 '글'이라는 용어를 병행해서 사용하고 있다. '담화'와 '글'이라는 용어법은 문법 영역 이외의 다른 영역에서도 사용되고 있다. 개정 교육과정의 특징적인 모습으로 언어 활동 영역에서 해당 학년에서 각 영역별로 다룰 언어 자료의 수준과 유형을 명시적으로 제시한 점을 들 수 있는데, 각 영역별로 언어 자료를 제시하는 부분의 명칭을 '듣기'와 '말하기'에서는 '담화'로, '읽기'와 '쓰기'에서는 '글'로 하고 있다. 기존의 '텍스트'라는 용어를 '글'로 바꾼 점이 눈에 뜨인다.

문장 이상의 단위를 다루면서 이렇게 다양한 용어법이 혼란스럽게 사용되는 것은 언어 연구 방법론으로 텍스트를 대상으로 한 텍스트언어학(textlinguistics)과 담화를 연구 대상으로 하는 담화 분석(discourse analysis) 또는 담화 문법(discourse grammar)이 함께 존재하는 데서 그 이유를 찾아 볼 수 있다. 문법 교육에서 기존의 문장문법을 벗어나서 언어를 다룰 필요성이 제기되면서 이들 두 방향의 언어 연구 방법을 받아들이면서 텍스트와 담화라는 용어가 함께 사용되게 되었다. 이로 인해 문법 교육에서 이 두 용어가 경우에 따라서는 동일한 개념으로, 또 어떤 경우에는 상호 변별적으로 사용되고 있다.

학문적인 면에서 본다면 이들 두 학문은 각각 다른 뿌리를 지니고 있으며 그 연구의 방식도 차이를 지닌다. 발생적 측면에서 보면 텍스트언어학은 텍스트 문법에 연원을 둔 데 비해 담화 분석은 Sinclair 등의 기능주의 언어학, Malinowsky 등의 민족지학(ethnography), Bernstein 등의 사회학을 기반으로 하면서, 현장 연구를 통해 언어의 기능적 구조 유형을 밝히는 데서 출발하였다. 그리고 이러한 발생적 차이는 텍스트와 담화를 보는 시각에도 이어지고 있는데, Beaugrande(1997)는 텍스트는 이론 지향적인 형식적인 실체(theory-driven formal entity)로 보는 반면, 담화는 자료 지향적인 기능적 실체(data-driven functional entity) 즉 경험적인 의사소통적 사건으로 보는 경향이 있다고 하였다.

이러한 기원적 차이와 대상으로 하는 언어의 특성에 중점을 두면서 구어에 대해서는 담화라는 용어를, 문어에 대해서는 텍스트라는 용어를 사용하면서 이 둘을 구별해서 사용할 수도 있다. 그렇지만 이들은 모두 문장 층위를 벗어난 언어 연구를 지칭한다는 데서 공통점이 있으며 더구나 현대 사회에서 문어와 구어라는 양분법적인 매체 중심의 언어 구별이 그 의미를 점점 잃어간다는 점을 고려하여 보면 언어 이론적인 담론의 장이 아닌, 문법 교육에서 이 둘을 구별하는 것은 큰 의의를 찾기 어려워 보인다. 또 텍스트라는 용어의 개념 자체에 한정해서 본다면, 텍스트언어학의 변화 과정에서 살펴본 바와 같이 텍스트언어학 자체도 더 이상 텍스트 문법적 연구의 경향에 머물러 있지 않고 언어 사용에 중점을 둔 간학문적인 연구의 방향으로 나아가고 있기에 텍스트라는 용어를 사용할 때 문어에 한정되는 의미로서가 아니라, 문장 이상의, 실제로 사용되는 언어 단위를 뜻하는 포괄적인 개념으로 보는 것이 타당할 것이다. 그리고 매체 구별이 모호해지는 현 상황에서 굳이 매체에 따른 구별을 하려면 '구어 텍스트', '문어 텍스트'라는 용어법을 사용할 수 있을 것이다.

'담화', '텍스트', '이야기'와 같이 문장 이상의 언어 단위를 지칭하는 전체적 용어 사용법을 생각해 보면, 문법 교육에서는 전술한 바와 같이 두 가지 방식의 용어 선택이 가능하다. 그런데 이들 중 어떤 선택을 하든, 현재와 같은 용어법의 혼란에서 벗어나서 명확한 조작적 정의 위에서 교육 내용 기술이 출발해야 할 것이다.

문법 교육에서 텍스트를 다룰 때 그 교육 내용은 매우 다양하게 설정될 수 있다. 교육과정을 살펴보면 문법 과목에서 텍스트 부분의 구체적인 내용은 다음과 같이 제시되어 있다.

■ 제6차 교육과정
① 발화 행위로서의 언어 현상들에 대하여 이해한다.
② 이야기의 표현 및 이해에 작용하는 요소들에 대하여 이해한다.

③ 이야기의 구조를 이해한다.

■ 제7차 교육과정
① 발화 행위로서의 언어 현상을 이해한다.
② 담화의 표현 및 이해에 작용하는 요소를 이해한다.
③ 담화의 구조를 이해한다.

■ 제8차 교육과정
[담화]
① 의사소통 현상, 매체와 의사소통의 관계를 이해한다.
② 담화의 종류에 따른 특성을 구체적인 사례를 바탕으로 설명한다.

[효과적인 담화 구성]
① 담화의 표현 원리를 이해하고 담화를 효과적으로 구성한다.
② 표준 화법과 언어 예절에 맞게 담화를 효과적으로 구성한다.

제6차 교육과정과 제7차 교육과정의 교육 내용은 용어가 '이야기'에서 '담화'로 바뀌었다는 점을 제외하고는 유사한 모습을 보인다. 이에 비해 제8차 교육과정은 구조적인 이해의 면뿐만 아니라 사용의 면을 강조하였다는 데서 차이점을 지닌다. 이들 교육과정 검토를 통해서 텍스트에 대한 교육내용으로 찾아볼 수 있는 구체적인 내용을 종합해 보면, 첫째로 텍스트가 정적인 언어 구조로 그치지 않고 실제로 언어 사용의 상황 속에 존재한다는 것과 그 표현과 이해 과정에 작용하는 요소들을 알아야 한다는 점이다. 둘째로 언어 구조를 텍스트로 존재할 수 있게 하여 주는 텍스트의 구성 원리들을 알아야 한다는 점이다. 셋째로 텍스트의 다양한 유형들을 알고 그 종류에 따른 특성들을 구체적으로 알아야 한다는 점이다. 넷째로 텍스트를 그 표현 원리와 화법, 언어 예절에 맞게 구성할 수 있어야 한다는 점이다.

이들 교육 내용 중 제6차 및 제7차 교육과정은 텍스트의 특성에 대한 이해를 중심으로 내용이 구성되어 있는 데 비해, 제8차 교육과정은 이해에서 그치지 않고 '국어와 삶'의 '효과적인 담화 구성'이라는 부분에서 사용의 면을 강조하였다는 특성을 보인다. 또한 7차 교육과정에서 텍스트의 구조적 특성을 단순히 텍스트 내적인 현상으로만 다루었던 데 비해 개정 교육과정은 텍스트의 유형적 특성을 강조함으로써 텍스트를 언어 사용 속에서 살아있는 실체로 받아들일 수 있는 여지를 넓히었다. 개정 교육과정에서 강조한 사용이라는 측면은 텍스트언어학의 최근 연구 경향과도 일치하는 부분이다. 그렇지만 개정 교육과정에서는 국어의 구조에 대한 지식을 다루는 '담화' 부분에서 텍스트가 가지고 있는 구조적 측면을 담지 않고 있다. 아직 개정 교육과정에 따른 교재가 편찬되지 않았기에 그 구체적인 교육적 적용 방식을 추정하기는 어렵지만 교육과정만으로 볼 때는 텍스트 구성의 기초를 이루는 텍스트의 본질에 대한 이해 없이 의사소통의 특성과 텍스트의 유형만을 다루면서 얼마나 텍스트에 대한 이해를 할 수 있을지 의문이다.

이제 문법 교육의 교육 현장에서 텍스트에 대해 과연 어떤 교육 내용을 담아 왔는지를 교재를 중심으로 살펴보겠다. 문법 교육은 국어 과목과 문법 과목에서 함께 이루어져 왔지만 논의의 편의를 위해서 각 교육과정기별 문법 과목 교과서를 고찰의 대상으로 하겠다. 제4차 및 제5차 교육과정기에는 텍스트가 별도의 항목으로 독립되어 있지 않지만 문법 교재에서는 '문장' 단원9)의 한 부분인 '문장과 이야기'에서 다루어지고 있기에 비교 검토를 위해서 제5차 문법 교과서의 '문장' 단원 중 '문장과 이야기'의 구성 방식도 함께 살펴보았다. 아직 제8차 교육과정에 따른 문법 교과서는 만들어지지 않았기에 현재 학교 현장에서 사용되고 있는 제7차 교육과정에 따른 문법 교과서까지를 검토의 대상으로 삼았다.

[표 8] 문법 교과서 '텍스트' 관련 단원 구성

5차 교육과정	① 주어와 목적어의 생략 ② 보조사의 의미 ③ 보조 동사의 의미 ④ 지시어의 기능 ⑤ 물음과 대답
6차 교육과정	1. 이야기의 구성과 기능 (1)이야기와 장면 (2)이야기의 구조 (3)발화의 기능 2. 장면에 따른 표현과 이해 (1)장면에 따른 표현 　① 원근에 따른 표현 　② 높임 관계에 따른 표현 　③ 심리적 태도를 나타내는 표현 　④ 질문과 대답 　⑤ 성분 생략 표현 (2)장면에 따른 이해
7차 교육과정	1. 이야기의 개념 (1)발화와 이야기 (2)발화의 기능 2. 이야기의 요소 (1)이야기의 구성 요소

9) 5차 문법 교과서의 '문장' 단원은 '1.문장의 성분, 2.문법 요소의 기능과 의미, 3. 문장의 짜임새,'로 구성되어 있다. 이 중 '문장의 짜임새' 부분은 '(1)문장 속의 문장과 이어진 문장, (2)문장 속의 문장, (3)이어진 문장, (4)문장과 이야기'로 이루어져 있는데, 텍스트 관련 내용은 '(4)문장과 이야기'에서 다루고 있다.

| |(2)지시 표현
(3)높임 표현
(4)심리적 표현
(5)생략 표현
3. 이야기의 짜임
(1)이야기의 구조
(2)이야기의 내용 구조
(3)이야기의 형식 구조|

제5차 교육과정기의 경우 '문장과 이야기'라는 명칭 아래에서 '생략 현상, 보조사, 보조 동사, 지시어, 물음과 대답'을 다루었다. 이때는 '문장의 짜임새' 단원의 한 부분으로 '문장과 이야기'를 다루고 있는 데서도 드러나듯이, 문장들이 연결되면 텍스트가 이루어진다는 전제에서 출발해서 하나의 문장 안에서 다룰 수 없는 언어 현상을 이 부분에서 다루는 방식을 취했다. 여기서 다루고 있는 내용 중 텍스트와 본질적인 관련성을 지닌 부분은 생략 현상, 지시어, 물음과 대답 부분이며, 보조사와 보조 동사는 텍스트언어학적 내용으로 보기 어려운 부분이다. 보조사와 보조 동사 관련 내용은 텍스트가 독립된 부분으로 다루어지기 시작한 제6차 교육과정기에 와서는 '단어' 단원으로 옮겨졌다. 제5차 교육과정기의 문법 교과서 검토를 통해 텍스트언어학이 문법 교육의 독립된 내용으로 수용되기 이전에도 언어의 특질 중 문장 단위 내에서는 설명할 수 없는 부분이 있다는 인식이 나타나고 있었음을 알 수 있다.

제6차 교육과정기에 와서 텍스트가 문법 교육에서 독립된 한 부분으로 다루어지기 시작하면서 본격적으로 텍스트의 개념과 특성에 대한 교육이 이루어졌다. 언어 사용의 상황에 대해 다루면서 상황 속에서 이해하고 표현하여야 할 구체적인 언어 현상에 대해 접근하고 있다. 다루고 있는 언어 현상의 내용을 보면 제5차 교육과정기에서 다루던 생략, 지시어, 물음과 대답에 더해서 높임 표현과 심리적 태도에 대해 다루었다.

제7차 교육과정기의 교과서를 보면 전체적인 체제 면에서는 제6차 교과서에 비해서 텍스트의 짜임에 대한 내용이 추가되었으며, 제6차 교과서에서 다루던 내용 중 '질문과 대답' 부분은 제외되었다. 사실 질문과 대답은 인접쌍의 개념으로 볼 수 있는 것으로 텍스트의 구조를 다룰 때 생각해 보아야 할 성격을 지닌 것이다. 이 부분이 제외된 것은 텍스트에 대한 교육 내용이 체계화되면서 생긴 현상으로 볼 수 있다.

제5차에서 제7차 교육과정기에 이르기까지 문법 교과서를 고찰하여 보았는데, 물론 김호정(2006)에서 지적하는 바와 같이 미비한 부분도 존재한다. 여기서는 문법 교과서를 검토한 후 문법 교과서에서 다루고 있는 담화 차원의 문법 교육 내용의 한계점을 다음과 같이 제시하였다.

① '담화'가 언어 구조물의 단위로서 문장보다 더 큰 '단위'로만 인식되고 있다는 한계점이 있다. 즉, 담화가 '둘 이상의 문장 결합' 이상의 의미를 확보하지 못하고 있다.
② 실제 담화 세계에서 문법 현상이 분석, 기술되지 못했다.
③ 이로써 일부 담화 유형 또는 장르에 나타나는 문법의 특징이 기술되지 못했다.

그렇지만 각 교육과정기에 이루어진 문법 교과서의 검토를 통해서 텍스트에 대한 교육 내용이 점차 체계화되어 가고 있음은 볼 수 있다. 앞으로 제8차 교육과정에 따른 교과서 개정 작업이 이루어질 것인데, 텍스트언어학에서 이루어진 연구 결과를 반영하면서 더욱 문법 교육의 실체에 부합하는 교육 내용 기술이 이루어지길 기대하여 본다.

7.5 맺음말

1990년대 초반 국어 교육에 대한 학문적 재접근의 필요성이 제기되던 시기에 텍스트 언어학은 문법 교육의 새로운 방향성 제시 방법의 하나로 문법 교육에 본격적으로 수용되기 시작했다. 이제 문법 교육에서 텍스트언어학적 접근이 이루어지기 시작한 지도 벌써 20여 년이 되어 간다. 그동안 텍스트언어학은 문법 교육에서 다루는 언어 단위의 확대만이 아니라 문법 교육에서 이루어져야 할 언어에 대한 새로운 접근의 시각을 제공하여 왔다.

이 장에서는 텍스트언어학과 문법 교육의 관계에 관해 생각해 보았다. 이를 위해 먼저 텍스트언어학이 어떤 언어 연구의 방법인지 살펴보고 텍스트언어학이 문법 교육에서 어떤 의미를 지니는지 생각해 보았다. 그리고 텍스트언어학이 실제 문법 교육의 장에서 어떻게 수용되어 왔는지를 교육과정과 문법 교재 두 측면에서 고찰하여 보았다.

텍스트언어학이 문법 교육에서 다루어지고 있는 모습을 보면, 교육과정의 용어에서부터 교재의 내용 구성 방식에 이르기까지 해결하여야 할 많은 문제점이 나타나고 있다. 그렇지만 이는 동시에 문법 교육에서 텍스트언어학이 지니고 있는 폭이 얼마나 넓은지, 그리고 언어 사용과 관련해서 텍스트언어학적 설명의 가능성이 얼마나 큰지를 드러내어 주는 부분이기도 하다. 앞으로 계속적인 연구와 고민을 통해서 문법 교육,

나아가 국어 교육의 전체상에서 텍스트언어학이 지닌 교육적 의미를 극대화해 나가야 할 것이다.

참고 문헌

교육부(1996), 문법.

교육인적자원부(2002), 문법.

교육부(1992), 고등학교 교육과정.

교육부(1997), 고등학교 교육과정.

교육인적자원부(2007), 국어과 교육과정.

김광해(1997), 국어지식교육론, 서울대 출판부.

김봉순(1996), 텍스트 의미구조의 표지 연구, 서울대 박사 논문.

김종인(1989), 텍스트언어학 소고, 불어불문학 24.

김호정(2006), 담화 차원의 문법 교육 내용 연구, 텍스트언어학 21.

박덕유(2005), 문법 지식 지도의 필요성과 발전 방향, 새국어 교육 71.

박수자(1996), 국어과 교육의 교육과정에 나타난 언어 학습 경험과 내용 구조 연
　　　　구, 국어교육학연구 6.

박영목·한철우·윤희원(2001), 국어과 교수 학습론, 교학사.

박영순(1998), 한국어 문법 교육론, 박이정.

서혁(1996), 담화의 구조와 주제 구성에 관한 연구, 서울대 박사 논문.

송현정(1998), 한국어의 호응관계에 대한 국어 교육적 연구, 서울대 박사 논문.

송현정(2006), 교육과정 개정안 문법 영역의 개정 방향 및 과제, 한국문법 교육학
　　　　회 제5차 전국학술대회 발표 논문집.

신명선(2006), 통합적 문법 교육에 관한 담론 분석, 한국어학 31.

심영택(2004), 문법 지식의 교수학적 변환 연구, 국어교육학연구 21.

이경화(1999), 담화 구조와 배경 지식이 설명적 담화의 독해에 미치는 효과에 관
　　　　한 연구, 한국교원대 박사 논문.

이관규(2007), 문법 교육 연구의 현황과 새로운 방향, 한국어교육학회 263회 전국
　　　　학술대회 발표 논문집.

이도영(1996), 국어과 교육의 이념, 목표, 내용 설정 방안, 국어교육학연구 6.

이삼형(1994), 설명적 텍스트의 내용구조 분석 방법과 교육적 적용 연구, 서울대 박사 논문.

이석주·이주행(2007), 한국어학개론(신정판), 보고사.

이은희(1993), 접속관계의 텍스트언어학적 연구, 서울대 박사 논문.

이은희(2000), 텍스트언어학과 국어 교육, 서울대학교 출판부.

이은희(2002), 텍스트언어학의 국어 교육적 현황과 전망, 21세기 국어교육학의 현황과 과제, 한국문화사.

이종철(1993), 의사소통능력 신장을 위한 함축적 표현의 연구, 서울대 박사 논문.

이주행(2006), 한국어 문법, 월인출판사.

이충우(2004), 국어 문법 교육의 개선 방안, 이중언어학 26.

임규홍(2006), '담화문법 교육'에 대하여, 문법 교육 4.

주경희(1992), 국어 대명사의 담화분석적 연구, 서울대 박사 논문.

주세형(2005 ㄱ), 통합적 문법 교육 내용 설계의 원리와 실제 연구, 서울대 박사 논문.

주세형(2005 ㄴ), 문법 교육내용의 설계를 위한 기능 중심성 원리에 대한 연구, 한국어학 26.

한국텍스트언어학회(2004), 텍스트언어학의 이해, 박이정.

허재영(2004), 문법 교육과정 변천, 문법 교육 1.

Beaugrande, R.(1994), "Text Linguistics", *The Encyclopedia of Language and Linguistics*, R. E. Asher(ed.), Oxford: Pergamon Press.

Beaugrande, R(1997), *New Foundations for a Science of Text and Discourse: Cognition, Communication, and the Freedom of Access to Knowledge and Society*, New Jersey: Abex Publishing Co.

Beaugrande, R. & W. Dressler(1981), *Introduction to Text Linguistics*, London: Longman.

Spolsky, B.(1978), Educational Linguistics, Rowley: Newbury House Publishers Inc.

Thornbury, S., 이관규 외 역(2004), 문법을 어떻게 가르칠 것인가?, 한국문화사.

Van Peer, W.(1994), "Text", *The Encyclopedia of Language and Linguistics*, R. E. Asher(ed.),

Oxford: Pergamon Press.

Vater, H., 이성만 역(1995), 텍스트언어학 입문, 한국문화사.

제 8 장

국어 생활과 문법 교육

✔ 이 장에서는 실제 국어 생활에 필요한 문법 요소들을 간추려 보고, 이를 어떻게 교육할 것인가를 생각해 본다. 특히 공무를 수행하면서 국민 생활에 큰 영향을 미치는 공직자들에게 문법 교육이 왜 필요한가, 어떤 내용을 가르칠 것인가, 효율적인 교육 방안을 어떻게 마련할 것인가 등을 검토해 본다.

8.1 문제의 제기

많은 사람들이 학교 교육에서 익힌 문법 지식을 실제 국어 생활에 제대로 적용하지 못하고 있다. 오늘의 국어 교육은 국어 사용 기능의 신장에 지나치게 기울어, 그 기본 바탕이 되는 문법 지식 영역은 소홀히 다루고 있다. 국어의 오용이나 남용을 따져 바르게 잡으려는 노력도 부족하다. 학교 교육을 받았다는 사람들이 나라가 제정한 어문 규범과 표준 화법, 언어예절에 익숙하지 못하다는 것은 국어 교육의 기본이 흔들리고 있다는 증거가 될 수 있다. 국민 생활에 큰 영향을 주는 공무를 수행하는 공직자들조차 문법 지식을 중히 여기지 않는다. 이런 점에서 공직자들에게 문법 교육이 왜 필요한가, 어떤 내용을 가르칠 것인가, 효율적인 교육 방안을 어떻게 마련할 것인가 등을 검토해 본다.

8.2 공직자 문법 교육의 필요성

현재 우리나라 공직자[1]들 중에는 글과 말로 표현하는 직무 능력이 부족한 사람이 적지 않다.[2] 그들은 국가에서 제정한 어문 규범[3]을 소홀히 여기며 공문서[4]를 작성하고, 공직자답지 못한 말투로 국민을 대하고 있다.[5] 이런 실태를 개선하기 위하여 그 동안 국어학계를 비롯하여 법조·행정·문화계 등에서 그 나름대로 노력하여 왔다.[6] 그러나 그들의

---

1) 여기서 '공직자'는 공공기관에서 업무를 수행하는 사람을 통틀어 일컫는다. '공공기관'이라 함은 국가기관, 지방자치단체, 정부투자기관관리기본법 제2조의 규정에 의한 정부투자기관 그 밖에 법률에 의하여 설립된 특수법인을 말한다.(국어기본법, 제3조 4항)

2) '박경현(1999), 공용문장 표현의 문제점 분석(1), 경찰대학', '박경현(2002), 공공게시물의 언어, 대중매체와 언어(이석주 외), 역락', '박경현(2003), 대통령 취임사의 국어 표현, 텍스트 분석의 실제(이석규 편저), 역락' 등 참조

3) '어문 규범'이라 함은 제13조의 규정에 의한 국어심의회의 심의를 거쳐 제정한 한글 맞춤법, 표준어규정, 표준 발음법, 외래어표기법, 국어의 로마자표기법 등 국어 사용에 필요한 규범을 말한다.(국어기본법[제정 2005. 1. 27. 법률 제7368회] 제3조)

4) 공공기관의 공문서는 어문 규범에 맞추어 한글로 작성하여야 한다. 다만, 대통령령이 정하는 경우에는 괄호 안에 한자 또는 다른 외국문자를 쓸 수 있다.(국어기본법 제14조)

5) 그래서 감사원(1999)에서 국가 어문 규범 준수실태를 새로운 감사 사항으로 삼아야 할 것이라는 견해를 밝힌 적도 있다.

국어 표현 능력[7]은 향상되지 않고 있다.[8]

공공기관이 업무와 관련하여 생산 또는 접수한 기록물[9]은 국가기록원에 보존되어 역사적 자료로 남는다. 공문서는 그 내용에 따라서는 국민 개인 생활에 법적 강제력을 미칠 수도 있다. 따라서 공직자는 신중하게 문서를 작성하여야 한다. 그렇게 하기 위해서는 무엇보다도 먼저 국어기본법과 사무 관리 규정[10]을 반드시 지켜야 한다. 모든 공직자는 법령을 준수하며 성실히 직무를 수행하여야 할 의무가 있기 때문이다.[11]

공공기관은 국민 생활과 관련 있는 업무를 주로 수행하는 기관이다. 그러므로 공직자는 자신보다는 국민의 입장을 염두에 두고 문서를 작성하여야 한다. 특히 공공기관이 국민에게 일방적으로 알리거나 협조를 바라는 내용의 글[12]은 국민이 쉽게 이해할 수 있게 써야 한다. 국민이 이

---

6) '대법원(1991), 판결서 작성의 개선을 위한 참고사항, 대법원 송무예규', '총무처(1991), 행정용어바르게쓰기에관한규칙', '대법원(1993), 법원사무관리규칙, 대법원규칙 제1265호', '법제처(1994), 법령용어순화편람', '문화체육부(1996), 바른말 고운말', '문화관광부(1998), 이런 말 실수 저런 글 실수', '감사원(1999), 감사문장 바로쓰기 편람', '국민고충처리위원회(2000), 민원문장바로쓰기', '국립국어연구원(2001), 법조문의 문장 실태 조사' 등 참조.

7) 여기에서의 '국어 표현 능력'이란 어문 규범 준수 능력, 말하기·듣기 능력, 언어 예절 등을 통틀어 일컫는다.

8) 민현식(2001), '국어 사용 실태 지수 개발 및 조사 방법 연구', 문화관광부 조사

9) '기록물'이란 '문서·도서·대장·카드·도면·시청각물·전자문서 등 모든 형태의 기록정보 자료와 행정박물'을 말한다.(공공기록물 관리에 관한 벌률[일부 개정 2007.4.27. 법률 제8395호])

10) 사무관리규정[일부 개정 2006.3.29. 대통령령 제19413호.] 제10조[문서 작성의 일반원칙] '문서는 어문 규범에 맞게 한글로 작성하되, 쉽고 간명하게 표현하고, 뜻을 정확하게 전달하기 위하여 필요한 경우에는 괄호 안에 한자 그 밖의 외국어를 넣어 쓸 수 있으며, 특별한 사유가 있는 경우를 제외하고는 가로로 써야 한다.'

11) 국가공무원법[일부개정 2005.12.29 법률 제7796호] 제56조(성실의무)

12) 각종 표지판, 벽보, 플래카드, 인터넷 등을 통하여 공개하는 공공 게시물이 그 예이다.

해하기 어렵게 쓴 글은 오히려 국민을 혼란스럽게 하고 불편하게 한다. 공직자는 국민 전체의 봉사자로서 친절 공정히 집무하여야 할 의무를 지닌다.13)

공직자는 국민 편의를 생각하는 행정 서비스 차원에서 문서를 작성하여야 한다. 그렇게 하려면 우선 어문 규범에 맞게 작성하여야 한다. 아무리 훌륭한 내용을 담고 있는 문서일지라도 어법에 맞지 않게 쓰거나 몇 군데 띄어쓰기라도 잘못하면 그 문서의 신뢰를 떨어뜨릴 수 있다. 문서를 바르게 쓴다는 것은 단순히 표현 기능의 문제에만 그치는 것이 아니다. 그것은 동시에 작성자의 정신자세 더 나아가 위민의식(爲民意識)의 수준과 상통한다. 기능과 정신은 다 같이 소중하고 또한 서로 작용한다. 위민정신이 있으면 그것을 실천하기 위한 기능의 향상을 소홀히 할 수가 없다. 그런 점에서 바른 글쓰기의 기능적 접근은 바로 공직자의 민주적 봉사의 길과 일치한다.14)

공직자의 국어 표현은 국민의 바른 국어 생활의 본보기가 되어야 한다. 특히 공공 게시물은 일반 국민들이 생활 속에서 쉽게 접하는 것인 만큼 국어를 바람직하게 사용하여 국민들의 바른 국어 생활을 선도할 책임이 있다. 학교에서의 국어 교육과 현실에서의 국어 생활이 서로 어긋난다면, 국민이나 학생들의 어문 생활에 부정적인 영향을 미치게 된다.

그럼에도 불구하고 아직도 공공기관에서 쓰는 글들은 생소한 용어에다 많은 한자어, 게다가 문장도 일상생활이나 일반 서적, 신문 등에서 쓰는 것과는 다소 거리가 멀다. 도대체 이런 글은 누구를 위한 글인가? 공직자끼리만이 이해할 수 있을 정도로 어렵게 만들어야 하는 특별한

---

13) 국가공무원법 [일부개정 2005.12.29 법률 제7796호] 제59조 (친절공정의 의무)
14) 감사원(1999), 감사문장 바로쓰기 편람, 머리말.

338

이유라도 있는 것인가? 이는 공직자들의 잘못된 의식의 결과로밖에 설명할 길이 없다. 모든 행정 행위를 일반 국민은 속속들이 알 필요가 없다는 일제 시대의 지배 논리가 은연중에 배어 있다고 볼 수 있다. 그러나 이제 국가기관의 모든 기능과 역할이 대국민 서비스 차원에서 다시 검증되는 시대에 와 있다. 국민은 지배의 대상이 아니라 좋은 서비스를 받을 고유한 권리를 가진 나라의 주인이다.

공적인 글은 국민의 것이어야 한다. 공공기관에서 작성하는 글은 국민이 이해할 수 있어야 한다. 관련부처 공직자들만이 아는 것이 되어서는 행정의 민주화를 꾀할 수 없다. 어려운 공문은 자칫 전문가 집단의 이기적인 기득권 수호에 방편이 될 위험성이 높다. 가령 일반 국민이 세금 문제에 의문이 있을 경우 각종 세법을 쉽게 찾아보고 이해할 수 있을 때 국민을 위한 '국민의 법'이라고 할 수 있다. 민사 소송을 낸 사람이 판결문을 읽어 보고 무슨 뜻인지를 이해할 수 없다면 이 소송은 누구를 위한 것인가? 이러한 판결문 등의 난해함은 때로 변호사나 브로커들이 농간을 부릴 수 있는 여지를 주기도 한다.[15]

이와 같은 점으로 보아 공직자들에게 튼실한 문법 교육 특히 국어 표현 교육이 필요하다고 생각한다. 여기에서는 어떤 내용을 주로 가르칠

---

15) 이런 점을 지적한 견해는 다음과 같은 것이 있다. "현재 우리나라의 법조계에서 나오고 있는 대부분의 문서들이 많은 문제점들을 안고 있는 것이 매우 유감스럽고 안타깝다. 필경 법조계에서 이어져 내려오는 오랜 전통에서 비롯된 것일 터이지만, 아직도 사법부 특유의 구태의연한 글쓰기 습관을 벗어 던지지 못하고 있는 점이 많이 발견된다."(김광해, 새국어소식 9호, 1999.4) "법조인은 누구보다도 옳은 말, 바른 글을 써야 하는 사람들인데도, 그 중요성에 걸맞는 말하기·글쓰기 교육을 받지 못해 온 것이 사실이다. 그래서인지 자신도 모르게 관행처럼 사용하는 문장과 문투를 잘 따져 보면 뜻밖에 엉터리가 많음을 숨길 수 없다. 업무가 과다하다는 핑계만으로는 가릴 수 없는 부끄러운 일이다. 모름지기 판결문만큼은 쉽고 정확한 글의 표본이 되어야 한다고 생각다."(김용호, 아빠는 판사라면서, 지식공작소, 1997)

것인가와 어떻게 문법 교육을 강화하기 위한 여러 가지 방안을 찾아보려고 한다.

8.3 공직자 문법 교육의 내용 요소

현재 공직자들이 문서를 작성하고 국민과 언어 접촉을 하면서 '자주 잘못' 사용하고 있는 예들이 무엇인가를 살펴, 이를 문법 교육의 내용 요소로 삼고자 한다.

(1) 한글 맞춤법

공직자 가운데 맞춤법에 맞지 않게 문서를 작성하면서 그 정도 잘못 쓴 것을 가지고 그렇게 시비할 것까지는 없지 않느냐고 따지는 사람도 있을지 모르겠다. 정말 우리의 언어사용이 단지 의미 전달에만 그친다면 굳이 문법이나 높임법 따위를 자세히 배울 필요가 없을 것이다. 그러나 우리는 우리의 언어 행위가 단지 의미 전달에만 있지 않음을 알고 있다. 언어 자체가 역사적 산물이고 사회적 약속이고 보면, 맞춤법도 법이다. 따라서 공직자는 그 누구보다도 국민이 서로 약속한 일정한 어문 규범을 지켜야 한다. 공문서를 한글 맞춤법에 맞게 작성하는 것이 준법의 시작이자 문서에 대한 신뢰와 이해를 높이는 길이다.

특히 ① '年', '尿'의 한글 표기 ② '列, 裂, 烈, 劣/ '律, 率, 慄'의 한글 표기 ③ '欄'의 한글 표기 ④ 사이시옷 적기 ⑤ 명사형 '-(으)ㅁ'

과 '슴'으로 끝나는 말 ⑥ 'ㄹ' 받침을 가진 용언의 어미 변화 ⑦ 어간의 끝소리 'ㅂ'이 모음으로 시작되는 어미 앞에서 'ㅂ'은 '오/우'로 바뀜 ⑧ '-시오' ⑨ '(으)로서'와 '(으)로써' ⑩ '-(으)므로'와 '-ㅁ으로(써)' ⑪ '-던'과 '-든' ⑫ '-려고/-ㄹ려고' ⑬ '-고자/-고저/-고져', '-코자/-코저/-코져' ⑭ 명령형 '-어/아라'와 '-라' ⑯ 원인이나 이유를 나타내는 어미 '-기에' 등의 쓰임을 잘 익혀 사용하여야 한다.

(2) 표준어

공직자는 표준어를 써야 한다. 비표준어를 함부로 쓰는 것은 좋지 않다. 방언은 그 지방의 고유한 특성을 나타내므로 긍정적인 점이 많기도 하지만, 서로 다른 지방의 사람들이 만났을 때 방언을 사용하면 알아듣기도 어렵거니와 공연히 거리감을 느낄 수도 있으므로 주의하여야 한다. 가급적이면, 특히 공식적인 자리에서는 표준어를 사용하여야 한다.[16]

사투리는 어느 한 지방에서만 쓰이는 말로 표준어가 아닌 말이다. 표준어는 한 나라 안에서 지역적, 계층적, 집단적 차이를 초월하여, 가장 바람직한 의사 전달의 수단으로서 통일되고 규범화된 말이다. 사투리가 다듬어지지 않은 원목 그대로의 언어라면, 표준어는 어느 특정지역의 말이 아니라 국민 모두가 공통으로 쓸 수 있도록 정갈하게 다듬어 놓은 공통분모의 말이다. 따라서 표준어는 한 나라의 공식어·공용어·통용어다. 어느 나라든 표준어는 나라에서 정한다. 국민들이 배우기 쉽고 쓰기 쉬운 말, 의사소통을 막힘없이 할 수 있는 말, 여러 사람이 좋아하고

---

16) 문화체육부(1996), 바른말 고운말.

잘 따를 수 있는 말을 표준어로 정한다.

공직자가 공식적 활동에서 지나치게 비표준어를 사용하면, 본의 아닌 오해나 선입관 또는 편견을 불러일으켜 서로에게 위화감을 느낄 우려가 있다. 이런 점은 '각 지역 방언에 대한 타 지역 학생들의 태도에 대한 조사'에서도 잘 나타나 있다. 표준어에 대해서는 각 지역 학생들이 긍정적인 태도를 보이고 있는 반면에 각 지역의 학생들이 다른 특정 방언에 대하여는 서로 눈에 띄게 부정적인 태도를 나타내고 있다. 또한 특정 방언에 대해 다른 지역 사람들의 편견이 의외로 강하게 나타나고 있다. 우리 국민은 자신이 쓰는 방언과 다른 방언을 쓰는 사람에게는 부정적인 태도를 가지게 되고, 위화감 또는 덜 친근함을 느끼게 된다는 사실이 조사 연구되었다. 우리는 어떤 지역 사람들과 그들이 사용하는 방언으로 의사소통을 하면 더욱 친근감과 일체감을 느낄 수 있다. 그러나 지나치게 타 지역 방언을 쓰게 되면 오히려 위화감이나 불편함을 줄 수 있다. 이런 점으로 보아, 표준어가 정해져 있는 이상 그 표준어를 될 수 있는 대로 모든 국민이 익혀 씀으로써 서로의 의사소통을 원활히 함은 물론, 국민의 일체감을 공고히 하도록 하여야 할 것이다. 개인적으로는 공식적인 자리에서 표준어를 씀으로써 자신을 바르고 고운 말을 쓰는 사람으로 인식시킬 수도 있다. 물론 고향에서 방언을 쓰는 것은 별 문제가 없을 수 있으나, 공식적인 자리에서는 그러한 방언이 절대로 바르고 고운 말이 될 수 없다. 스스로의 인격과 품위를 위해서는 표준어를 쓰는 것이 꼭 필요하다. 공무를 수행하는 사람은 어느 한 지역에서만 근무한다는 보장을 받을 수 없다. 그러므로 공적인 활동을 할 경우에는 어느 지역에서든 통용될 수 있고 배타적이지 않은 표준어를 구하여야 할 것이다. 공직자는 공무를 수행할 경우 반드시 표준어를 사용하여야 한다.

사투리는 사투리대로 그 지역의 특성과 문화를 반영하고 있으므로 훌륭한 가치를 지닌다. 사투리는 동향인끼리 서로를 이어주는 끈끈한 고리 구실을 하기도 한다. 같은 말을 쓴다는 이유만으로도 남다른 유대감과 친근감을 느끼게 되고 고향에 대한 긍지와 애착을 갖게 될 수 있다. 그러나 한 사회의 원활한 의사소통을 위해서는 모든 사람이 약속한 공통된 말이 필요하다. 신문, 잡지, 책들을 각 지역의 사투리로 쓴다면 어떻게 될까? 각 지방 방송이 그 지역 방언으로만 방송한다면 어떨까?

동향인끼리 정겨운 사투리를 쓰는 것은 자연스럽다. 그러나 공식적인 상황에서는 사투리가 아닌 표준어를 써야 한다. 스피치 컨설턴트 이정숙씨는 "땅덩어리가 우리보다 40배가 넘는 미국에는 많은 사투리가 있다. 그러나 지방 사투리를 그대로 사용하는 공직자는 별로 없다. 지방 출신의 대통령들은 지방 고유의 발음을 고치기 위해 노력을 아끼지 않는다. 정치가나 변호사 같은 전문인으로 성공하고 싶은 미국인은 지방 특유의 발음을 교정하기 위해 피나는 노력을 기울인다. 미국 전역에 발음 교정과 발성 훈련으로 목소리를 바꾸어 주는 교육기관이 성업 중인 것도 그 때문이다. 고급 인력을 길러내는 미국 사립 중·고등학교와 대학에서는 표준어를 정확하게 말하는 교육에 중점을 둔다. 정치가가 되고 싶은 사람은 당연히 어린 시절부터 표준 악센트로 정확하게 말하는 교육을 받아야 한다. 그리고 정치에 입문한 뒤에도 전문가를 두고 수시로 자문을 구한다."라고 전하고 있다. 프랑스에서는 표준어의 구사 능력을 공무원 임용 기준의 하나로 삼고 있다. 영국만 해도 표준 발음을 제대로 하지 못하는 사람은 좋은 회사에 취직을 못한다. 어쩌다 취직이 되었더라도 회사의 체면을 위해 표준 발음을 교육받도록 한다. 북한에서는 우리의 표준어에 상당하는 '문화어'를 철저히 교육하고 있다. 함경도나 평안도나 어디서나 이 문화어를 사용한다. 언어란 '혁명의 무기'이자 '건설의 도구'이므로, 말이 통일되어 있지 않으면 사회주의의 이념을 여러 사람들에게 전달할 수 없다며 철저히 문화어 교육을 하고 있다. 그러나 우리의 현실은 이것과는 거리가 멀다 하겠다. 우리도 공직자가 왜 표준어를 사용하여야 하는가를 곰곰이 생각하여야 할 것이다.

표준어를 물 흐르듯 사용하면 여러 가지 이로운 점이 있다. 한 나라 사람들이 서로 다른 사투리를 쓰면 다른 지역의 사람들은 제대로 알아듣기 어려울 것이다. 그러나 표준어로 말을 주고받으면 의사소통을 원활히 할 수 있다. 표준어를 쓰는 사람은 사회적으로 남보다 좀 나은 생활을 하고 있다는 느낌을 가진다. 따라서 자신의 품위를 생각하여 격식 있는 자리 등에서 함부로 사투리로 말하지 않는 것이 일반적이다. 표준어라는 규범을 지킴으로써 더불어 준법정신을 기를 수 있다.

표준어로 서술된 똑같은 교과서를 영남에선 그곳 사투리로 호남에선 또 그곳 사투리로 충청지역에서도 그곳 사투리로 제주지역에서도 또 그곳 사투리로 가르치는 일이 있다면, 사회적으로 여러 가지 부작용이 일어날 것이다. 공직자는 표준어를 써서 국민에게 자신의 업무를 알려야 하며, 선생님들은 학생들에게 표준어로 모범을 보이고 표준어를 가르칠 의무가 있다. 특히 자기 자식을 큰 인물로 키우고 싶어 모든 것을 아끼지 않는 분들은 가정에서 학교에서 자녀들을 위하여 제일 먼저 해야 할 일이 무엇인가? 첫째, 부모가 자신의 투박한 사투리를 자식에게 유산으로 남겨 주는 것을 자랑으로만 여기지 않는 것이다. 둘째, 어머니는 자녀들이 어려서부터 표준어를 익히도록 하여 일상 국어생활에 부담을 주지 않도록 하는 것이다. 모국어를 'Mother Tongue'(어머니의 혀)라고 한다. 말 때문에 아이들이 콤플렉스를 갖게 하지 말아야 한다. 말 때문에 보이지 않는 불이익을 당하게 하지 말아야 한다. 이제 "갱주를 강간 도시로 학대하겠습니다."는 식으로 놀림감이 되어서는 안 된다. "경주를 관광 도시로 확대하겠습니다."라고 해서 국민 모두가 거부감을 느끼지 않게 말해야 한다.

죽을 때까지 사투리를 고칠 수 없다고 체념하는 이들도 있다. 외국어를 배울 때 BBC 영어니 NHK 일본어니 북경 중국어니 하면서 본토 발음을 열심히 배우려고 애쓰는 만큼, 우리말 표준어 학습에는 노력을 아끼지 않으면 된다. 각 방송국의 뉴스 앵커들은 표준어를 정확히 사용하는 사람들이다. 표준어를 배우려면 그 사람들의 발음을 잘 살피면 된다. 특히 사투리를 심하게 사용하시는 분들은 가능하면 천천히 또박또박 말하는 버릇을 들이면 표준어를 익히기 쉽다.

지나치게 표준어 사용을 강조한 나머지, 개인이 사적인 자리에서 사용하는 사투리까지 포기할 것을 강요해서는 안 된다. 결코 그렇게 되지도 않고 될 수도 없다. 지구상에는 지역차나 개인차를 극복한 철저히 통일된 언어란 에덴동산 이후에는 존재한 적이 없기 때문이다. 일부 학자들이 지방색 타파와 같은 정치적 동기로 표준어 교육을 강조하고 있는데 이것도 문제가 있다. 표준어가 우상화되고 사투리의 말살이나 멸시를 조장하게 된다면, '쇠뿔 바로잡으려다 소 죽이는' 잘못을 저지르기 쉽고 더 큰 지역 갈등을 조장할 수 있기 때문이다. 그러므로 지방색 타파 운운하는 동기에서의 표준어 보급은 아예 언급하지 않는 것이 좋다. 우리의 지역 갈등은 마음의 문제이지 말의 문제가 아니기 때문이다.

공직자는 우선 표준어를 익혀야 기본 자격을 갖추는 것이다. 가장 좋은 국어생활은 팔도 사투리를 다 익혀 상대방에 따라 자유자재로 의사소통을 할 수 있는 것일 것이다. 그러나 공적인 자리에서 자기만의 특유한 사투리를 사용해서는 '얻는 것보다 잃는 것'이 더 많다는 사실을 스스로 깨달아야 할 것이다.

(3) 표준 발음

공직자는 말소리에도 주의를 기울여야 한다.[17] 특히 직접 국민과 접촉하는 공직자는 발음을 똑똑하게 하여야 하며, 말의 세기, 높낮이, 속도 등이 알맞아야 하고, 말소리는 밝고 부드러워야 한다. 국어의 발음을 바르게 익혀서 정확히 써야 함도 물론이다.

국어에는 규범화된 표준 발음법이 있다. 이는 표준어의 실제 발음을 따르되 국어의 전통성과 합리성을 고려하여 정한 것이다. 이에 따라 발음이 불명료한 사람은 발성 연습을 통해서 제대로 발음할 수 있도록 노력하여야 한다. 표준 발음을 익히는 데는 방송의 아나운서나 앵커의 발음을 유의하여 들어보는 것이 효과적이다.

가. 모음과 자음의 발음

방언 사용자는 ① 'ㅢ'의 발음 ② 'ㅐ'와 'ㅔ'의 발음 ③ 'ㅚ'와 'ㅙ'와 'ㅞ'의 발음 ④ 'ㅡ'와 'ㅓ'의 발음 ⑤ 'ㅟ, ㅘ, ㅝ'의 발음

---

17) 바른말 고운말, 문화체육부, 1996.4

⑥ 'ㅑ, ㅕ, ㅛ, ㅠ'의 발음에 유의하여야 한다. 자음을 잘못 발음하면 말의 의미가 달라진다. 자음의 조음법을 익혀서 정확히 발음하여야 한다. ①겹받침의 발음 ②예삿소리와 된소리 발음 ③자음 첨가와 동화 ④받침의 발음에 유의하여야 한다.

나. 소리의 길이

모음을 발음할 때는 소리의 길고 짧음을 구별하여야 한다. 단어의 첫 음절에서만 긴소리가 나타나는 것을 원칙으로 한다. 자동적으로 알 수 있는 원리는 없으므로 국어 발음 사전을 참고하거나 평소에 훈련을 통하여 하나하나 익히는 수밖에 없다. 국어의 낱말 가운데에는 소리의 길이에 따라 의미가 달라지는 어휘가 많다. 이러한 소리의 길이는 혼동하여 발음하는 경우가 적지 않으므로 평소에 정확한 발음을 익혀야 한다.

다. 소리의 크기

소리의 크기는 말하는 상황에 알맞게 조절하여야 한다. 상대방이 편안하게 느낄 수 있는 크기로 말하는 것이 좋다. 청중이 운동장 같이 넓은 장소에 수백 명이 모여 있는데, 너무 작게 말하면 목소리가 제대로 들리지 않아 전달하는 내용을 청중들이 알아듣지 못한다. 극장이나 도서관같이 좁은 장소에서 지나치게 큰 소리로 말을 하면 청자들은 내용보다도 화자의 목소리에 신경을 더 쓰게 되어 내용을 정확히 이해하지 못하게 된다. 계속 크게만 말하면 청자는 지루해 한다. 오히려 낮은 목소리가 강조의 효과를 주어 설득력을 발휘할 수 있다. 특별한 까닭도 없이 큰 소리로 말하는 것은 언어 예절에 어긋난다. 짐짓 호기롭게 보이기 위해서 크게 말하는 사람들이 있는데 귀에 거슬리기 쉬우니 주의하여야 한다.

라. 말의 속도

내용에 알맞은 속도로 말하여야 청자가 그 내용을 쉽고 정확하게 이해할 수 있다. 무엇인가에 쫓기듯이 속사포로 하거나 지나치게 느리게 말하지 말아야 한다. 말의 속도는 사람에 따라 차이가 있으나 1분에 100단어 정도를 말하는 것이 적절하다. 이는 200자 원고지 2장 정도의 분량이다. 이런 기준보다 많이 말하면 속도가 빠른 것이고 적게 말하면 속도가 느린 것이다. 일반적으로 아이들이 어른들보다, 여성이 남성보다, 젊은이가 나이 든 분보다 말의 속도가 빠르다. 말의 속도는 청중의 구성을 보아 조절하여야 한다. 아이들이나 나이 든 분을 상대로 말을 할 때에는 평균 속도보다 느리게, 젊은이나 지적 수준이 높은 사람을 상대로 할 때에는 평균 속도보다 빠르게 한다.

말의 속도는 이야기의 흐름에 따라 변화를 주어야 한다. 한결같은 속도로 이야기하면 청중은 지루해 한다. 지나치게 빠르거나 느린 말은 상대방이 알아듣기 힘들다. ①쉬운 내용일 때 ②사건을 단순히 나열할 때 ③인과관계로 구성된 내용일 때 ④누구나 알고 있는 사실을 말할 때 ⑤별로 중요하지 않은 내용일 때 ⑥청중이 잘 이해하는 듯한 내용일 때에는 속도를 빠르게 하는 것이 효과적이다 ①어려운 내용일 때 ②숫자, 인명, 지명, 연대 등을 말할 때 ③결과를 먼저 말하고 원인을 나중에 말할 때 ④현재로부터 과거로 거슬러 올라가며 이야기할 때 ⑤ 분명한 사실을 말할 때 ⑥추리 과정이 필요한 이야기를 할 때 ⑦감정을 억제할 때 ⑧의혹을 일으킬 만한 내용을 말할 때 ⑨강조하고 싶은 내용일 때에는 느린 속도로 말하는 것이 좋다. ①손에 땀을 쥐게 하는 이야기의 절정 부분을 말할 때 ②감정을 자연스럽게 전개할 때 ③청중의 반응을 불러일으킬 만한 내용일 때에는 빠르게 말하다가 극적인 쉼을 두는 것이 효과적이다.

마. 소리의 가락

소리의 가락은 어조를 말한다. 어조도 크기나 속도와 같이 내용 전달에 중요한 기능을 한다. 내용에 어울리는 어조로 말하여야 청중에게 효과적으로 전달할 수 있다. 어조는 밝고 부드러워야 하며 상황에 따라 엄숙하거나 명랑하여야 한다. 밝은 어조로 말하면 상대방에게 편안함과 즐거움을 주고 자신도 그렇게 느낀다. 물론 문상, 문병 등 상황에 따라서 말은 엄숙하고 정중하게 하여야 한다. 어조는 억양, 화자와 청중의 심리상태 등과 밀접한 관계를 맺고 있다. 또, 어조에 영향을 미치는 요인으로는 화자의 생리적인 변화, 말할 내용의 성격 등을 들 수 있다. 따라서 화자는 이러한 요인들을 미리 파악해 두는 것이 좋다.

바. 억양

억양은 말의 높낮이, 강약, 긴장, 이완 등을 모두 통틀어 말하는 것이다. 억양은 문장의 뜻이나 화자의 감정을 나타낸다. 국어에서 문장의 끝에서 쓰이는 억양은 그 문장의 종류를 나타낸다. 예컨대, 의문문은 문장 끝의 억양을 올리고 평서문은 낮추게 된다. 그런데 간혹 화자에 따라 이와 같은 기본원칙을 제대로 지키지 않는 경우가 있다. 문장 안의 높낮이, 강약 등으로 자신의 감정을 나타내는 경우가 많다. 그러나 코미디에서 종종 보듯 일상적인 억양과 다른 이상스러운 억양을 사용하지 않도록 주의하여야 한다. 내용에 알맞은 억양으로 말하는 것은 교향곡을 듣는 것과 같다. 말을 할 때에는 전할 내용에 적절한 억양으로 말할 수 있도록 힘써야 한다.

(4) 표기법

공직자는 한글 표기, 외래어 표기, 국어의 로마자 표기 등을 익혀야 한다. 원칙적으로 문서는 한글로 작성하되, 뜻을 정확하게 전달하기 위하여 필요한 경우에는 괄호 안에 한자 그 밖의 외국어를 넣어 쓸 수 있다.

가. 한자의 표기

공문은 대체로 한글 전용을 하고 있으나, 보고서, 브리핑 자료 등 내부 문서에서는 아직도 한자를 사용하고 있는 실정이다. 한자 표기는 '可變 광선. 始·終점' 같은 예들은 군이 한자로 표기하지 않더라도 그 뜻을 알 수 있는 것이므로 한글로 표기하는 것이 더 적절하다. '半月, 諸차, 同대상물' 같은 예들은 '반 달, 모든 차, 같은 대상물'과 같이 쉽게 풀어 쓴다.

나. 외래어 표기

외래어는 '외래어 표기법'[18)]에 따라 적어야 한다. 외래어를 우리말

---

18) 1986. 1. 7. 문교부 고시 제85-11호, 1992.11.27. 문화부 고시 제1992-31호.

로 표기할 때 ①받침에는 'ㄱ, ㄴ, ㄹ, ㅁ, ㅂ, ㅅ, ㅇ'만을 쓴다. ②
파열음 표기에는 된소리를 쓰지 않는 것을 원칙으로 한다는 정도는 숙
지하고. 더 자세한 사항은 사전이나 용례집[19)]을 참고한다.

다. 단위의 표기

'km, kg, %' 등 여러 가지 단위 부호를 표기할 때에는 이를 '킬로
미터, 킬로그램, 퍼센트' 등으로 풀어 쓰지 아니하고 부호 그대로 표기
한다.

(5) 띄어쓰기

띄어쓰기는 의미적 단위의 경계를 표시함으로써 독서의 능률을 높이
고 내용을 이해하기 쉽게 하며, 해석상의 오해를 방지하여 뜻을 바르게
파악하도록 함에 있다고 할 것이다. 그런데 공공기관의 게시물 특히 인
터넷 상에서는 띄어쓰기 규정을 지키지 않는 예가 적지 않다.

특히 ①조사는 그 앞말에 붙여 써야 한다. ②의존 명사는 띄어 써
야 한다. 특히, '중(中), 시(時), 등(等)'의 띄어쓰기에 유의하여야 한다. ③
관형어와 체언 사이는 띄어 쓴다. ④부사어와 서술어는 띄어 쓴다. '안'
은 '아니'의 준말이다. 공공 게시물에서 '안'을 붙여 쓰고 있는 예가 적
지 않다. ⑤명사와 접미사는 붙여 쓴다. ⑥성과 이름은 붙여 쓴다.

---

19) 국어연구소, 외래어 표기 용례집(1988. 8. 30). 국립 국어연구원, 기본 외래어 용례
　　집(1995. 12. 30)

(6) 문장 부호

한글 맞춤법 부록에서는 문장 부호의 이름과 그 사용법을 규정하고 있다. 따라서 특별한 경우를 제외하고는 이 규정을 따라야 한다. 특히 따옴표, 반점, 가운뎃점의 쓰임을 잘 알고 있어야 한다.

가. 따옴표

큰따옴표(" ")는 글 가운데서 직접 대화를 표시할 때에 쓰거나 남의 말을 인용할 경우에 쓴다. 작은따옴표(' ')는 따온 말 가운데 다시 따온 말이 들어 있을 때에 쓰거나 마음속으로 한 말을 적을 때에 쓴다. 또한 문장에서 중요한 부분을 두드러지게 하기 위해 작은따옴표를 쓰기도 한다.

나. 반점과 가운뎃점

반점(.)은 문장 안에서 짧은 휴지를 나타낼 때 쓴다. 가운뎃점(·)은 문장 안에서 열거된 여러 단위가 대등하거나 밀접한 관계임을 나타내는 경우에 사용한다. 그리고 반점으로 열거된 어구가 다시 여러 단위로 나누어질 때는 가운뎃점을 사용한다. '그러나, 그러므로, 그리고, 그런데' 등과 같이 일반적으로 사용하는 접속어 뒤에는 쉼표를 쓰지 않는다.

(7) 쉽고 간명한 표현

공직자는 문서를 작성할 때 되도록 국민 전체가 이해하기 쉽게 써야 한다. '쉽게 쓴다.'는 것은 전문가가 아닌 일반인도 이해할 수 있고, 이해 관계자나 일반 국민이라면 누구나 알 수 있게 쓰는 것이다. 쉽게 쓰려면 되도록 쉬운 단어를 사용하고, 되도록 간명한 문장으로 작성한다.

가. 쉬운 단어 선택

'쉬운 단어'란 어떤 단어인가? ①어려운 한자어는 되도록 삼간다. ②순화 대상의 행정용어는 순화된 용어를 쓴다. ③필요 이상의 외래어는 우리말로 바꾸어 쓴다. ④외국어식 표현은 우리말답게 바꾸어 쓴다. ⑤어려운 약어(略語)는 될 수 있는 대로 알맞게 풀어쓴다.

문서를 작성할 때 어휘는 ①순화 대상의 행정용어는 정부에서 순화(醇化)한 용어를 사용하여야 한다.[20] ②아직 순화하지 않은 용어는 풀어쓴다. ③하나의 사물을 지시하는 단어가 두 가지 이상인 경우 어느 하나로 통일하여 사용하여야 한다.(예 : '호각, 호루라기', '백묵, 분필', '혁대, 혁띠, 벨트, 허리띠, 가죽띠' 등) ④'약어'(略語)란 '줄어진 말'을 뜻하는 것으로, 음운론적으로 설명될 수 있는 준말뿐만 아니라, 본말의 일부가 생략되거나 절단된 것, 복합어를 이루고 있는 단일어의 첫 음절만이 결합된 것 등을 이른다. 약어를 사용할 때는 국립국어원의 자료[21]를 참조하되, 새로운 약어를 함부로 만들어 사용해서는 안 된다. 일반인이 이해하기 어려운 약어는 한 조직이나 단체의 구성원끼리만 통용되는 '직업 은어'에 지나지 않는다.

나. 외국어 번역투의 표현

우리말에는 외국어식 표현이 자주 등장하는 것을 볼 수 있다. 해당

---

20) 행정용어순화편람(관보 제12339호(그2))
21) 국립국어연구원(1994), 현대 국어의 약어 목록

외국어의 지식이 없을 경우에는 어느 것이 외국어식인지 알 수 없는 경우가 허다하다. 그러나 대개는 외국어식 표현은 명확한 출처를 모른다 하더라도 우리의 언어 감각에 무엇인가 어색하게 느껴지는 경우가 대부분이다. 또 경우에 따라서 외국어식 표현이지만 우리말 문장 구조에 많이 적응되어 별로 어색함을 느끼지 않게 하는 것도 있다. 외국어식 표현이 문제가 되는 것은 단순히 언어의 국적 때문만이 아니라, 우리말의 고유하고 보편적인 표현법에 적지 않은 혼란과 불편함을 불러일으키는 경우가 있기 때문이므로 더욱 조심해서 처리해야 할 것이다.

외국어식 표현 가운데 일반적으로 쓰이는 ①영어의 'have'를 해석한 데에서 온 '-을/를 가지다'라는 표현 ②'의'의 잦은 사용 ③'-되다', '-지다', '-되어지다, 시키다' 등의 어색한 피동과 사동 표현 ④'및'의 습관적 사용 ⑤'-에 있어, 있어서' ⑥'-에 대한, 대하여' ⑦'-에 의하여, 의해서, 의하면, 의거' ⑧'-에 비하여, -에 비교하여' ⑨'-ㄴ 것이다, -ㄹ 것이다' ⑩'보다, 보다 더' ⑪'-에 다름 아니다', ⑫'가장 중요한 것 중의 하나는(one of the most……)', ⑬'아무리 … 해도 지나치지 않다(It is not too much to……)', ⑭'이것을 고려에 넣는다면(take account of, take account into)', ⑮'-할 필요가 있다(It is necessary to……), -을 필요로 하다(be in need of……)', ⑯'-할 예정으로 있다(be going to……)', ⑰'납득이 가다(go down with me)' 등은 가능하면 우리말답게 쓰도록 한다.

다. 간명한 문장

'간명한 문장'이란 간단하고 명료한 문장을 말한다. 필요 없이 문장을 길게 만들어 내용이 모호한 문장을 작성하면 의미 전달을 제대로 할

354

수 없다. 의미가 명확하지 않은 문장을 쓰면 공공 게시물은 그 효력을 잃게 되고, 국민에 따라 달리 해석하여 불이익을 당할 수도 있다. '간명한 문장'이란 어떻게 쓰는 문장인가? ①여러 개의 짧은 문장으로 쓴다. ②주어나 목적어 등을 생략하지 않고 완전한 문장을 쓴다. ③주관적인 표현을 삼가고 객관적으로 쓴다. ④모호함이 없도록 분명하게 서술한다. ⑤서술의 앞뒤가 맞아야 하고 논지에 일관성이 유지되어야 한다. ⑥구체적으로 기술하되 장황해서는 안 되며 간결해야 한다.

반복은 피할 수 없거나 뜻을 강조할 때가 아니면 동일하거나 비슷한 뜻을 가진 단어·구절·조사·어미 등을 되풀이하여 사용하지 않는 것이 좋다. 한 문장 안에 이러한 것들이 중복되면 문장의 의미가 산만해지고 논리적인 짜임이 깨지게 된다. 이런 중복 표현은 순수한 우리말과 한자말이 함께 쓰이는 우리 국어의 특성에서 그 원인을 찾을 수 있을 것이다. 특히 ①동의 또는 유의 어구의 반복 ②'-로 인하여, -함으로 인하여' ③'-로부터'와 같은 조사의 반복은 되도록 피한다.

문장 안에 놓이는 여러 구성 요소들 사이에도 호응이 잘 이루어져야 한다. 문장 성분이 제대로 호응되지 않을 때 그 문장은 조리에도 맞지 않을 뿐 아니라, 의미를 파악하기 어려운 문장이 된다. 특히 긴 문장의 경우 주어와 서술어의 호응이 제대로 되지 않아 의미가 불분명하고, 비논리적인 글이 되는 경우가 많다. 문장을 작성할 때 조사 하나를 잘못 써서 비문법적이거나 의미가 불명확한 문장이 되기도 한다. 잘못 사용한 조사를 바로잡는 것은 거기에만 국한되는 것이 아니라 문장 구조 전체에까지 영향을 끼친다는 점에서 더욱 중요하다는 사실을 깨달아야 한다. 주어-서술어 호응, 목적어-서술어 호응, 접속 호응, 시제 호응, 수식어-

피수식어 호응, 조사의 호응 등에 유의하여 문장을 작성하여야 한다.

문법적으로 정확한 문장이더라도 불필요한 말이 들어 있거나 복잡한 구조로 짜여 있으면 뜻하는 바를 효과적으로 전달할 수 없다. 문법적으로 잘못된 문장을 쓰는 것도 문제이지만, 설사 문법적으로 잘못이 없다고 할지라도 주어와 서술어의 관계가 복잡한 경우에는 우리는 그 문장의 뜻을 파악하는 데에 상당한 어려움을 겪게 된다. 이러한 일은 특히 긴 문장에서 많이 일어나는데, 문장이 너무 길어지게 되면 읽어 가는 도중에 앞의 내용을 놓쳐 버리거나 심지어는 주어가 무엇이었는지조차 잊어버리는 경우도 생기게 된다. 이렇게 되었을 경우에는 그 문장을 씀으로써 글쓴이가 기대했던 효과가 충분히 발휘될 수 있을지 의문이 아닐 수 없다. 따라서 우리는 명확한 주술 관계를 나타내 주도록 노력해야 하기도 하지만, 그것이 너무 복잡해지지 않도록 하는 데에도 신경을 써야만 한다.

주어와 서술어의 간격이 너무 벌어져 있으면, 읽어 가는 도중에 무엇이 주어였던가를 잊는 경우가 생기게 된다. 이러한 경우에는 문장을 몇 개로 갈라서 될 수 있는 한 주어와 서술어의 위치를 가깝게 해 주는 것이 좋다.

접속되는 두 요소의 문법적 지위(문장 성분, 품사 등)가 동등하지 않고 의미적으로 대등하지 않은 데도 무리하게 연결하여 비문법적인 문장이 되거나 의미적으로 부적절한 문장이 되는 문제가 종종 발생한다.

수식어는 문장의 뼈대를 이루는 성분을 적절히 꾸며 주고 한정하는 구실을 한다. 꾸밈을 받는 말은 꾸미는 말이 있음으로 해서 그 말의 내용이 좀 더 구체적이 되기도 하고 자세하게 한정되어 표현되기도 한다.

그러나 이것은 수식어를 적절히 구사했을 때 그렇다는 것이고, 만일 문장을 아름답게 꾸민답시고 수식어를 마구 남발하거나 한다면 심각해진다. 그렇게 되었을 경우에는 무엇보다도 문장이 길어져 내용 파악이 힘들게 될 뿐만 아니라, 그만큼 잘못된 문장이 될 가능성도 커진다.

간결하고 단순한 문장은 힘이 있고, 전달력이 강할 뿐 아니라 이해와 기억에 큰 도움을 준다는 연구 결과도 있다. 공직자들도 긴 문장을 사용해야만 권위가 선다고 생각한다면 크게 잘못이다. 너무 긴 문장을 쓰지 않으려면 ①내용별로 문단을 나누고, 각 문단은 여러 개의 짧은 문장으로 쓴다. ②한 문장의 길이는 50자 안팎으로 하는 것이 적절하다.22) ③한 문장 속에 여러 가지 사실이나 개념을 포함하여 문장이 이해하기 어렵게 되므로 한 문장에는 한 가지 내용만 쓴다. ④대비, 첨가, 보족, 나열 등의 관계로 부득이 길어지는 경우도 있겠으나, 이 경우에도 문장의 길이를 유념하여 분해하여 접속부사를 활용한다. ⑤짧은 문장을 결합하여 겹문장을 만들 때에도, 관형사형 어미를 쓰지 않고 연결 어미를 붙여 상황을 차례로 쪼개면 문장이 길어져도 그 뜻을 쉽게 전달할 수 있다. ⑥우리말은 동사와 형용사가 발달하여 관형어보다 오히려 부사어가 많다. 부사어를 적절히 활용한다. ⑦둘 이상의 문장을 이어서 한 문장으로 쓰지 않는다는 점을 유의하여야 한다. 그러나 짧은 문장이 너무 계속해서 나열되면 딱딱한 느낌을 준다. 짧은 문장이 계속될 때는 성격이 비슷한 문장이 이어서 적당한 길이의 문장으로 쓴다. 명문장은 짧

---

22) 우리나라 문장의 평균 길이는 신문기사가 62자, 논문이 51자, 소설의 지문이 31자로 나타난다. 현대 문장의 평균치가 50자 정도니, 가독성(可讀性)을 지니는 것은 50자 내외의 문장이라 할 수 있다.(박갑수, 법률 용어·문장 왜 이리 어려운가, 언론과 비평 12호, 1990. 7)

은 문장과 긴 문장이 적절한 조화를 이룬다.

문장의 내용을 분명히 파악하기 어려운 문장들이 적지 않게 쓰이고 있다. 이런 문장의 모호성을 피하려면 ①길고 복잡한 문장은 내용별로 문단을 나누고, 각 문단은 여러 개의 짧은 문장으로 쓴다. ②주어나 목적어 등을 생략하지 않고 완전한 문장을 쓴다. ③주관적인 표현은 삼가고 객관적으로 표현한다. ④뜻이 분명한 용어를 사용하여 구체적으로 표현한다. ⑤수식어는 꾸밈을 받는 말과 가까이 두는 등 어순(語順)에도 유의하여야 한다.

공공기관에서 국민에게 알리는 글은 그 내용을 정확히 전달하는 데에 목적이 있으므로 국민이 이해하기 어려운 표현은 삼가야 한다. 윗사람이 아랫사람에게 명령하거나 강요하는 듯한 느낌을 주는 권위적 표현을 쓰지 않는 것이 좋다. 국민에게 불쾌감을 주거나 위압적인 표현은 국민감정이나 시대성에 맞지 않으므로 피해야 한다. 긍정적으로 표현할 수 있는 내용을 부정적으로 표현하거나 사실을 부풀려 표현하거나 '금지, 제한, 단속, 절대'와 같은 어휘 사용은 모두 권위적 표현이라고 할 수 있다. 난해하고 긴 문장을 사용해야만 권위가 선다고 생각한다면 크게 잘못이다. 간결하고 단순한 문장은 힘이 있고 전달력이 강하고 이해와 기억에 도움을 준다.

다. 구어체와 문어체 구별

이론적으로는 글은 말의 음성 기호를 시각 기호로 바꾸어 놓은 것이지만, 실제로는 말과 글의 체계에 상당한 차이가 있다. 말로만 사용되는 표현을 글로 쓰거나, 글로만 사용되는 표현을 말로 쓰면 어색하거나 의

사가 소통되지 않는 경우가 빈번하다. '될 거 같애', '내꺼, 니꺼, 아무
렴'과 같은 표현은 아직까지는 글에 허용되지 않는다. 물론 대화를 그대
로 옮겨 쓴 글에서는 가능하다. '했다(하였다)'는 글에도 자연스럽게 쓰이
게 되었지만, '-엔(에는), 이거, 그거, 저거' 등은 초등학교 저학년생들의
글이나, 친밀한 친구 사이의 편지 이외의 글에서는 아직 잘 쓰이지 않는
다. 요컨대, 말에만 허용되거나 어울리는 어휘와 문장 구조가 있고, 글
에만 허용되거나 어울리는 어휘와 문장구조가 있다. 특히 문서에서 '있
을 거라, 살아온 건, 젤(제일), 이건, 모든 게, 뭔가, 무언가, 쉼없이, 하지
만, 허나, 나름대로, -해야겠다(해야 하겠다), 재밌다, 난(나는)'와 같은 구어
체는 삼가야 한다.

(8) 국어 표준 화법

공직자는 문서를 작성할 때는 물론 말을 할 때에도 국민 감정이나
시대감각에 어울리지 않는 표현을 삼가야 한다. 명령조로 불쾌감을 주거
나 비민주적이며 위압적인 표현도 피해야 한다. 계층 사이에 직종 사이
에 또는 지역 간 갈등을 일으킬 우려가 있는 표현도 삼가고 국어 표준
화법을 지켜야 한다.

공직자는 국가에서 정한 '국어 표준 화법'에 따라 언어 예절을 지켜
야 한다. 언어 예절은 우리가 생활을 하면서 지켜야 할 중요한 덕목의
하나이다. 경어법에 주의하여야 한다. 상대방을 존중할수록 자신의 인격
도 그만큼 높아지게 된다. 괜히 상대방을 낮추어 말하면 마치 자신이 우
월해지는 듯이 생각하는 공직자도 없지 않은데 이는 잘못된 생각이다.

언어 예절에는 말하는 태도까지도 모두 포함된다. 예컨대, 말을 하면서 필요 없이 머리를 흔든다든가, 상대방을 노려보면서 말한다든가 하는 등은 다 바람직하지 못한 태도이다. 거칠고 상스러운 말은 언어 예절에 어긋난다. 상대방에게 불쾌감만 주어 엉뚱한 결과를 낳기도 한다.

공직자는 다음과 같은 경우의 언어 예절에 유의하여야 한다.

가. 인사

"수고하십시오."는 윗사람에게는 절대로 써서는 안 될 말이다. 그러나 동년배나 아랫사람에게는 "먼저 가네. 수고하게."처럼 '수고'(手苦, 受苦)를 쓸 수도 있다. 직장에 남아 있는 사람은 퇴근하는 사람에게 "안녕히 가십시오."하고 인사한다. 이때도 윗사람에게는 역시 "수고하셨습니다."라고 할 수 없다. 그러나 아랫사람에게는 "잘 가게, 수고했네."와 같이 인사를 하면 된다. 직장에서 나올 때 아랫사람에게는 "수고하십시오."라는 말을 쓸 수는 있으나 윗사람에게는 절대로 쓰지 않도록 해야 한다. 아무리 직무와 관련된다고 하더라도 윗사람에게 계속해서 고생하라고 하는 것은 예의가 아니다.

관공서, 회사 등에서 "어서 오십시오."를 빼고 "어떻게 오셨습니까?"라고만 하면 불친절하고 사무적인 느낌이 든다. "실례지만, 어떻게 오셨습니까?"라고 말하는 경우가 있는데, '실례지만'은 필요 없는 말이니 쓰지 않는 것이 좋다. 간혹 "무엇을 도와드릴까요?"라고도 하는데, 이는 영어 인사말을 직역한 말 같아 자연스럽지 못하다.

"감사합니다."라는 말을 사용하는 경향이 널리 퍼져 있는데 "고맙습니다."가 더 좋은 말이다. "고맙다."는 말을 젊은이들이 어른에게 쓰기

에는 건방진 말로 여기는 경향이 있는데 이는 잘못이다. "감사하다."보
다는 "고맙다."라는 고유어를 살려 쓰는 것이 좋다. 더욱이 "감사드린
다."는 말은 글을 쓸 경우가 아니라면 좋지 않다. 굳이 "고맙다." 대신
에 쓰고자 한다면 "감사하다."로 족하다.

나. 축하

축하나 위로할 자리에 부조를 할 경우에 봉투에 인사말을 어떻게 써
야 할지 몰라 곤혹스러울 경우가 적지 않다. 요즈음에는 아예 인사말이
인쇄된 봉투를 팔기도 하는데 아무래도 보내는 이의 정성이 느껴지지
않는다. 환갑 생신 축하 자리라면 보통 봉투 앞면에 '축 수연'이라고 한
자나 한글로 쓴다. 물론 '수연'이라는 말 대신 '축 환갑', '축 회갑', '축
화갑', '수연을 진심으로 축하합니다', '수연을 진심으로 축하하나이다'
와 같이 써도 좋다. 환갑과 그 이상의 생신 잔치는 모두 '축 수연', '수
연을 진심으로 축하하나이다.', '수연을 진심으로 축하합니다.'와 같이
통일해 써도 무난하다.

다. 문상

문상의 경우에는 조위금 봉투에 가장 많이 쓰이는 것은 '부의(賻儀)'
이며 '근조(謹弔)'라고 써도 좋다. 봉투의 뒷면에는 보내는 이의 이름을
쓴다. 이 때 '○○부 ○○ 과장 ○○○'과 같이 직위를 쓰는 것은 좋
으나 '○○부 ○○과장 사무관 ○○○'직급까지 밝히는 것은 어색하
다. 봉투에 부조금만 달랑 넣는 것으로는 격식을 갖추었다고 할 수 없
다. 축하나 위로의 말과 금액, 날짜, 이름을 정성스레 쓴 단자(單子)를 쓰

고 부조금을 싸서 넣은 것이 예의이다. 이것은 부조금을 받는 쪽에서 누가 얼마를 보낸 것인지 확인하는 데도 도움이 된다.

그리고 반드시 알고 있어야 할 것이 있다. 금액을 쓸 때 '일금○○원정'이라고 영수증 쓰듯이 써서는 결례이다. '일'자 빼고 '정' 빼고 '금○○원'이라고 쓰면 된다. 불가피한 사정으로 문상을 갈 수 없을 때에는 다른 사람을 통해 부조만 할 것이 아니라 조장(弔狀)을 보내는 것이 좋다. 가령, "부친께서 별세하셨다니 얼마나 슬프십니까? 부득이한 사정으로 곧 가서 조문하지 못하고 서면으로 조의를 표합니다'와 같이 쓰고 날짜와 '○○○ 재배(再拜)'와 같이 보내는 이의 이름을 쓴다. 이러한 정성어린 편지글은 받는 이의 슬픔을 한결 덜어줄 수 있을 것이다.

문상을 가서 먼저 고인에게 두 번 절하거나 묵념을 한다. 그 다음 상주와 맞절한다. 이때 상주에게 무엇이라고 말하는가? 아무 말도 하지 않고 물러나오는 것이 일반적이며 예의에 맞다. 상을 당한 사람을 가장 극진히 위로해야 할 자리이지만, 그 어떤 말도 상을 당한 사람에게는 위로가 될 수 없는 것이다. 오히려 아무 말도 안 하는 것이 더욱 더 깊은 조의를 표하는 것이 된다. 그러나 굳이 말을 해야 할 상황이라면, "삼가 조의를 표합니다.", "얼마나 슬프십니까?" 또는 "뭐라 드릴 말씀이 없습니다." 정도가 좋다. 이런 말을 할 경우라도 분명하게 말하지 않고 뒤를 흐리는 것이 예의라고 하는 견해도 있다. 상을 당하여서는 문상하는 사람도 슬퍼서 말을 제대로 할 수 없는 것이다. 문상을 가서 "호상입니다."라는 말은 문상객끼리라면 몰라도 상주에게 써서는 안 될 말이다. 아무리 돌아가신 분이 천수를 다했더라도 잘 돌아가셨다고 하는 것은 상주에 대한 예가 아니다.

라. 압존법(壓尊法)

직장에서 윗사람을 그보다 윗사람에게 지칭하는 경우 어떻게 하는가? 가령, 계장인 '나'가 과장에 대하여 서장에게 말할 때 어떻게 말하는 것이 예의에 어긋나지 않는가? "ㅇㅇ과장이 그렇게 지시했습니다."라고 해도 되는가? "ㅇㅇ과장님이 그렇게 지시하셨습니다."라고 해야 되는가? "ㅇㅇ과장께서 그렇게 지시하셨습니다."라고 합니까? "ㅇㅇ과장님께서 그렇게 지시하셨습니다."라고 해야 되는가? 이런 경우 'ㅇㅇ과장님께서'는 곤란해도 'ㅇㅇ과장님이'라고 하고, 주체를 높이는 '-시-'를 넣어 "ㅇㅇ과장님이 그렇게 지시하셨습니다."처럼 높여 말하는 것이 우리의 언어 예절이다.

"ㅇㅇ과장이 그렇게 지시했습니다."로 말해야 한다고 교육받은 사람들도 있다. 이것은 잘못이다. 일본의 언어 예절이다. 실제로는 이렇게 주장하는 분들도 직속상관이나 상사를 낮추어 말하는 것이 어려우니까 어물어물 넘기는 경우가 많다. 이건 바로 우리의 전통 언어 예절과 일본의 언어 예절이 뒤섞여 생기는 혼란이라 할 수 있다.

(9) 구두 표현

같은 내용이라도 표현하는 방식에 따라 그 맛이 달라진다. 공직자는 자기 말을 들을 상대의 연령, 성별, 출신지, 지적 수준, 세대, 계층, 종교, 직업, 관심사 등이 어떠한가를 미리 알아보고, 그들에게 알맞은 언어 표현을 선택한다. "사람을 보고 법(法)을 설(說)하라."는 말은, 바로 같은 내용의 말을 하더라도 듣는 사람에 따라 그 표현 방법이 달라야 한다는 점을 지적하는 것이 아닌가 한다.

바람직한 공직자는 말할 내용에 대해 가장 적절한 표현을 할 줄 알아야 한다. 적절한 표현이란 이야기의 내용을 청중이 알아듣기 쉽고 의미가 명료하며 간결하고 참신하게 나타내는 것이다. 그렇게 하기 위해서는 음성 표현, 어휘 선택, 문장 표현 등에 주의를 기울이고 수사법, 신체 언어, 보조 자료 등을 적절히 활용하여야 한다.

가. 간결한 표현

말을 할 때에는 전달하려는 내용에 필요한 만큼의 단어를 사용하여 간결하게 표현하는 것이 좋다. ①강조할 뜻이 없는 데도 같은 말을 되풀이하여 쓴 문장 ②간결하게 표현해도 될 것을 길게 풀어서 쓴 문장 ③꼭 필요하지도 않은 단어를 사용한 문장 ④공연히 에둘러 표현한 문장 ⑤필요 없이 복잡한 구문을 사용한 문장은 화자의 의도를 효과적으로 전달하는 데 문제가 있으므로 좋은 문장 표현이 되기 어렵다.

나. 참신한 표현

말을 참신하게 해야 청자가 감동한다. 이제껏 아무도 사용한 적이 없는 비유적인 언어를 구사하면 청자에게 생동감을 준다. “지금은 천고마비의 계절입니다.”, “칠흑같이 어두운 밤이었습니다.” 등과 같은 상투어는 듣는 이에게 참신한 느낌을 주지 못한다. 그런데 “아가의 웃음은 푸르디푸른 가을 하늘입니다.”, “내 마음은 시원하게 뚫린 고속도로입니다.” 등은 새로운 표현이기 때문에 듣는 이에게 생동감을 준다.

상투어를 자주 사용되어 신선한 느낌을 잃어버린다. 의미를 명확하게 전달하고 말을 참신하게 하기 위해서는 상투어를 새로운 표현으로 바꾸려는 노력이 필요하다. 무의미어란 별 의미 없이 길게 늘어놓은 말을 이른다. 그 중에는 관용적으로 사용되는 어구도 있고, 화자가 필요 이상으로 말을 길게 늘여 생겨난 말도 있다. 이와 같은 무의미어를 사용하면 말이 멋있어 보이기는 하지만 실상 아무런 의미도 전달하지 않으며 거추장스럽기만 할 뿐이다.

또한 "마....., 에....., 음......, 에또....., 저....... ...말이야, ...말이죠, ...갖다가, ...있잖아요, 저 뭐냐......, 너무 너무, ...거 있지, 그래설라무니, 그러니까두루......, 말하자면 ....., 말입니다, 거시기, 그래 가지고," 등 따위의 불필요한 군더더기 말도 삼가야 한다. 이런 군더더기 말을 습관적으로 사용하면 깔끔하지 못한 인상을 주기 쉽다. 신경이 쓰여 말의 내용에는 관심을 기울이지 못하게 되는 경우도 있다. 이런 말들은 앞뒷말을 이어 주고 화자의 호흡을 조절하며 발성을 부드럽게 한다. 한편 말할 내용을 잠깐 잊어버렸을 때 위기를 모면하게 하는데 유용하다는 견해도 있다. 그러나 지나치게 습관적으로 사용하면 청중의 귀에 거슬리는 말들이다. 특히, 요즈음 자주 사용하는 '것 같아요.'라는 무의미어는 화자의 의견을 모호하게 하고 의견에 대한 책임을 회피하는 듯한 인상을 주므로 사용을 피하도록 한다.

다. 쉬운 표현

공직자는 비전문가에게 말할 때 전문 용어를 되도록 사용하지 않는다. 의사가 의학 공부를 전혀 하지 않은 환자에게 의학 계통의 전문 용어를 사용해서 말을 하면, 그 내용을 명료하게 이해하기가 어려울 것이다. 쉬운 말이라고 해서 저급하게 생각한다면 그것은 큰 잘못이다. 오히려 '속 빈 사람'일수록 쉬운 말에 대한 어휘가 부족하기 때문에 어려운 말을 써서 더 떠들어대는 법이다. 되도록이면 누구에게나 다정스럽고 통하며 쉬운 우리말을 사용하고 전문 용어·학술 용어는 피하는 것이 좋다. 또 외래어의 사용도 신중을 기하는 것이 좋다. 그러나 꼭 필요한 경우에는 전문 용어나 외래어를 적절히 사용하는 것이 효과적이다. 정부에서는 법령 용어를 비롯한 여러 종류의 행정 용어를 순화해서 사용하려는 노력을 하고 있다. 대화는 가능하면 쉽고 명확한 말로 하는 것이 좋다. 쉽게 전달할 수 있는 내용을 굳이 어려운 표현으로 전달하는 것은 마치 자신이 지식을 과시하는 것으로 비칠 수 있으므로 주의할 필요가 있다.

라. 정확한 표현

잘못된 어법, 비문법적인 문장, 부자연스럽거나 모호한 표현 등 상대방이 제대로 이해하기 곤란하므로 의사 전달에 큰 장애가 된다. 자신의 의사를 제대로 전달하지 못하면서 원만한 대화를 기대하기는 어렵다. 특히 말끝을 적당히 흐려 버리는 문장은 윗사람에게 예의 바른 태도가 아니므로 주의하여야 한다. 문법적으로 정확한 문장 표현이더라도 불필요한 말이 들어 있거나 복잡한 구조로 짜여 있으면 뜻하는 바를 효과적으로 전달할 수 없다. 효과적인 문장 표현은 문법적으로 정확하면서도 청자가 쉽게 이해할 수 있게 한 것이다.

마. 변화 있는 표현

변화가 없는 문장으로 이루어진 말은 청자에게 단조롭고 지루한 느낌을 준다. 문장의 변화를 주기 위해서는 다음과 같은 점을 고려하는 것이 좋다.

문장의 구조와 길이는 청자가 쉽게 듣는데 영향을 미친다. 구조가 지나치게 복잡하고 길이가 긴 문장은 이해하기가 어렵다. 그러므로 청자가 이해하기 쉽도록 하기 위해서는 문장의 구조가 복잡하지 않고, 길이가 짧은 문장을 사용해서 말해야 한다. 짧은 문장은 간결하고 명쾌한 느낌을 주는 장점이 있는 반면에, 문장이 건조해지고 의미가 단절되기 쉬운 단점이 있다. 긴 문장은 유창하고 부드러운 느낌을 주나, 말뜻을 모호하게 하고 청자가 듣기에도 힘이 든다. 따라서 상황·대상·내용에 알맞게 문장을 구성하여야 한다.

반복을 피할 수 없거나 뜻을 강조할 때가 아니면 동일한 단어, 구절, 조사, 어미 등을 되풀이하여 사용하지 않도록 한다. 하나의 문장 안에 이러한 것들이 중복되면 문장의 의미가 산만해지고 논리적인 짜임이 깨지게 된다.

다양한 문장을 써서 말을 하면 청자들에게 생동감을 줄 수 있다. 구조와 길이가 같은 문장으로 말을 하는 것보다 그 구조와 길이가 다른 문장을 적절히 배열하여 말하는 것이 더욱 효과적이다. 말은 대개 평서형 어미 '다'로 끝나지만, 때로는 평서문뿐 아니라 의문문·명령문·청유문·감탄문 등을 필요한 상황에 알맞게 써서 말의 효과를 높일 수 있다.

바. 강조하는 표현

어느 한 문장을 특별히 강조하려면 같거나 비슷한 말이나 구절을 되풀이하거나 늘어놓는 방법을 쓸 수 있다. 그러나 이런 방법은 말의 뜻을 강하게 전달하는 효과가 있는 반면에, 지나치게 사용할 경우 과장된 표현을 할 수 있다. 말을 할 때에 문장 성분을 똑같은 순서로 배열하면 청자에게 지루한 느낌을 주므로, 문법을 어기지 않는 범위 내에서 어순을 바꾸어 표현하는 것도 문장을 강조하는 한 방법이다. 이 방법은 문장에 다양성을 주는 동시에 특수한 단어나 어구를 강조할 수 있다.

(10) 말투

공직자는 국민과 대화할 때, 자신이 말하는 버릇이나 본새를 유의하여야 한다. 반말투, 빈정거리는 말투, 선동적인 말투, 거친 말투 등은 국민에게 부정적인 이미지를 주기 쉽다.

가. 반말투

이상적인 언어 상황은 인격이 대등하게 존중되어 일방적이거나 강압적인 말이 오고 가지 않는 것이다. 그러나 우리의 언어 현실은 그렇지가 못하다. 민주 시민으로서 상호 평등의 관계에 있으니까 서로 존댓말을 사용하여야 하고, 공복(公僕)으로서의 공직자는 주인인 국민에게 존댓말을 써야 한다고 의식은 하면서도 실상은 그러하지 못한 것이 현실이다. 이런 언어 현실은 존댓말 대신에 반말을 듣는 사람들로 하여금 심한 갈등을 느끼게 하고, 공직자를 별로 신뢰하지 않게 된다. 반말은 말하는 이가 듣는 이를 높이고자 하는 뜻이 없을 때 사용하는 말 또는 말투이다. 그러므로 반말은 화자와 청자가 필연적인 상하관계에 있거나, 각별히 가까운 관계를 맺고 있을 경우에는 자연스럽게 사용할 수 있다. 그러나 화자와 청자가 그러한 관계에 있지 않을 때 까닭 없이 반말을 하게 되면, 듣는 쪽은 말하는 쪽에게 불쾌한 반응을 나타내게 된다. 이런 점에서 공무를 수행하는 공직자는 국민에 대하여 반말을 사용해서는 안 된다. 국민에게 고압적이고 강압적인 반말을 하게 되면 공직자상을 흐리게 하는 결과를 초래하게 될 것이다. 간혹 공익과 질서를 위해서 불가피하게 반말을 사용하지 않을 수 없는 경우가 있다는 변명만을 늘어놓는다면, 이는 국민의 생각이나 기대를 외면하는 일이 될 것이다. 그래서 피의자나 참고인에게 습관적으로 쓰는 반말은 관료주의적 횡포의 모습을 가장 적나라하게 보여 주는 것이라고 국민 전체로부터 지적 받아온 바 있다. 국민들은 '이래라 저래라'식의 반말투의 말씨에 언짢아한다. 그러므로 '-습니다, -습니까'를 습관적으로 사용하여야 한다. 그리고 이런 경어를 사용하더라도 말투가 무뚝뚝하고 표정이 밝지 않으면 좋은 인상을 줄 수 없다. 속담에 "말이 고우면 비지 사러 갔다 두부 사 온다."는 말이 있다. 말하는 상대의 태도가 마음에 들고 뜻이 고마우면 자기가 예정했던 것보다 후하게 해 준다는 뜻이다. 깨어 있는 시간의 대부분을 함께 보내는 같은 직장의 사람들, 다른 부서의 사람들, 가끔 만나거나 전화로 대화를 하는 직장 사람들의 가족들, 버스나 길에서 우연히 얼굴이 마주치는 사람들과 말을 할 때는 집안 식구와 말할 때보다 높임말 사용에 더욱 주의하여야 한다.

나. 감정적 말투

말은 말하는 이의 감정이나 태도를 나타내는 환정적 기능을 가진다. 사람은 누구나 말을 통해 기쁨, 즐거움, 노여움, 슬픔, 미움, 두려움, 놀람 등과 같은 감정이나 태도를 나타낼 수 있다. 이런 말의 환정적 기능은 개인적인 측면에서 상황에 어울리게 자신의 감정과 태도를 분명히 드러낼 수 있다는 점에서는 효과적일는지 모르나, 공적인 측면에서는 청자에게 심리적 불안감을 주어 시비의 발단이 될 수 있다. 감정이 절제되지 않은 말은 청자가 이성을 잃고 불안해하거나 격분해서 전달되는 내용을 정확히 파악하지 못할 가능성이 있다. 가령, '깽판, 선동자, 반동분자, 국수주의자, 고지식한, 급진적인, 난폭한' 등과 같은 어휘는 가급적 사용하지 않아야 한다. 감정이 절제되지 않은 욕설, 거칠고 비속한 말, 퉁명스러운 말투 등은 그 말하고 있는 내용이 합리적이지 못하거나 근거가 박약하다는 것을 의미한다. 그러므로 감정이 개재된 말을 하는 사람 자신은 격앙된 감정을 배설하는 심적 정화감을 일시적으로 맛볼 수는 있을지 모르나, 듣는 이에게서 필연코 항의를 받거나 자기 스스로의 품위를 손상하게 된다.

다. 거친 말투

말이 어떻게 사람의 본질을 형성하는 데 이바지하느냐 하는 것은, 사람이 자기 말을 한번 하면 그 말에 구속되어 그 말대로 행동하려는 본능을 가진다는 점에서 찾아볼 수 있다. 물론 언어와 행동이 다를 때도 있기는 하지만 이는 보편적인 현상은 아니다. 그러므로 자기가 한 말이 어떤 말이냐 하는 것은 자기의 마음과 행동을 어느 쪽으로 이끌고 나아가느냐와 상관관계에 있다. 오늘날 우리의 말씨가 점점 거세고 거칠어 가는 것이 문제이다. 이런 경향은 단순히 발음의 미숙이나 경험의 부족 또는 훈련의 결여에 기인하는 개인적인 문제에 있는 것만이 아니라, 전 국민적인 생활 풍토와 민족 감정의 변화와도 관련 있다고 볼 수 있다. 이처럼 말씨가 거세고 거칠어 가는 것은 우리 사회의 격렬상을 보이는 동시에 스스로의 마음을 자극하여 더 세고 더 되게 하는 쪽으로 몰고 가기도 한다. 또한 사회를 그쪽으로 촉진하는 무서운 괴력을 발휘하기도

370

한다. 쓸데없이 된소리나 거센소리로 발음을 하게 되면 점잖지 못하게 들린다. 우리 조상의 슬기가 모아져 전해 오는 속담에 "말 한 마디로 천 냥 빚을 갚는다."는 말이 있다. 이것은 말을 딱 떨어지게 잘 해서 부채를 갚는다는 뜻만은 아니다. "'아'해 다르고 '어'해 다르다."고 하였듯이 그 표현을 얼마나 부드럽게 하느냐에 따라 청자가 기분이 좋아져서 빚을 안 갚아도 좋다고 나올 수도 있다는 뜻이다. 그러므로 공적인 입장에서는 같은 말을 하더라도 듣는 이의 감정을 상하게 하는 자극적인 말, 빈정대는 말 등을 삼가고 부드러운 말을 선택해야 할 것이다. 과격한 표현, 거친 표현, 감정이 절제되지 않은 표현, 욕설 등은 말하고 있는 내용이 합리적이지 못하거나 근거가 불충분하다는 것을 뜻한다. 그러므로 공직자의 언어는 부드럽게 표현되어야 할 것이다.

8.4 제언

공직자의 문법 교육을 제대로 하기 위해서 여러 가지 방안을 세워 볼 수 있다.

(1) 학교교육에서 문법 교육을 더욱 강화한다.

특히 어문 규범과 표준 화법은 초·중·고교 교육에서부터 철저히 반복적으로 익혀야 한다. 초등학교 국어교육에서는 국가가 제정한 '표준어와 맞춤법'을 철저히 준수해야 한다는 의식을 심어 주어야 한다. 이른바 '학교교육을 받은 사람'이란 무엇보다도 '표준어로 말할 수 있고, 맞춤법에 맞게 글을 쓸 줄 아는 사람'을 이른다.

(2) 공공기관은 직원 임용시험에 국어 표현 능력을 측정하는
   과목을 둔다.

현재 대부분의 공무원 임용시험에서 '국어'는 필수과목이다.[23] 그리고 최근 행정·외무·입법 고등고시의 1차 과목인 '공직적격성 평가(PSAT)'에 언어 논리 영역이 있다. 그러나 이런 시험에서의 평가내용과 방법으로 실제 공직 수행에 필요한 국어 표현 능력을 제대로 측정할 수 있을지는 의문이다. 일부 공무원 시험에서 영어 과목을 토익이나 토플로 대체해 가고 있다. 국어 과목도 앞으로 전문기관에서 관련 학자들과 일선 공무원들의 중지를 모아 직종별로 실무에 도움이 되는 평가도구를 꾸준히 개발하여야 할 것이다. 더 나아가 객관식 필기시험만의 출제 방식을 벗어나 영역별로 국어 표현 능력을 측정하기에 적절한 녹음, 녹화, 면접, 구술, 토론, 프레젠테이션 등 다양한 방법도 연구하여야 할 것이다.[24]

(3) 공공기관에서는 직원들에게 국어 표현 교육을 주기적으로
   실시한다.

학교교육에서 사회생활에 필요한 기본적인 국어 표현 교육을 소홀히 하고 있다. 각종 임용시험에서도 제대로 그 능력을 측정하지 못하고 있

---

23) 7급과 9급 세무직, 관세직, 감사직, 교정직, 소년보호직, 보호관찰직, 검찰사무직, 마약수사직, 출입국관리직의 임용시험에는 '국어'가 필수과목인데, 경찰공무원 임용시험에는 '국어'과목이 없다.
24) 최근 KBS한국어능력시험에서는 듣기·말하기·읽기·쓰기·어휘·어법·창안·국어문화 등 8개 영역을 비교적 골고루 측정하고 있다.

다. 공직자가 되어서 어문 규범에 어긋나게 문서를 작성해도 크게 지적받지도 않고, 오류 교정을 위한 특별한 연수를받을 기회도 주어지지 않고 있다. 그 결과 공직자들의 정확한 문서작성 의식은 절실하지 못하다. 이런 점에서 공공기관은 직원들에게 기관 내에서 주기적으로 교육하거나[25] 공무원 교육기관에서의 교육을 의무적으로 받게 한다.[26] 특히 공무를 수행하면서 국어 표현 능력이 지나치게 부족한 직원들에게는 교정교육을 하여야 한다. 그리고 그들에게 공무를 수행하면서 손쉽게 찾아볼 수 있는 필수 어문 규범 검색프로그램[27]을 마련해 주어야 한다.

   (4) 공직에 종사하는 사람들에게 국어기본법을 철저히 준수하게 한다.

2005년 7월부터 시행된 국어기본법이 큰 성과를 거두지 못하고 있다. 정부 홈페이지만 살펴보아도 실제 이 법이 잘 지켜지지 않고 있는 실정을 파악할 수 있다.

'국립국어원'은 '국립국어연구원'이라는 옛 기관명에서 '연구'를 떼

---

25) 춘천지방검찰청은 "외국어만 잘하면 된다는 사회풍토 속에서 한글이 제멋대로 사용되고 있는 것이 안타깝다"며 검사, 수사관 등 직원을 대상으로 한글 시험을 실시하였다.(강원일보, 1999. 10. 5일자) 법무부는 제554돌 한글날을 맞아 전 직원을 대상으로 '우리말 바르게 쓰기'시험을 실시하였다. 공문서를 한글 맞춤법에 맞게 작성하는 것이 준법의 시작이자 문서에 대한 신뢰와 이해를 높이는 길이라는 취지에서 시험을 치렀다. 이 시험은 결재가 끝난 공문서에서도 잘못된 띄어쓰기와 철자법이 자주 발견되고 현행법도 '국가 또는 지자체가 공문서를 작성할 때 어문 규범을 준수해야 한다.'고 규정하고 있어 '범국민 준법운동'의 하나로 기획된 것이라고 한다.

26) 중앙공무원교육원은 6급리더후보자과정, 7급신임실무리더과정, 9급신임실무리더과정에서 '공문서 작성을 위한 한글 맞춤법'(8시간)을 가르치고 있다.

27) 국립국어원 가나다전화, 한글학회 홈페이지, 여러 방송사의 프로그램, 신문사 홈페이지, 국어학자나 개인의 검색 프로그램 등이 있다.

어냈듯이 이제는 '연구'에만 전념하지 말고 '어문 질서를 확립'할 수 있는 강력한 장치를 마련하여야 한다. 국민이 기본적인 국어 표현 능력을 갖추고 있어야 '외국어로서의 한국어 교육'을 능률화할 수 있고, '남북 통일 어문 규정'을 제정할 경우에도 우리 나름의 기준을 마련할 수 있기 때문이다. 오늘의 시점에서 국립국어원의 급선무는 표준어의 보급과 맞춤법 교육이라고 생각한다.

참고 문헌

감사원(1999), 감사문장 바로쓰기 편람.

국립국어연구원(1999), 국어문화학교 교재.

국립국어연구원(2000), 어문 규범 준수 실태 조사(1).

국립국어연구원(2001), 법조문의 문장 실태 조사.

국민고충처리위원회(1997), 의결서 작성요령.

국민고충처리위원회(2000), 민원문장바로쓰기.

김광해(2000), 우리나라 판결문의 텍스트성에 대한 연구, 텍스트 언어학 8.

김용호(1997), 아빠는 판사라면서, 지식공작소

문화체육부(1996), 바른말 고운말.

문화관광부 우리말우리글바로쓰기추진위원회(1999), 한국 어문 규정집.

문화관광부(2000), 이런 말 실수 저런 글 실수.

민현식(1999), 국어 정서법 연구, 태학사.

민현식(2001), 국어 사용 능력 향상을 위한 어법 및 어휘 수준별 교육 방안 연구,
        국어교육 105, 한국국어교육연구회.

민현식(2001), '국어 사용 실태 지수 개발 및 조사 방법 연구', 문화관광부 조사

민현식(2005), 국가 경쟁력과 국어교육, 국어교육 117, 한국국어교육연구회.

민현식(2005), 국가 경쟁력과 국어교육, 국어교육 117, 한국국어교육연구회.

민현식(2001), '국어 사용 실태 지수 개발 및 조사 방법 연구', 문화관광부 조사

민현식(2007), 문법 교육의 반성과 교과서 개발의 방향, 국어교육연구 제19집, 서
        울대학교 국어교육연구소

박갑수(1999), 아름다운 우리말 가꾸기, 집문당.

박갑수(2005), 국어교육과 한국어교육의 성찰, 서울대학교출판부.

박경현(1990), 국어 표현론, 한샘출판사.

박경현(1994), 연설문의 문체, 국어문체론(박갑수 편저), 대한교과서(주).

박경현(1999), 공용문장 표현의 문제점 분석(1), 경찰대학 논문집 제19집.

박경현(2002), 공공 게시물의 언어, 대중 매체와 언어(이석주 외), 역락.

박경현(2003), 대통령 취임사의 국어 표현, 텍스트 분석의 실제(이석규 편저), 역락.

박경현(2007), 리더의 화법(개정 증보), 삼영사.

이석주 · 이주행 · 박경현 · 민현식 · 이은희 · 고창수(2002), 대중 매체와 언어, 역락.

이주행(2005), 한국어 어문 규범의 이해, 보고사.

조두상(1996), 법률용어 쉽게 써야 한다, 한글사랑 창간호, 한글사.

최명식(1988), 조선말구두어문법, 료녕민족출판사, 심양.

ㅈ

저자 소개

이석주 _ 한성대학교 인문대학 한국어문학부 교수
이주행 _ 중앙대학교 문과대학 국어국문학과 교수
박경현 _ 경찰대학 교수
민현식 _ 서울대학교 사범대학 국어교육학과 교수
윤희원 _ 서울대학교 사범대학 국어교육학과 교수
고창수 _ 한성대학교 인문대학 한국어문학부 교수
이은희 _ 한성대학교 인문대학 한국어문학부 교수
오현아 _ 서울대학교 국어교육연구소 연구원

언어학과 문법 교육

초판 인쇄　2007년 9월　4일
초판 발행　2007년 9월 10일

지 은 이　이석주·이주행·박경현·민현식
　　　　　윤희원·고창수·이은희·오현아
펴 낸 이　이대현
책임편집　이태곤
편　　집　권분옥·이소희·김주헌·양지숙·허윤희·김지향
기　　획　홍동선
제　　작　안현진
관　　리　정태윤
표　　지　OM디자인 장재호
펴 낸 곳　도서출판 역락 / 서울 서초구 반포4동 577-25
　　　　　　　　　　문창빌딩 2층(우137-807)
전　　화　02-3409-2058(대표) 02-3409-2060(편집부) FAX 02-3409-2059
이 메 일　youkrack@hanmail.net
홈페이지　www.youkrack.com
등　　록　1999년 4월 19일 제303-2002-000014호

정　　가　20,000원
I S B N　978-89-5556-564-5　93710

* 잘못된 책은 교환해 드립니다.